HISTOIRE

Collection dirigée

par

Michel Desgranges et Pierre Vidal-Naquet

TRAHIR LE TEMPS
(HISTOIRE)

DU MÊME AUTEUR

DANS LA MÊME COLLECTION

Alter histoire (avec Alain Boureau)

CHEZ LE MÊME ÉDITEUR

Clefs
Héros et cobayes
La dernière mort de Socrate
Les porteurs de cerveau / 1

DANIEL S. MILO

TRAHIR LE TEMPS (HISTOIRE)

2e tirage

PARIS

LES BELLES LETTRES

2004

www.lesbelleslettres.com

Pour consulter notre catalogue
et être informé de nos nouveautés
par courrier électronique

Première édition 1991

ISBN : 2-251-38007-8
ISSN : 1140-2539

INTRODUCTION

Allégorie : *Les origines de la science.* Les disciplines se réunissent pour se répartir la tâche. La physiologie s'attribue le corps vivant, la sociologie, le corps social, l'astronomie, les corps célestes, la géographie, l'espace, l'histoire, ultérieurement épaulée par la géologie et la biologie évolutionniste, le temps.

L'histoire a-t-elle rempli son contrat ? Oui et non. Mais qui est intéressé par le temps — qui ne l'est pas ? —, qui en est obsédé, démangé, fait rarement appel aux historiens[1], il cherche conseil et consolation ailleurs, chez Bergson, Joyce, Proust, Borgès, pour ne citer qu'eux. De ce respect partiel du contrat, mon *Aspects de la survie culturelle*[2] porte témoignage. Je m'y suis proposé comme « cahier des charges » des questions du type : Qu'est-ce qui décide de la sélection des œuvres et des artistes (l'allusion darwiniste n'étant pas fortuite) ? Peut-on en établir des règles de probabilités ? Quel est le poids relatif des divers acteurs dans ce processus inéluctable ? Bref, la postérité est-elle une personne capricieuse (« Le temps est un enfant qui s'amuse, il joue au trictrac. A l'enfant la royauté ») ? Ces interrogations traduisaient une angoisse partagée par tout agent historique, *a fortiori* par le Juif que je suis. Mais par un typique cheminement[3], elles ont cédé la place à des questions plus facilement cernables — le *fraglich*, ce qui *peut* être demandé l'a emporté sur le *fragwürdig*, ce qui *doit* être demandé. J'ai surtout opté pour une méthode offrant des garanties « scientifiques » : le quantitatif. A l'arrivée, l'angoisse a été exorcisée par les chiffres, ou, pour paraphraser le titre du film de Peter Greenaway, elle fut noyée en nombres (si j'avais à la reprendre, j'aurais intitulé ma thèse « Trahir l'angoisse : les chiffres »). Sur l'érosion des réputations et des compréhensions, sur le temps joueur de dés avec la mémoire des hommes et des choses comme enjeu, on n'y trouvera pas de véritables lumières.

Les historiens négligent donc leur « contrat » d'étudier le temps. Chemin faisant, j'ai vu qu'en cette affaire, ils ont un allié de choix : la *langue*. La misère en textes historiques sur le temps reflète une plus grande misère en outils linguistiques pour l'appréhender. Le langage figuré est une précieuse source à cet égard. Les métaphores fréquemment utilisées pour parler du temps : « cadres », « limites », « distance », « étendue », « couches », « perspective historique », viennent du champ spatial. Une des images principales du livre, « découper le temps », image qui a failli lui donner son titre, résulte aussi du procédé cognitif qui consiste à « étaler » le temps sur une table d'opération pour le disséquer. Pour parler temps, on appelle l'espace — mais pas l'inverse, du moins je n'en ai pas trouvé d'exemple. C'est à se demander s'il y a un sens littéral du temps. Face à ces doutes, on ne saurait s'étonner de la préférence prononcée des historiens pour l'étude de l'espace. L'exemple par excellence est sans doute Fernand Braudel. Il invente la notion de « longue durée » dans un livre dont le protagoniste est une unité spatiale, *La Méditerranée*, et les fameux trois temps sont dits en métaphores géologiques ou hydrauliques. Pourquoi, comment parler du temps si sa réalité n'est accessible qu'à travers l'espace ?

Sombre conclusion, car en tirer pleinement les conséquences signifierait l'abandon pur et simple de l'histoire comme activité intellectuelle. Ce livre présente le refus pathétique d'abdiquer devant l'évidence. Il en résulte des tentatives forcément fragmentaires, peu solides, hésitantes. On le fera en deux phases. La première, « À la recherche du siècle », part d'une expérience de pensée : et si on comptait à partir de la Passion du Christ ? Toute la chronologie serait alors décalée de 33 ans. En premier lieu les siècles en sortiraient méconnaissables : le XVIe, par exemple, « perdrait » l'Humanisme, le XIXe, Napoléon et le Romantisme, le XXe, le Modernisme. Le siècle, étrange personnage, m'a longtemps fasciné, on me savait son biographe attitré. Loin d'être un simple prétexte, il m'a lancé sur les traces de quelques-uns des instruments qui jouent un rôle dans la « technologie » temporelle de l'histoire : période, ère, millénaire, calendrier, génération. Dans cette phase généalogique du travail, toujours dominée par l'énigme séculaire, un accent particulier est mis sur l'absence, sur ces temps où ces instruments n'existaient pas ni ne manquaient. Il en est sorti un bilan et des avancées que ceux-ci ont contribué à accomplir, et des handicaps qu'ils représentent toujours.

De cet ensemble émergent deux origines distinctes des outils temporels. Appelons l'une cognitive, l'autre expérientielle (de l'expérience, pas de l'expérimentation)[4]. L'origine cognitive répond à un besoin qu'on dit universel, à savoir que pour penser un Tout, il faut le décomposer en morceaux qui sont à leur tour regroupés selon divers critères. Deux opérations servent à mettre ensemble ce qui va ensemble : le découpage, dont la logique est métonymique, et le classement, qui est plutôt analogique. Exemples apparemment simples tirés des classifications sociales : les « 15-25 ans » et les « sympathisants socialistes ». En périodologie, tout regroupement est issu d'un découpage. Mais la succession des siècles est un découpage arithmétique, donc de l'ordre du métonymique pur, alors que les « grandes quatre » : Antiquité, Moyen Âge, Temps Modernes, Temps Contemporains, reposent sur un découpage qu'on veut thématique, le métonymique primant néanmoins sur l'analogique. Quant à une périodisation de classement, donc d'analogie pure, je n'en connais pas d'exemples.

Or le besoin « universel » de découper ou de classer le temps historique pour le penser ne l'est point. Les historiens antiques n'ont pas employé de périodisation dans le sens moderne du terme. Les périodes chrétiennes : les Trois Ères, les Quatre Monarchies, les Six Âges, n'obéissaient pas à une logique d'historiens. Je verrai pour preuve du caractère non universel du découpage de l'Histoire le désintérêt pour la césure de l'avant-et-l'après Jésus-Christ, par exemple, inventée en 731, mais qui n'a pas trouvé preneur durant quelque 1 200 ans, et pour le siècle, proposé en 1560, mais véritablement utilisé qu'en 1800. Un des principaux arguments de cette première partie est l'historicité de toute forme de périodisation réellement employée. Chacune naît d'un besoin extrêmement daté : *penser, dire une rupture contemporaine.* Vers 1350, les contemporains vivant (ou croyant vivre, qu'importe ici) l'incommensurabilité entre leur présent et le passé récent, ont proposé le célèbre modèle ternaire : classique-médiéval-moderne (Renaissance) pour la penser. En 1800, la cassure révolutionnaire a fait émerger le siècle pour dire l'opposition radicale entre présent et passé antérieur. Dans d'autres cas, on note un phénomène de *transfert*, où la conscience d'une cassure profonde est projetée dans le passé : c'est ainsi qu'on proposera de lire l'invention de l'An Mil.

Dans l'ordre logique, le besoin cognitif de découper et de classer est à la base de toute démarche intellectuelle. Dans l'ordre historique, qui est le nôtre ici, ce besoin a été créé par des contextes définis. Mais comme c'est souvent le cas, l'artifice est vite devenu une seconde nature — on a pris l'habitude de découper le temps sans qu'une secousse contemporaine n'intervienne. La périodisation est à présent une technique (tic ?) cognitive « universelle » — c'est ainsi qu'une circulaire administrative, rédigée par Victor Duruy, ministre de l'Instruction publique en 1867, instaure l'époque contemporaine dans le cursus scolaire.

La distinction entre origine cognitive et origine expérientielle est utile quand on est appelé à rendre compte de la *fatigue* des instruments temporels. Il s'agit d'un processus général, magistralement décrit et théorisé par Victor Chklovski : « Les objets perçus plusieurs fois commencent à être perçus par une reconnaissance : l'objet se trouve devant nous, nous le savons mais nous ne le voyons plus [...] l'automatisation de la perception avale les objets, les habits, les meubles, la femme et la peur de la guerre[5]. » De même, ce qui a été inventé pour étudier le social, les catégories socio-professionnelles par exemple, finit par le rendre opaque. Il en va ainsi des concepts les plus fins et les plus performants, qui ont réellement fait progresser nos connaissances, *a fortiori* des instruments dont le rendement n'a jamais été clair, telles les périodes. On comprend l'insatisfaction que celles-ci suscitent depuis un bon demi-siècle — mais en a-t-on proposé de véritables alternatives ?

Autrement problématique est la résistance des découpages nés d'une expérience historique précise. Dans ces cas, l'automatisation est renforcée — mais aussi combattue — par la perte de l'intensité originelle qui les a fait émerger. Les historiens de la Renaissance, de la Révolution française, de la Seconde Guerre mondiale, buttent sur l'obstacle : quel poids accorder au témoignage des contemporains revendiquant la rupture entre leur présent et le plus récent passé ? Et si on affirme que le témoignage des acteurs n'est qu'un facteur de périodisation parmi beaucoup d'autres, comment ne pas être piégé par l'image qu'ils nous ont léguée ? Deux historiens marquants ont bâti une historiosophie autour de ces questions, chacun apportant une réponse opposée. Erwin Panofsky, dans *La Renaissance et ses avant-courriers dans l'art d'Occident* a tranché pour la périodisation expérientielle ; alors que François Furet tente depuis vingt ans de nous sortir du découpage hérité des acteurs de la Révolution française, d'où le titre de son livre : *La Révolution : 1770-1880* — il reste alors à déchiffrer les enjeux du *présent* auxquels renvoie le renversement de Furet.

Mon livre se veut, aussi, une sorte de défense et illustration de la *déduction* en histoire, science inductive par excellence. Exemple : si l'An Mil est une légende, l'adoption du découpage de l'Histoire en tranches de 100 ans pouvait expliquer son émergence. Autre exemple : si l'on accepte que la fonction historiographique principale de ce découpage est de produire des unités organiques et qui s'opposent radicalement les unes aux autres, on doit s'attendre à ce que la création du siècle moderne eût lieu dans un moment où un tournant de siècles correspondait à un courant historique : les années 1790.

Parallèlement à ma passion pour le siècle, j'ai été absorbé par un projet d'histoire expérimentale, de « gai savoir ». Dit en deux phrases, c'est une tentative de concilier l'expérimental en science et en art. De la science on emprunte la violence faite à l'objet étudié, c'est la définition même du laboratoire scientifique, de l'art d'avant-garde, l'idée que pour appréhender le réel — et pour produire le beau —, il faut rendre le familier étrange, par la désautomatisation bien entendu[6].

Tout traitement du temps est arbitraire par définition. Mais une hiérarchie de l'arbitraire existe bel et bien ; on se défendra ici de l'idée répandue, mais fausse, de l'équivalence dans l'art de l'artefact : l'année solaire est moins arbitraire que la Renaissance, la Renaissance, moins que le XVe siècle. Or si le siècle est arbitraire, qui en doute ?, n'est-il pas *de ce fait* une forme d'histoire expérimentale, qui fait violence — en la désautomatisant — à la chronologie en ère chrétienne ? Cette « découverte » fut le tournant de mon travail. Celui-ci ne pouvait plus se limiter au bilan critique des rapports de l'historien au temps, il me revenait d'en présenter des manipulations alternatives. La deuxième partie du livre, « Perspectives expérimentales », essaie de répondre à ce défi.

Mais peut-on combattre les formes temporelles établies ? Deux aventures, le calendrier républicain, analysé ici, et une expérimentation menée dans un collège en banlieue parisienne en 1988, où j'ai « commandé » à des élèves de quatrième un nouvel ordre du temps, se sont toutes les deux avérées peu concluantes. La journée de 24 heures, la semaine, le mois, l'ère chrétienne, le siècle (?), ne montrent guère de fatigue, ils tiennent bon. C'est à se demander si seule la science-fiction et ses dérivées offrent une quelconque résistance — résistance dont les répercussions sur la vie quotidienne sont nulles (Virginia Woolf, si originale en matière temporelle dans *Les Années*, si conventionnelle dans son *Journal*).

Mais si les formes paraissent immuables, les rapports au temps évoluent bel et bien. *« Time Is Money »*[7] est ainsi depuis quatre siècles la matrice occidentale découverte par Max Weber. « Je n'ai pas de temps », « Mon temps est compté », « C'est un gaspillage de temps », « Tu as une minute ? », « Emploi du temps », « Gérer le temps », « Le temps travaille pour nous ». L'homme qui se veut important est « débordé », il vénère son temps[8]. Or si le temps est sacré, ne pas en avoir est une hérésie — c'est cela « trahir le temps ».

* * *

Bande dessinée : *Le Temps existe-t-il ?* Deux vieux sages grecs font un bras de fer. De la bouche de l'un sortent deux bulles : « On ne peut entrer deux fois dans le même fleuve », « Le Soleil, non seulement est nouveau chaque jour, mais sans cesse nouveau continûment » ; de la bouche de l'autre une bulle : « Immobile est le nom où se parfait le tout » ; celui-ci est épaulé par un troisième qui lui glisse à l'oreille : « Ce qui se meut ne se meut ni dans le lieu où il se trouve, ni dans le lieu où il ne se trouve pas » — et qui ne se prive pas de lancer des flèches et des tortues sur le premier, sans bien sûr l'atteindre. Ce combat titanesque entre Héraclite d'un côté, Parménide et Zénon d'Élée de l'autre[9], est rejoué en philosophie, en mystique, en physique, et depuis peu au cinéma, où le mouvement est illusion optique. L'histoire ne s'y mêle pas.

* * *

Trois des chapitres de cet essai sont des versions remaniées d'articles déjà parus : « ... et la Révolution créa le siècle » dans *Tel Aviver Jahrbuch für deutsche Geschichte*, 1989, « 1000. De l'An Mil » dans *History and Theory*, 1988, n° 3 ; « La fin de siècle n'aura pas lieu » dans *Le Débat*, 1990, n° 60. Tous les autres ont bénéficié de la lecture attentive de bien des amis, ils reconnaîtront leur griffe au fil des pages. Aux complices de la « gaie » histoire je dis : l'aventure continue ! Idem à celles de la « gaie » famille...

I

À LA RECHERCHE DU SIÈCLE

CHAPITRE 1

Une histoire-fiction : l'ère de la Passion

Et si on comptait à partir de la Passion ? En ne partant plus de l'Incarnation du Christ (ou plutôt de la Circoncision), mais de la Passion, la chronologie en ère chrétienne se décalerait de 33 ans, âge présumé du Christ sur la croix[1]. Ce qui s'est passé — ou plutôt ce qu'on a pris l'habitude de dater — dans le premier tiers d'un siècle reculerait au siècle précédent ; ce qui l'a clôturé passerait à son milieu. Voici un échantillon de ces remaniements chronologiques :

— Dante (1265-1321), Giotto (1266-1337), Simone Martini (1282-1344) passeraient corps et âmes au XIIIe siècle, alors que Léonard de Vinci († 1519), Raphaël († 1520), Dürer († 1528), Érasme († 1536) s'installeraient définitivement au XVe siècle. C'est l'histoire de la Renaissance et de l'Humanisme à réécrire, soit en remplaçant le Cinquecento par le Duocento dans la « trinité » canonique, soit en réduisant la Renaissance aux seuls Trecento et Quattrocento (et ainsi résoudre le problème du dernier Michel-Ange, « recasé » dans un siècle « maniériste et baroque »). Dans un autre domaine, ce décalage permettrait à l'Humanisme français d'intégrer la Renaissance, créant, ce qui n'est pas mince, un « seizième » tout entier voué à la Réforme, à la Contre-Réforme et aux guerres de religion.

— Le « Siècle de Louis XIV » correspondrait mieux avec le XVIIe siècle — le Roi Soleil naîtrait en 1605 et mourrait en 1682.

— Le couronnement de Charlemagne, que celui-ci a sciemment choisi pour l'an 800, aurait-il eu lieu en 767 ? L'élection de Hugues Capet, si elle avait eu pour date 954, aurait-elle tellement marqué l'histoire de France ? La « découverte » des Amériques, comme l'expulsion des Juifs d'Espagne puis du Portugal, ne coïncidant plus avec la fin du XVe siècle, auraient-elles gardé leur statut de « tournant » dans l'Histoire universelle, acquis au détriment de l'imprimerie de Gutenberg et de la Chute de Constantinople ?

Un jeu, rien qu'un jeu, mais qui devient autrement spectaculaire quand il est appliqué aux deux derniers siècles :

— Le XIXe siècle se verrait ainsi séparé, dans le désordre, des guerres napoléoniennes, de la Restauration, de Byron et Keats, de *Hernani* et des *Méditations*, de Stendhal, de Beethoven et Schubert, de Hegel et Gœthe, du Romantisme, en somme ; voici Lumières et Romantisme dans le même siècle, conséquence dramatique pour tous ceux qui, pour penser l'Histoire, ont besoin d'oppositions plus ou moins tranchées (comme l'indique le titre *Romantisme, Revue du XIXe siècle*) — les historiens. D'autres préféreraient y voir une clarification salutaire, par l'inauguration du « siècle bourgeois » non plus par Napoléon Bonaparte, mais par Louis-Philippe et la reine Victoria (couronnée en 1837).

Mais ce que le XIXe siècle « perdrait » de ce côté, il le « récupérerait » — et avec quel bénéfice — de l'autre. Ainsi la « Première Guerre mondiale » qui, pourquoi ne pas spéculer, aurait alors conservé son nom initial de « Grande Guerre », la « deuxième » devenant « Guerre mondiale » tout court. Autre « transfuge » de marque, la Révolution d'Octobre, ce qui permettrait à Lénine et à Trotski de rejoindre Marx, Engels, Bakounine, mais aussi 1848 et 1871 — le siècle « révolutionnaire ». « Révolutionnaire » il deviendrait, ce XIXe nouvellement créé, où l'on retrouvera pratiquement tous les noms qui ont fait le XXe siècle moderniste : Joyce, Proust, Kafka ; Schoenberg, Stravinski ; Picasso, Matisse, Klee, Dali, Dada, le Bauhaus ; Eisenstein, Pudovkine, Vertov ; Freud, Jung, Simmel, Max Weber ; Einstein, Planck, Bohr.

— Et le XXe siècle ? Décapité, dans le sens quasi littéral du terme, si on accepte l'idée que son premier tiers lui a servi de « tête » de « locomotive », il serait à présent préparé par Staline, le krach boursier et le cinéma parlant, et déclenché par Hitler.

Nous, « hommes du XXe siècle », nous y retrouverions-nous ?

Car ce siècle, notre XXe siècle, semble avoir la singularité de définir, d'une façon assez précise, les limites d'un de nos cadres temporels. Selon cette conception, le siècle nous sert de deuxième « patrie », il fait partie de notre carte d'identité : on est « Français, Israélien du XXe siècle ». Du coup, Picasso, Einstein, mais aussi Staline et Hitler sont nos « coséculaires ». Ils participent activement de la définition de notre « identité temporelle », de la délimitation de ses frontières.

Une identité temporelle existe-t-elle ? Le siècle et la contemporanéité

Car il n'est point acquis qu'un cadre temporel participe toujours à la formation d'une identité collective. Il n'est surtout pas acquis que ce cadre soit cernable. Certes, nul besoin d'Aristote ni de Kant pour savoir qu'espace et temps sont constitutifs de toute définition et auto définition individuelles, bien avant le sexe, la langue, la classe sociale ou le revenu. Mais peut-on sauter impunément de l'individuel au collectif ? Question grave, quoique insoluble, et qui se dédouble, dans ce cas précis, par la différence, qualitative et quantitative, entre espace et temps.

Qualitativement, pour parler du temps, on fait appel à des termes spatiaux : « cadres, frontières, limites temporelles » — mais pas l'inverse. Les études sur les métaphores constitutives de notre façon de vivre le monde montrent clairement l'asymétrie entre les deux champs, et la primauté cognitive de l'espace sur le temps. Le langage temporel est en effet extrêmement pauvre — à la limite, on se demande s'il existe comme champ autonome...

Quantitativement, comparés aux cadres temporels, aux frontières presque invisibles, rarement conscientes, jamais définies, les cadres spatiaux sont d'une heureuse précision. Ainsi, « compatriote », dans le sens géographique (et étatique) du terme, est largement mieux circonscrit que « contemporain », le premier est intensif, le deuxième, extensif. De fait, qui sont nos « contemporains » ? Qui furent les « contemporains », pour ces hommes du passé que nous étudions ?

Philippe Ariès est des rares historiens qui se posaient ces questions. Sondant les galeries de portraits de « grands hommes » depuis leur première apparition en France vers 1550, il note qu'ils ne remontent pas au-delà de François Ier, et, fait plus significatif encore, ils ne cessent de partir de François Ier, même vers 1600. « Ces portraits ne sont pas historiques, ils sont bien des portraits contemporains. Pourquoi n'ont-ils pas laissé tomber François Ier au dernier tiers du siècle ? et pourquoi François Ier ? Parce que, jusqu'à Henri IV, il y a une tranche de temps d'à peine un peu moins d'un siècle (de François Ier à Henri IV) que les contemporains se représentaient comme un présent indissociable, un bloc d'années qui demeurait toujours au présent. L'opinion commune ne conçoit pas un présent idéal, semblable à un point géométrique. Elle lui donne une consistance et une durée. Mais il arrive un moment où le présent s'est trop étendu, il est devenu fragile. Alors, sous l'effet d'une circonstance brutale, guerre, révolution, il se casse en deux, et des ruines de l'ancien présent, hier encore familier, surgit un passé subitement reculé. Ce passé, ainsi détaché du présent comme une branche trop lourde, peut être oublié, c'est le cas des sociétés sans histoire. Mais il peut être aussi recueilli : c'est ce qui arriva au début du XVIIe siècle, après la mort d'Henri IV, quand un collectionneur de 1628 colla sur papier 150 portraits du XVIe siècle[2]. »

Passage problématique. Ainsi, peut-on sérieusement affirmer qu'en 1610, le présent avait 95 ans, en 1615, 5 ans... Tout aussi critiquable est la variable choisie par Ariès — portraits des Grands Hommes — qui n'épuise guère les façons possibles de délimiter le présent ; de la part de l'historien des attitudes devant l'enfant et devant la mort, il s'agit d'un bien curieux choix en effet. Passage intéressant. Ce qui rend d'autant plus regrettable son caractère sommaire, comme s'il s'agissait d'une digression, d'une brève excursion dans un pays exotique avant de retourner chez soi, c'est-à-dire au sujet plus facilement saisissable.

Le caractère impalpable du cadre temporel a tout pour décourager l'historien, pour le condamner à utiliser, ou à inventer des découpages *ready made* : règne, génération, période, siècle —, qu'on présuppose pertinents faute de mieux, tout en les sachant étrangers *a priori* du moins, aux réalités psycho-historiques d'une société donnée. Le plus étranger à ces réalités semble être le découpage de l'Histoire en siècles, de par son origine arithmétique, donc a-référentielle par définition, comme de par son caractère récent. Le siècle naît en 1560, son essor date des années 1800, et en ce qui concerne le cadre mental, les contemporains ne pensent leur « présent » en siècles arithmétiques que depuis le XIX^e^siècle (ce qui rend discutable l'unité de 100 ans comme formatrice d'un présent long mais compact). Le Moyen Âge n'ayant pas connu de siècle, l'énoncé « les hommes du XIVe siècle » a un statut différent de l'énoncé « les hommes du XIXe siècle », car les premiers ne se savaient pas au XIVe siècle. Et ce n'est pas qu'une question de sémantique, pas plus que celle de la prose d'avant et d'après la découverte de Monsieur Jourdain. Il peut certes s'avérer utile d'étudier Pétrarque dans le cadre du « Trecento », ce cadre qu'il ne pouvait connaître. Mais à condition d'admettre le caractère anachronique de cette démarche — son caractère expérimental.

Si on postule l'existence d'une identité collective temporelle, le siècle y participe-t-il ? Pour essayer de répondre, rapprochons de notre ère de la Passion une autre opération contrefactuelle : l'amputation, aux États-Unis, de la côte Est, donc de New York, Boston, Philadelphie, Washington. Là aussi, il s'agirait de « décapitation » : la côte Est a « lancé », pour ainsi dire, le pays, elle ne cesse depuis de lui donner son (une) image, étroitement liée, d'ailleurs, à celle du XXe siècle. La juxtaposition est-elle recevable ? Alors que le saucissonnage des États-Unis d'Amérique, entité physique, est matériellement envisageable, celui du siècle, entité arithmétique, semble impossible.

Malgré la différence, les deux catégories ont un fonctionnement épistémologique analogue. Et les U.S.A. et le XXe siècle sont perçus — sont vécus — à travers le *pars pro toto*, la partie pour le tout. Dans les deux cas, la partie qui représente le tout n'est pas « représentative » de ce tout, statistiquement s'entend. L'« identité » de l'ensemble est construite à partir de ses composantes extra-ordinaires, New York et Hollywood d'un côté, Joyce et 1917 de l'autre, pour faire court. Le procédé est normal. Vu l'hétérogénéité de tout ensemble humain, l'« identité » passe nécessairement par une partie de l'ensemble, l'alternative étant le dénominateur commun le plus bas, donc si trivial qu'il ne renvoie pratiquement à rien[3].

De même la construction de la catégorie autour du non représentatif finit par provoquer la résistance des « consommateurs » à l'image ainsi fabriquée. Ainsi les Américains du Midwest et du Sud récusent l'équation « U.S.A. = N.Y. », s'indignant contre ce qu'ils considèrent comme une importation du Vieux Continent ; comme il est probable que les peuples du tiers monde se retrouvent dans un XXe siècle marqué par les années 1945-1965, celles de la décolonisation, plutôt que par les années 1900-1930, celles de l'axe culturel Paris-Vienne-Moscou-Berlin. (Une exception de taille, le glissement fallacieux certes, mais quasi consensuel, de la France à Paris et vice versa[4].)

Le siècle, outil mental de l'historien ; ou comment prouver l'existence du siècle ?

« Le siècle sert-il de cadre mental ? » Comment trancher, face aux réactions, si divergentes, à l'histoire-fiction de l'ère de la Passion, qui allaient d'une mise en question totale de la chronologie à un : « Et alors ? » tout aussi radical[5] ? On s'attellera donc à démontrer l'existence de phénomènes non négligeables qui n'auraient pas existé sans le découpage du temps en siècles. La fin de siècle en est évidemment un ; ici on s'intéressera à d'autres, qui appartiennent à cette tranche de la réalité qui s'appelle l'écriture de l'histoire.

« Le problème de la périodisation en histoire est complexe. Quiconque se livre à des recherches historiques est presque nécessairement amené à user d'une certaine périodisation, même la plus banale, celle, par exemple, qui s'exprime en siècles et qui est devenue fort courante depuis environ deux cents ans[6]. »

Ces propos, parce que innocents, sont éloquents. Partant

d'une idée que personne ne contestera, à savoir l'importance de la périodisation, l'auteur présente, dans une proposition subordonnée de surcroît, le découpage le plus problématique — le siècle — comme le découpage le plus banal ! Tranche de cent ans ne renvoyant à rien dans le réel, le voici qui devient une période quasi naturelle par rapport aux périodes « canoniques », Renaissance, Antiquité tardive, Lumières. Indice qui ne trompe pas : une littérature abondante interroge ces notions, alors que rares sont les études consacrées au siècle. Le siècle est donc une période transparente, ce qui pourrait signifier soit que pas un historien ne le prend au sérieux, ce qui nous ramène au point d'arrivée provisoire du chapitre précédent (« le siècle n'existe pas »), soit qu'il s'est tellement installé dans les mœurs historiennes qu'il est devenu indéménageable.

Comment contrecarrer le sceptique, tenant du siècle vide en historiographie même (car le convaincre me paraît exclu d'avance) ? Dans une première phase de ce travail, on a adopté comme tactique l'accumulation des symptômes — i.e. des textes — de l'existence du siècle. En voici quelques spécimens :

— « J'appartiens à la patrie étroite du XVe siècle [...] au soir du XVIe siècle ! » — c'est Fernand Braudel lisant sa leçon inaugurale au Collège de France[7]. Braudel va même jusqu'à écrire un article intitulé « Qu'est-ce que le XVIe siècle ? »[8], où il affirme : « Je vois “notre” siècle coupé en deux comme Lucien Febvre et mon admirable maître Henri Hauser, un premier siècle naîtrait vers 1450 pour s'achever vers 1550, un second le relancerait alors jusque vers 1620 ou 1640 » (on perçoit le gain en cohérence que la corporation seiziémiste aurait tiré de notre ère de la Passion...).

— Lucien Febvre, justement, discute avec Étienne Gilson, selon qui « les siècles sont peut-être des points de repère commodes pour situer les événements et les hommes dans l'histoire — mais l'histoire de la philosophie médiévale ne connaît pas de coupure entre le XIIIe et le XIVe siècle » ; Febvre de répliquer : « ... à mes yeux d'historien [...] le XIVe siècle diffère radicalement du XIIIe »[9].

— « Le XVIIIe est vivant et se porte bien, claironnent, en guise d'ouverture, les éditeurs du dernier Annuaire international des dix-huitiémistes. Contresigné par quatre mille quatre-vingttreize chercheurs de vingt et un pays qui ont répondu à l'appel, ce diagnostic triomphal a tout pour être crédible [...] toute sociologie de la science serait obligée de reconnaître les études sur le XVIIIe siècle en tant que discipline autonome. Sociétés nationales réunies en société internationale, publications collectives, colloques et congrès : toutes les institutions requises à cet effet sont là au grand complet[10]. » Ironique, certes, cet excellent texte de Krzystof Pomian n'échappe pourtant point à l'emprise du siècle, qui s'achève par la proclamation de l'avènement du XIXe siècle comme *le* sujet de demain. Les siècles se succèdent, mais le Siècle demeure et prospère.

On voit la faiblesse de la persuasion accumulative. À chaque exemple avancé, et peu de textes qui n'en offrent plusieurs, on rétorquera qu'il ne s'agit que de clichés, sans conséquences pour la recherche et pour l'argumentation. Tout au plus concédera-t-on que le découpage séculaire a une certaine importance dans l'organisation de la profession en chaires, revues, colloques — mais on refusera de lui accorder un poids autre qu'administratif...

Pour amadouer ce réflexe conditionné, on pensait insister plutôt sur le caractère heuristique du siècle. Deux ouvrages ont servi d'exemples :

— Georges Duby, *Le chevalier, la femme et le prêtre* (1981). La démonstration de Duby suit de très près le découpage en siècles : après deux chapitres introductifs, le livre est composé de trois parties : XIe siècle, Autour de 1100, XIIe siècle. Simple commodité, dira-t-on ? L'argument le dément, car il s'agit, pour Duby, de trois phases bien distinctes de la politique interventionniste de l'Église en matières matrimoniales.

— Francis Haskell, *Patrons and Painters. Art and Society in Baroque Italy* (1963). La première partie, intitulée « Rome », traite du XVIIe siècle, la deuxième, « Dispersion », étudie le tournant du siècle, et la troisième, « Venise », le XVIIIe siècle. Or la thèse de Haskell est précisément le passage du centre de gravité artistique de Rome à Venise après 1700, avec une période intermédiaire et décentrée au tournant du siècle.

Il serait évidemment absurde de prétendre que les cadres séculaires aient commandé les thèses de Duby et de Haskell. Il serait tout aussi naïf d'y voir le pur produit du hasard. Plutôt que de parler d'enchaînement causal, parlons d'heureuse coïncidence entre découpage arbitraire et découpage historique, entre la contrainte et le « naturel ». Partant de cette intuition dans son analyse d'un ouvrage récent, Paul-André Rosental conclut : « Ainsi, sous la description des foyers parisiens de l'époque moderne se dissimule un modèle d'ensemble sur l'évolution de la société française depuis quatre siècles. À la façon d'un triptyque, il consiste en la juxtaposition de trois éléments, à savoir le XVIIe, le XVIIIe et le XXe siècles. Celle-ci vise en effet à déboucher vers une comparaison. Dans cette opération, l'unité d'observation, c'est-à-dire le siècle, joue un rôle essentiel[11]. »

L'existence du siècle n'a pas été prouvée pour autant. On a opté alors pour le sophisme, l'art du sophisme étant d'utiliser les propos de son opposant pour le piéger. Voici l'astuce : si le siècle n'existe pas, pourquoi les historiens se battent-ils si pathétiquement avec lui ? Je parle de ce qu'on peut appeler, par un néologisme peu élégant, l'*accordéonisation des siècles*, pratique historique qui a deux manifestations, l'une modérée, l'autre radicale.

— *Le décalage*, qui consiste à respecter la tranche de cent ans tout en jouant avec ses frontières. Ainsi la « Renaissance du XIIe siècle » qui tend à démarrer vers 1080, voire 1060 ; de même, Paul Hazard date de 1680 le début de *La crise de la conscience européenne* qui donnera les Lumières. L'enseignement de l'histoire de France excelle dans ce jeu, qui décale chaque siècle d'une quinzaine d'années, ce qui donne 1914, 1814-15, 1715, 1610, 1515, 1214, voire 814... La récente Commission de l'enseignement de l'Histoire de France, m'a confié un des participants, a été le théâtre de débats acharnés autour de la question : le XIXe siècle (français) se termine-t-il en 1914 ou en 1918 ? Autre exemple, repris ici presque in extenso, ces propos, sérieux, de Chaïm Perelman[12] :

« Passons maintenant à la périodisation de l'histoire de la philosophie en siècles. Cela a-t-il un sens de parler de la philosophie du "XVIIe siècle" ou du "XVIIIe siècle" ?

« Dans un colloque qui s'est tenu en 1971 à Bruxelles, et qui était consacré à l'Idéologie des Lumières[13], on s'est demandé à quoi correspondait ce découpage en siècles.

« Notons, pour commencer, que, en prenant les siècles comme cadre d'une période, on ne se contente pas de décrire les événements allant de 1600 à 1699, de 1700 à 1799, mais on cherche, pour le début et la fin du siècle, des événements marquants, qui donneraient une certaine unité à la période envisagée [...]. Il est d'ailleurs parfaitement possible de les faire commencer et finir à d'autres moments, selon qu'il s'agit de périodiser une histoire politique ou l'histoire des idées.

« Au colloque sur l'idéologie des Lumières, j'avais suggéré de délimiter le XVIIIe siècle par les années 1688 et 1789, dates des révolutions anglaise et française. On a l'habitude de choisir les années 1815 et 1914 pour marquer, en Europe, le début et la fin du XIXe siècle, en considérant, le plus souvent, les années 1798-1815 comme des années de transition.

« Lors de ce même colloque, A. Robinet avait suggéré de faire commencer le XVIIIe siècle philosophique en 1679, année de la parution des *Éclaircissements sur la Recherche de la Vérité* de Malebranche. »

— *Rallonger « son » siècle et/ou raccourcir le siècle « des autres »*. Technique courante dans les années 1960, elle a donné des monstres tels que le « beau », le « long » XVIe siècle, toujours lui. Braudel : « Je suis préoccupé justement d'étudier la conjoncture générale du XVIe siècle [...] Mais il faut dire encore que la conjoncture du XVIe siècle, c'est également d'un côté le XVe siècle et de l'autre côté le XVIIe siècle[14]. »

Non, décidément, nos « preuves » de l'existence du siècle sont fragiles. Car si les historiens se permettent de telles libertés avec ce cadre, c'est qu'ils n'y croient guère ou fort peu. Nous revoici à la case de départ. Mais afin d'imposer le siècle, ou, pour le dire encore plus brutalement, pour (se) prouver qu'il s'agit d'un sujet valable/intéressant/porteur, il faut un angle d'attaque complètement différent. Les exemples, aussi nombreux soient-ils, ne sauront convaincre. L'induction étant de peu d'efficacité persuasive, il ne reste qu'à passer à une forme hybride de déduction (serait-ce l'abduction de Charles S. Peirce ?) : si le siècle existe, c'est qu'il entre dans la logique de l'écriture de l'histoire et de la pensée du temps depuis deux cents ans environ.

Le siècle : quelques prémices

Le siècle, on l'a dit, n'a guère suscité d'intérêt auprès des historiens. Quelques-uns s'y sont pourtant penchés, succinctement il est vrai, mais, dans deux cas au moins, avec une grande perspicacité. Paradoxalement, il s'agit de deux illustres médiévistes, appartenant donc à une « corporation » moins exposée à la sécularisation de l'histoire. Leurs propos nous serviront de point d'ancrage :

— Marc Bloch : « Dans le désarroi de nos classifications chronologiques, une mode s'est glissée, assez récente, je crois, d'autant plus envahissante, en tout cas, qu'elle est moins raisonnée. Volontiers, nous comptons par siècles. Longtemps étranger à tout dénombrement exact d'années, le mot, lui aussi, avait originairement ses résonances mystiques [...] Peut-être ne s'étaient-elles pas tout à fait amorties au temps où, sans grand souci de précision numérique, l'histoire s'attardait, avec complaisance, sur le « siècle de Périclès », sur celui de « Louis XIV ». Mais notre langage s'est fait plus sévèrement mathématicien. Nous ne nommons plus les siècles d'après leurs héros. Nous les numérotons à la file, bien sagement, de cent ans en cent ans, depuis un point de départ une fois pour toutes fixé à l'an un de notre ère [...] Qui de nous se vantera d'avoir toujours échappé aux séductions de leur apparente commodité ?

« Par malheur, aucune loi de l'histoire n'impose que les années dont le millésime se termine par le chiffre 1 coïncident avec les points critiques de l'évolution humaine. D'où d'étranges fléchissements de sens. “Il est bien connu que le dix-huitième siècle commence en 1715 et s'achève en 1789” [...] En un mot, nous nous donnons l'air de distribuer, selon un rigoureux rythme pendulaire, arbitrairement choisi, des réalités auxquelles cette régularité est tout à fait étrangère. C'est une gageure. Nous la tenons naturellement fort mal. Il faut chercher mieux[15]. »

— Jacques Le Goff : « La grande conquête, en matière d'unité du calendrier supérieure à l'année, est le siècle, période de cent ans. Le mot latin *sæculum* est appliqué par les Romains à des périodes variables, souvent associé à l'idée d'une génération humaine. Les chrétiens, bien que gardant le mot dans son ancienne acception, lui donnèrent le sens de vie humaine, vie terrestre, en opposition à l'au-delà. Mais au XVIe siècle certains historiens et érudits eurent l'idée de partager le temps en segments de cent ans. L'unité est assez longue, le chiffre 100 simple, le mot gardait le prestige du terme latin, mais en dépit de tout cela il lui fallut beaucoup de temps pour s'imposer. Le premier siècle dans lequel le mot et le terme s'appliquèrent vraiment fut le XVIIIe siècle. À partir de là, cette notion commode et abstraite imposera sa tyrannie à l'histoire. Tout devait désormais être couché dans ce moule artificiel, comme si le siècle était doué d'une existence, comme s'il avait une unité, comme si les choses changeaient d'un siècle à l'autre. Pour les historiens, le sens de la vraie durée historique devrait donc passer par la destruction de cette domination du siècle[16]. »

De ces deux passages, on retiendra plus particulièrement les points suivants :

- le siècle existe bel et bien dans l'écriture historique ;
- il est d'invention récente (c. 1560) ;
- sa diffusion l'est davantage (Le Goff parle du XVIIIe siècle, on datera son véritable lancement en 1800) ;
- il s'agit d'une forme de classification ;
- il est une forme de périodisation, à travers ses deux caractéristiques principales : il a une unité, cette unité est en opposition avec les unités des siècles qui l'entourent ;
- c'est une périodisation bien particulière, qui repose sur un principe arithmétique, donc artificiel, donc étranger à la réalité : le découpage de l'histoire en siècles est une périodisation *a priori* ;
- pourtant, ce fut une grande conquête en chronologie (Le Goff) ;
- mais qu'il faut à présent détruire pour faire progresser la connaissance de la véritable durée historique.

Mon argument principal est que ces points forment un système plus ou moins cohérent qui les rend, de ce fait, interdépendants. Pour le démontrer, il était indispensable de déconstruire l'affirmation de Jacques Le Goff selon laquelle il s'agissait d'une grande conquête historique. En quoi le siècle était-il une conquête ? Quel était l'état de la périodisation avant son invention ? Pourquoi n'a-t-il guère rencontré d'adeptes jusqu'en 1800, et tant depuis ? Autrement dit, quels étaient les effets bénéfiques de cet instrument, et pourquoi les historiens d'avant 1800 n'en éprouvaient-ils pas le manque ?

CHAPITRE 2

... et la Révolution « créa » le siècle

Je pensais le sujet « siècle » vierge, il ne l'était qu'en partie. En France, hormis les quelques remarques suggestives de Marc Bloch et de Jacques Le Goff, les historiens n'ont point prêté d'attention au siècle. En Allemagne, en revanche, il a souvent intrigué les historiens de la littérature et de la philosophie — et surtout les dix-huitiémistes. C'est à leurs travaux érudits, en premier lieu à la thèse de Johannes Burckhardt, que nous devons un historique du siècle[1].

On apprend ainsi que malgré l'origine classique du mot *sæculum*, le découpage de l'histoire en siècles est étonnamment récent. On le doit à Mattias Illyricus Flacius et son équipe d'érudits protestants, justement appelés les « Centuriateurs de Magdebourg », rédacteurs de l'*Histoire ecclésiastique* (Bâle, 1559-1574), et à C. Baronius, auteur de la réplique officielle de Rome à cette œuvre polémique, les *Annales ecclésiastiques* (Anvers, 1589-1605) (cf. infra, « 1000. De l'An Mil »). Des amis, connaissant mon obsession « séculaire », se sont fait le plaisir et le devoir de dénicher des précurseurs au « siècle » bien avant Flacius et Baronius. Les résultats : une référence en moyenne par siècle (et par année de recherches faites au hasard des lectures). Citons cet *« unde et in hoc XIIIe centenario Christi incarnati »* de Pierre de Jean Olivi (fin XIIIe siècle) ; une lettre de l'humaniste florentin Coluccio Salutati qui parle de deux poètes qui ont fait briller le *« quartodecimo seculo »* (30 août 1400) ; un manuscrit obscur de Gilles de Viterbe intitulé *Historia XX sæculorum* (XVIe siècle). En 1600, on signale un passage qui rappelle l'emploi de « siècle » qu'on privilégiera ici, tiré du livre du prêtre bolonais G.M. Artusi : « L'aube du dix-septième siècle venait de se lever quand le Signor Luca quitta sa demeure... » (1600)[2]. (On aura noté l'origine italienne de ces « précurseurs » — il serait en effet utile de faire l'histoire du découpage en « ...*cento* » en histoire de l'Italie.) Mais l'argument que je défends n'implique pas l'impossibilité d'imaginer un découpage de l'ère chrétienne en tranches de cent ans, ce qui serait aberrant, mais l'incapacité à faire un usage raisonné d'une telle invention avant la Révolution française ; ce qui la condamne, à terme, à la disparition, faute de relais. Versons à ce « dossier » le cas de Martin le Polonais qui invente, dans sa *Chronique des papes et empereurs* (1265-1278), « une mise en pages astucieuse qui permettait une consultation rapide : chaque page [...] évoquait cinquante ans d'histoire, à raison de 50 lignes par page »[3]. Mais Martin n'a pas abouti au siècle ; car si le manuscrit montre cent ans, il ne les nomme pas ; de même, le point de départ de la *Chronique* n'est pas l'Incarnation ; et, point décisif, les copistes ont vite abandonné cette mise en pages, comme si celle-ci n'éveillait aucune résonance chez les historiens médiévaux.

Véhiculée par les deux grandes histoires chrétiennes, l'existence du siècle semblait assurée. Et pourtant, il gardait toujours ses deux sens d'origine, non chronologiques : 1. « ce monde », lié à « séculier » (« le siècle » opposé à « l'au-delà » et au « couvent »), et 2. un « âge », c'est-à-dire une période indéfinie, comme dans la définition proposée par l'*Encyclopédie* de Diderot : « On sait que le mot de siècle ne se prend ici que d'une manière vague, pour signifier une durée de 60 ou 80 ans, plus ou moins. Voy. ÂGE » (la référence au *Siècle de Louis XIV* de Voltaire est explicite).

Il existe pourtant suffisamment d'exemples d'un usage strictement chronologique du siècle pour que ses historiens arrêtent leurs enquêtes à la fin du XVIIIe siècle (avec une exception notable, la « *Reihe der Jahrhunderte* » de Léopold von Ranke). Autrement dit, selon ces chercheurs, les jeux ont été faits là, précisément, où je propose de voir leur véritable commencement : la Révolution française.

Pourquoi la Révolution ?

Deux séries d'indices confortent l'hypothèse de l'émergence du siècle au moment de la Révolution, l'une factuelle, l'autre quasi déductive. En vérité, l'hypothèse selon laquelle la Révolution « créa » *notre* siècle a eu ici une origine *déductive*, elle précéda toute recherche empirique. Depuis 1560, de tous les tournants de siècles, il n'y avait que le passage du XVIIIe au XIXe siècle qui donnait des raisons d'être vécu, et à échelle universelle, comme le passage d'une unité à l'autre.

Commençons par la série « positiviste », issue du sondage des titres d'ouvrages publiés en France entre 1680 et 1810[4]. Le terme même de « siècle » y est rare jusqu'en 1798 — et inexistant dans son acception rigoureusement chronologique ; *a fortiori*, le terme « XVIIIe siècle », à deux exceptions près[5]. Et même si trois, quatre titres nous ont échappé, le constat demeure.

À partir de 1799, plus besoin d'enquêtes bibliographiques poussées pour repérer le siècle[6]. Nicolas Toussaint Le Moyne *dit* Des Essarts (1744-1810), le grand compilateur des crimes d'abord, des œuvres de l'esprit ensuite, publie en cette année ses *Observations et jugements sur les romans français, avec l'indication des meilleurs romans qui ont paru, surtout pendant le XVIIIe siècle* ; en 1800, il publie deux nouveaux ouvrages où le terme « dix-huitième siècle » figure dans le titre. En 1800 toujours, Jean-Blanc de Volx publie un *Coup d'œil politique sur l'Europe à la fin du dix-huitième siècle*, Charles-Jean-Auguste-Maximilien de Colnet du Ravel un *Recueil des satiriques du 18e siècle*, et une satire intitulée *La fin du 18e siècle*, très hostile aux Lumières et à la Révolution. En 1801, on décompte cinq titres, dont celui d'un auteur autrement plus célèbre, le vicomte Louis-Gabriel-Ambroise de Bonald (1754-1840) : *Du divorce au XIXe siècle relativement à l'état domestique et à l'état public de la société*. On repère cinq nouveaux titres au moins en 1802. En 1804 enfin, l'Institut lance le concours du *Tableau littéraire de la France au XVIIIe siècle*, dont il sera question par la suite.

Même constat en Allemagne, où le siècle qui s'achève comme celui qui s'annonce font l'objet de nombreuses publications[7]. Wilhelm von Humboldt écrit *Le Dix-huitième siècle* en 1796. En 1801, Herder (1744-1803) lance *Adrastea*, revue entièrement consacrée au bilan du siècle écoulé ; et Schiller écrit une élégie intitulée *Der Antritt des neuen Jahrhunderts* : « Le siècle nous a quittés dans l'orage ; le nouveau s'ouvre par le meurtre [de Paul Ier de Russie]. Le lien des nations est brisé, les vieilles formes s'écroulent[8]. » Et le siècle *fut* !

Mais ce n'est pas dans l'accumulation des faits qu'on parviendra à imposer une hypothèse que d'autres faits contredisent. Changeons de tactique. Aux questions classiques : qui fait appel au siècle ? quand ? quel sens a le terme à une date donnée ? —, on substituera des questions fonctionnalistes : à quoi pourrait bien servir le siècle à divers moments historiques ? Et à une interrogation « archéologique », qui part de la *centuria* et du *sæculum* latins, on préférera l'interrogation « généalogique », qui sonde le passé munie des projecteurs du présent, celui de *notre* XXe siècle, de *nos* seiziémistes.

Dans *La Renaissance et ses avant-courriers dans l'art d'Occident*, l'ouvrage qui demeure, à mes yeux, la plus importante contribution en « *Periodisierung* », Erwin Panofsky examine, pour la réfuter, l'existence de toute autre « Renaissance » que celle qui commença en Italie vers la fin du XIVe siècle. Le critère qui prime dans son argumentation est la *conscience* des contemporains de vivre une période foncièrement différente de celles qui la précèdent : « En contraste avec les diverses "renaissances" médiévales, cette Renaissance se résume à ce que les biologistes appelleraient mutation opposée à une évolution : un changement à la fois abrupt et permanent[9]. » Dans cette même ligne d'idées, on n'a jamais assisté à une prise de conscience aussi immédiate de la cassure entre l'avant-et-l'après que pendant la Révolution française, à l'image de ce mot si souvent cité de Goethe à Valmy qui, même « faux », n'en est pas moins emblématique de l'effet qu'a produit la Révolution sur les contemporains : « De ce lieu et de ce jour date une nouvelle époque dans l'histoire du monde, et vous pourrez dire : *J'y étais*[10]. » Reinhart Koselleck, dans sa belle analyse de l'émergence de la notion de « Neuzeit », arrive exactement au même constat, savoir qu'« autour de 1800 » le présent s'arrache pour ainsi dire au passé, même récent ; comme écrit Wilhelm von Humboldt, en 1796 : « Notre époque apparaît mener d'une période, qui s'achève, à une autre, non moins différente. [...] Qui compare, même superficiellement, l'état présent des affaires avec celui d'il y a quinze ou vingt ans ne niera pas qu'il existe en cette période une plus grande dissimilitude qu'en une période deux fois plus longue au début du siècle[11]. » Pour jouer sur les termes, on dira que, pour la première fois, *le tournant du siècle est vécu comme un tournant tout court.* La nouveauté, en France du moins, n'est pas seulement dans la conscience de la rupture, mais aussi dans sa légitimité politique. Une comparaison entre 1700 et 1800 s'impose.

A. *Conscience : « Laquelle, des deux années 1700 ou 1701, est la première du siècle ? »*

Cette question, méconnue, bien entendu, autour de 1600, a suscité un intérêt certain vers 1700. On a ainsi recensé onze brochures, la plupart anonymes, publiées en 1699-1700, qui se la posent[12]. Or il s'agit toujours d'un débat technique, d'« art de vérifier les dates » avant la lettre. L'idée que le commencement d'un siècle puisse correspondre à une nouvelle ère n'effleure même pas les esprits de ces auteurs[13]. Le seul qui s'en approche est Claude Mallement de Messange (1653-1723), mais dans un registre complètement étranger à celui qui nous occupe ici :

> « Parce que pour bien commencer le siècle, il faut le commencer dans la pureté et dans la grâce de Jésus-Christ : il faut donc que le jubilé nous ait déjà purifiés avant que de le commencer ; par conséquent il faut qu'il en ait précédé le commencement ; car si le jubilé ne commençoit qu'avec le siècle, il n'auroit pas eu le temps de nous nettoyer avant que de le commencer : ainsi nous le commencerions dans nos ordures, ce qui seroit sans doute une entrée peu sainte et une mauvaise disposition à ce temps nouveau[14]. »

Si le siècle n'occupe qu'une place dérisoire dans la production éditoriale de ces années, le Jubilé de 1700 suscite des dizaines de textes, notamment de Bossuet, Bourdaloue, Fénelon[15] ; mais du Jubilé au siècle, rares sont ceux qui ont franchi le pas — entre autres, parce que le jubilé se produit au moins une fois tous les vingt-cinq ans... Rappelons les faits. En 1300, quand le pape Boniface VIII instaure le Jubilé, l'Année Sainte, on le prévoit tous les cent ans ; mais vers 1345, l'entourage de Clément VI, dans lequel se trouvent Pétrarque et sainte Brigitte de Suède, persuade le pape de réduire l'intervalle jubilaire à cinquante ans ; en 1389, il passe à trente-trois ans ; et en 1468, à vingt-cinq ans — l'Église catholique ratant ainsi une occasion d'« inventer » le siècle avant Flacius[16].

En 1800, on ne célèbre pas de Jubilé : Pie VI meurt prisonnier des Français en 1799, et Pie VII, élu à Venise le 14 mars 1800, a alors d'autres préoccupations (en particulier les tractations avec Bonaparte qui, aboutissant au Concordat en 1802, lui donneront l'occasion de proclamer un Jubilé spécial pour les Français). Parallèlement, la question du commencement du siècle cesse d'être purement technique. Lisons *Le Siècle. Satyre* d'un certain C.A.B. Pinière, publié à Paris en Germinal An VIII (avril 1800) :

> « Faites vaincre les mœurs, la raison et les arts,
> *Que ce siècle qui s'ouvre à nos regards,*
> Des malheurs de nos jours effaçant la mémoire,
> Par vos efforts unis, nous rende enfin la gloire. » (p. 19)
>
> (Souligné par moi.)

Lisons aussi l'avant-propos de *Dans quel siècle sommes-nous ?*, vaudeville en un acte par les citoyens Michel Dieulafoy, Victor-Joseph de Jouy (futur académicien) et Charles de Longchamps, représenté pour la première fois au Théâtre du Vaudeville le 25 nivôse An VIII (15 janvier 1800) :

> « L'année 1800 appartient-elle au dix-huitième siècle, ou bien est-elle le commencement du dix-neuvième ? Telle est la question qui a agité tout Paris au commencement de cette année ; la chaleur qu'on a mise à cette incroyable querelle ; la bizarrerie des arguments dont on s'est servi pour la soutenir, et la bonté qu'ont eu certains journaux de renchérir sur les sottises d'autrui en y ajoutant les leurs, ont fini par donner à cette dispute une telle importance, qu'il n'a fallu rien moins que la voix des savans pour imposer silence aux partis, et prouver à Paris étonné que dix-huit n'est pas dix-neuf.
>
> « Malgré cette décision, nous ne voudrions pas jurer que tout le monde soit encore bien d'accord sur ce point. Des mémoires de 1700 nous apprennent que la même querelle a eu lieu il y a cent ans parmi les beaux esprits de la capitale. »

Ironique, il révèle pourtant des idées qui circulent dans Paris en cette année cruciale. En voici quelques extraits :

> « En France au siècle dix-neuvième,
> Plaisirs naissent de toutes parts,
> On boit, on chante, on rit, on aime,
> Le luxe ramène les arts.
> L'état par un bras tutélaire,
> A premier rang est ramené.
> [...]
> Avec le siècle doivent naître
> Les grands talens, les bonnes mœurs,
> L'intrigue n'ose plus paraître,
> La franchise est dans tous les cœurs.
> Dans ce siècle point de libelles,
> Oubli général du passé
> [...]
> J'observe, j'observe que si cette opinion-là passe, on dira que je suis une femme de l'autre siècle, et c'est ce que je ne souffrirais pas » (pp. 26-27).

> « Je vois que du siècle où nous sommes,
> Lassé de compter les malheurs,
> Vous vous figurez que les hommes,
> Dans un autre seront meilleurs.
> Revenez d'une erreur étrange,
> Et soyez bien sûrs qu'ici-bas,
> C'est en vain que le siècle change,
> Les hommes ne changent pas. » (p. 48)

B. Légitimité : comment diviser le siècle de Louis le Grand ?

Le rapprochement fait par les auteurs eux-mêmes met en évidence le fossé qui sépare 1800 de 1700 : le lieu commun qu'il faut combattre en le ridiculisant en cet an I de Bonaparte était impensable, ou plutôt inacceptable, en plein siècle de Louis XIV. Car certains ont célébré le nouveau siècle en 1700, j'en ai trouvé trois spécimens.

• M.L.P. *Le Siècle. Idile*[17]. On y trouve, certes, des idées qui ne sont pas sans rappeler *Le Siècle. Satyre* de Pinière (1800) : « Siècle, finissez vostre cours/ Et faites, s'il se peut, place à de plus beaux jours » (p. 1), ou, en conclusion, « Siècle, vous finissez, un autre vous succède/ Puisse-t-il être plus heureux » (p. 12). Un texte pessimiste, donc, qui va même jusqu'à prophétiser : « Et le tour qu'on prend nous menace/ D'un siècle encore plus pervers » (p. 3). Mais il ne peut aller au bout de sa logique sans se compromettre. Le voici condamné à faire l'éloge de son siècle, de son monarque, ce qui le met dans l'impossibilité de couper le siècle en deux :

> « Malgré tous les malheurs qu'on peut vous reprocher,
> Je ne veux pourtant rien cacher
> De ce qui sert à vostre gloire,
> Tous vos jours ne sont pas indignes en mémoire [...]
> La France nous en [des grands hommes] a donné de toute [espèce
> *Sous le plus sage de ses Rois* ;
> Jamais ni Rome ni la Grèce
> N'en ont tant fait voir à la fois.
> Le Ciel qui vouloit faire naistre
> *Le plus grand de tous les humains*,
> Pour servir à sa gloire avoit dans ses desseins
> Ces hommes si fameux que l'on a vu paroître » (pp. 1-2).

• Le Père Jean-Antoine Du Cerceau, *Le Destin du nouveau siècle*[18]. L'Argument de cette petite pièce indique déjà son a-historicité : « La fin du siècle présent, à laquelle nous touchons presque, et l'ouverture d'un nouveau, où nous allons bien-tost entrer, ont donné occasion au sujet qu'on a pris pour la matière de ces intermèdes, à l'imitation des Jeux séculaires, que les Romains avoient coûtume de célébrer à la fin de chaque siècle. » De fait, les personnages de la pièce s'appellent Saturne, Mars, Pallas, etc. Pourtant, dans cette pièce jouée au Collège Louis le Grand, le Roi Soleil est bel et bien présent : « Unissons nos cœurs et nos voix/ Pour chanter le plus grand des Rois » (p. 7). Il s'agit en effet d'un texte bien ancré dans son temps qui a pour thème la dispute entre le parti de la paix et le parti de la guerre. « Un Héros glorieux après mille conquestes/ Nous a donné la paix./ Il a sçu mépriser les palmes toutes prestes/ Que Mars luy destinoit pour de nouveaux projets » (p. 5) — or la France vient de signer, en 1697, le Traité de Ryswick. Il faut comparer ce texte au *Tableau littéraire de la France au 18e siècle* d'Eusèbe Salverte (1809), qui ose, lui, couper le règne de Louis XIV à Ryswick précisément :

> « Le grand siècle venait de finir. Il avait vu pâlir l'éclat éblouissant qui lui assure l'immortalité, quand le traité de Ryswick signale le déclin de notre ascendant politique sur l'opinion de l'Europe ; les Français n'étaient plus qu'un peuple, Louis XIV n'était plus qu'un roi. Ne serait-on point fondé à croire que la division des siècles n'est pas arbitraire ; qu'elle est tracée par le système de numérotation des hommes, bien moins que par la main puissante de la destinée...[19] »

Et si Du Cerceau conclut par une heureuse synthèse : « La paix a mille charmes/ On est souvent contraint de recourir à Mars,/ Aimez les armes,/ Cultivez les arts » (p. 22), il ne va évidemment pas jusqu'à annoncer le nouveau siècle démarqué du précédent — prudence politique oblige[20].

• Anonyme, *Oraison funèbre du dix-septième siècle*[21]. Cet opuscule de 45 pages, trouvé par hasard, m'a causé, pourquoi le cacher, une bien mauvaise surprise. Selon mes hypothèses, il était aussi impossible de penser son XVIIe siècle comme unité cohérente que d'être athée au XVIe siècle (?). Et pourtant, l'auteur est on ne peut plus explicite :

> « Je me vois engagé par les Règles de mon art à chercher le vrai caractère de mon sujet, et *à démêler le dix-septième siècle d'avec les autres* [...] Ne me ditez pas qu'il en est de chaque siècle ; Celuy dont nous parlons est tout *singulier* : Et comme c'est sur cette singularité que je veux fonder son Eloge, je remarque d'abord qu'à juger des choses par les discours de la plus part des gens, on diroit que *le Siècle passé faisoit une époque à part*, qu'il étoit comme le centre de tous ceux qui l'avoient précédé, et de tous ceux qui devoient le suivre ; destiné pour fixer la perfection des uns et des autres, pour surpasser les premiers, et être la Règle des derniers : que comme jusqu'à luy rien n'avoit été fini et achevé, après luy rien ne seroit nouveau. Sur ce principe vous allez voir que dans le dix-septième siècle, on a trouvé, où l'on prétend avoir trouvé le secret admirable de rendre excellent ce qui étoit bon, et de rendre bon ce qui étoit mauvais. » (pp. 8-9).

Un seul texte ne pourrait démolir une thèse, surtout s'il s'agit d'un ouvrage confidentiel et sans lendemain. Son existence pose pourtant un problème : comment se fait-il que cet auteur se propose de découper l'histoire *de France* en plein règne de Louis XIV ; pire : qu'il ose annoncer le siècle de Louis le Grand révolu dès 1700 ? Le long paragraphe qu'on vient de citer contient déjà quelques éléments de réponse, ainsi cet « où l'on prétend avoir trouvé », d'autres permettent de résoudre l'énigme : il s'agit d'un texte ironique.

L'exergue est significativement tiré de Isaïe 46, verset 9 : « Souvenez-vous du Siècle passé » (l'hébreu dit : « Souvenez-vous des premières [choses] du monde », le latin *Recordamini prioris seculi*[22]) ; ce commandement suit une invective contre les criminels dont on ne tardera pas à connaître l'identité.

L'approbation de publier, l'auteur est allé la chercher chez le Frère Bernard Lapeyre, régent des Augustins, et chez le Frère J.-D. Vachery, professeur de théologie de l'Ordre des Frères Prêcheurs.

Les textes abondamment cités par notre anonyme toulousain ne sont pas les « Classiques » français, mais les Écritures ; son institution de référence est l'Église, point la Monarchie ; son héros est Jésus-Christ, alors que Louis XIV n'est jamais évoqué !

On comprend alors mieux l'avis de l'imprimeur au lecteur. « Ce petit ouvrage n'est que l'essay d'un autre plus grand, intitulé *Les Abus du Temps* [que je n'ai pas réussi à repérer], où l'Autheur fait voir non plus par des Ironies et des Contreveritez, mais par des Raisonnements sérieux, la corruption également secrette et dangereuse qui s'est glissée parmi les Chrétiens » (p. 45).

D'où cette conclusion : « Consolons-nous, Mes Frères, le siècle que nous avons tant aimé a passé ; Tout passera, nous passerons nous-mêmes après luy. Cherchons donc un bonheur qui ne passe point : Et où le trouverons-nous, que dans le service de celuy qui vit et règne dans tous les siècles » (pp. 44-45).

En somme, le seul texte de 1700 dont l'usage du siècle est en apparence moderne est foncièrement anhistorique, et retrouve, pour le réprouver, le sens premier de « siècle » : « de ce monde ». Autrement dit, cet *Eloge funèbre du dix-septième siècle* est en réalité un appel à renoncer au siècle...[23]

La thèse : les contemporains de Voltaire, s'ils se savaient *au* XVIIIe siècle, ne se pensaient point *du* XVIIIe siècle. Le cadre chronologique qui définissait leur identité temporelle n'était point le siècle dans le sens moderne du terme[24]. La Révolution, à travers la réforme métrique, a rendu le chiffre 100, toujours présent dans les numérologies des civilisations humaines[25], infiniment plus visible qu'auparavant[26]. Mais pour que jaillisse le siècle, il fallait l'heureuse coïncidence de la Fin d'un Monde et de la Fin d'un Siècle ; et la conviction profonde de vivre une rupture unique dans l'Histoire, entre deux entités cohérentes et incompatibles. Pour qu'il soit adopté il fallait qu'il participe de l'intelligibilité de la rupture. Je distinguerai trois éléments de cette intelligibilité : *Bilan, Comparaison, Causalité.*

Bilan : couvrir la globalité, penser la discontinuité

Le 23 janvier 1804 est réorganisé l'Institut de France (l'Académie française, supprimée par la Convention en 1793 et remplacée en 1795 par l'Institut National). Moins d'un an plus tard, le 5 nivôse an XIII (26 décembre 1804), la Classe de la Langue et de la Littérature française décide de mettre au concours d'éloquence — le premier de cette Classe — le *Tableau littéraire de la France au XVIIIe siècle.* Comme le dit Roland Mortier, qui a étudié ce concours, « l'idée de faire, au tournant d'un siècle, le bilan d'un centenaire est déjà un phénomène curieux et nouveau dont on ne trouve le précédent ni en 1700, ni auparavant. Il semble que la Révolution d'une part, l'idée de mouvement historique d'autre part [...], aient suscité cette soudaine prise de conscience. Le fait est, de toute manière, que dès l'instant où le XVIIIe siècle bascule dans le passé, on s'interroge fiévreusement sur sa signification, sur ses apports et sur ses effets[27] ».

Sujet insolite, donc ; mais que de réponses ! L'Institut en a déjà enregistré six en 1805, dont celle d'Amaury Duval, un des directeurs de la fameuse *Décade philosophique et littéraire.* Le concours reconduit, ce sont vingt réponses qu'il faut juger. Celles-ci étant décevantes, le prix est remis en compétition, et le 20 janvier 1808 on recense dix-neuf discours — dont celui de Prosper de Barante qui, n'acceptant pas le verdict, publiera son *Tableau* en 1808. Peu satisfaite, la Classe remet le sujet une quatrième fois au concours ; le 25 janvier 1809, on se penche donc sur un nouveau dépôt de dix-neuf manuscrits, on en retient trois dont « les auteurs seront invités à corriger et à perfectionner leurs ouvrages ». Deux seront couronnés : Antoine Jay et Victorin Fabre, qui publient leurs ouvrages en 1810. Le troisième, Eusèbe Salverte, ayant désespéré d'avance de ses chances, publie son *Tableau* dès 1809. D'autres candidats malheureux des concours successifs ont cru bon de publier leurs *Tableaux*. Mortier en a repéré six : Charles Picault et Jean-Geoffroy Schweighäuser en 1807, Jean-Baptiste Gallois de la Bastide en 1808, le marquis Frédéric-Gaëtan de la Rochefoucauld-Liancourt et Vialart de Saint-Morys en 1809, A.J.B. Bouvet de Cressé en 1810. Ce qui donne la récolte impressionnante de dix Tableaux en trois ans, tous nés du sujet proposé par l'Institut.

D'autres hommes de lettres, bien plus marquants, ont été tentés, à des degrés divers, par ce concours. Joseph Joubert est passionné d'emblée par l'idée, sans toutefois mener à bien son projet de conduire l'histoire de la langue française « de livre en livre, de siècle en siècle, jusqu'à nos jours »[28]. Étienne Pivert de Sénancour publie, dans ses *Rêveries* de 1809, des « Fragments sur deux siècles comparés... ». Et Roland Mortier a trouvé un manuscrit inédit de Benjamin Constant, « Esquisse d'un Essai sur la littérature du 18e siècle », daté du 24 juillet 1807[29]. À cette liste s'ajoute une longue notice, élogieuse et critique, que Mme de Staël a consacrée au *Tableau* de Barante — son très jeune amant —, et dont la censure a empêché la publication dans le *Mercure de France*[30].

Or il ne s'agit pas d'un cas unique à l'époque, loin s'en faut. En paraphrasant le titre de l'important livre de Jean-Claude Perrot[31], on peut qualifier les années 1799-1810 *« d'âge d'or du bilan »* !

Certes, l'idée d'établir l'inventaire des personnes, des biens, des outils de production, remonte très loin dans l'histoire. Les rois de France n'ont cessé de lancer des enquêtes « nationales » leur permettant de connaître le Royaume, connaissance tant qualitative que quantitative[32], et ce depuis Philippe-Auguste, avec, comme étapes marquantes, la grande enquête de Saint Louis en 1247, l'État des paroisses et des feux en 1328, et la célèbre enquête décidée pour l'instruction du duc de Bourgogne en 1697 :

> « Il ne suffit pas de savoir le passé [écrit Fénelon au Dauphin] ; il faut connaître le présent ; savez-vous le nombre d'hommes qui composent votre nation ; combien d'hommes, combien de femmes, combien de laboureurs, combien d'artisans... Que dirait-on d'un berger qui ne saurait le nombre de son troupeau ? Il est aussi facile à un roi de savoir le nombre de son peuple : il n'a qu'à le vouloir [...] Il doit savoir les divers tribunaux établis en chaque province, les droits des charges, les abus de ces charges, etc. Un roi ignorant toutes ces choses n'est qu'un demi-roi : son ignorance le met hors d'état de redresser ce qui est de travers, lui fait plus de mal que la corruption des hommes qui gouvernent sous lui[33]. »

La statistique politique, dans sa version anglaise, arithmétique et évolutive, et dans sa version allemande, plutôt monographique et descriptive, est ainsi devenue, au cours du XVIIIe siècle, un instrument important dans la façon de penser, d'appréhender les unités politiques. De même, les inventaires des connaissances, des hommes illustres, des mots, des superstitions, sont connus de longue date, depuis Varron, Isidore de Séville, Vincent de Beauvais, Giorgio Vasari. Depuis la fin du XVIIe siècle c'est une formidable vague d'encyclopédies et de dictionnaires qui déferle sur l'Europe, ayant pour noms et ouvrages emblématiques, le *Dictionnaire historique et critique* de Pierre Bayle (1695-1697), la *Cyclopædia* de Chambers (1728), la *Grosse Universal-Lexicon* de Zedler (1732), l'*Encyclopædia Britannica* (1768) — et surtout l'*Encyclopédie* de Diderot et de d'Alembert (1751), qui a donné au siècle une de ses dénominations.

La Révolution française semble, à première vue, s'inscrire directement et amplement dans cette tradition encyclopédique et taxinomique des Lumières[34]. En réalité, elle en transforme la nature, du moins dans le domaine qui nous intéresse ici.

Et d'abord quantitativement. Dès le 22 décembre 1789, le Comité de Division de la Constituante lance une enquête nationale, dont le but est de constituer des unités homogènes sous le rapport des ressources, des hommes et du territoire ; il en est sorti le nouveau découpage administratif du pays, celui des départements. La France devient alors un immense champ d'enquêtes de toute sorte. Marie-Noëlle Bourguet en recense plus d'une douzaine pour l'An II[35]. Mais ce n'est qu'après Thermidor que commence vraiment cet « âge d'or de la statistique régionale » dont parle J.-C. Perrot. « Il dure moins d'une décennie, caractérisée par un exceptionnel effort de découverte et de description de la France. L'enquête se fait systématique, mieux, encyclopédique[36]. »

Quantitativement toujours : des genres déjà répandus au cours du XVIIIe siècle, « Tableau de... », « Coup d'œil sur... », « Aperçu de... », se multiplient à partir de 1790, et font le point dans tous les domaines imaginables[37]. Quant au genre du bilan, il est pratiquement inconnu, à deux exceptions près, une de 1762, l'autre de 1790. La première a toutefois un certain intérêt ici : (Vivant de Mezague), *Bilan général et raisonné de l'Angleterre depuis 1600 jusqu'à la fin de 1761*, Paris, 1762 — on y trouve déjà l'amour des chiffres ronds qui caractérise le genre du bilan.

Qualitativement, les bilans révolutionnaires et post-révolutionnaires diffèrent de ceux de l'Ancien Régime d'abord par leur accessibilité : les inventaires ont toujours été l'apanage du pouvoir, à sa discrétion ; depuis 1789, ils sont, pour la plupart d'entre eux, rendus publics.

Cette pratique s'apparentait alors à un dépôt de bilan. La fin d'un système de gestion et le début d'un autre incitaient tout naturellement à répertorier les acquis, les dégâts, et les urgences pour l'avenir. Ce qui explique qu'il fallait attendre le Directoire pour assister à l'éclosion des inventaires : « Viennent enfin Thermidor et le coup d'arrêt donné à la Révolution. La France retrouve une assise plus stable, elle échappe pour un temps à la double pression politique et militaire. Entreprendre de la décrire, c'est à la fois *constater un point d'arrivée et fixer une nouvelle origine* »[38]. Le concours sur le *Tableau littéraire de la France au XVIIIe siècle* n'obéissait pas à d'autres motivations.

Le changement se traduit aussi par le type d'unité dont on fait le bilan ; en conséquence, par les rapports entre les unités inventoriées. Pour ce qui est de l'enquête administrative, on peut avancer que l'existence, en France, et pour la première fois de son histoire, d'un découpage territorial uniforme et fixe, celui des départements, a à la fois provoqué les enquêtes et infléchi leur caractère particulariste.

Une nouveauté des bilans concerne alors le découpage temporel. Pour la première fois en histoire, semble-t-il, certainement à cette échelle, les hommes font le bilan d'une tranche de temps dont ils sont les *contemporains*, et qu'ils considèrent définitivement *close* ! Les formes antérieures de bilan déjà évoquées : encyclopédies, *summae*, dictionnaires, étaient destinées à couvrir la globalité d'un champ, un champ aux frontières ouvertes en amont et surtout en aval — vers l'avenir. *Vers 1800 est né le bilan qui sert à penser la discontinuité temporelle, et qui privilégie des unités aux frontières étanches.*

Peut-on trouver des précurseurs au bilan clos (« Chaque écrivain crée ses précurseurs », écrit Borgès dans « Kafka et ses précurseurs ») ? Considérons les *Hommes illustres qui ont paru en France pendant ce siècle*, que Charles Perrault publie à la fin du XVIIe siècle, et dont il explique en ces termes l'objectif :

> « Jusques icy les recueils d'éloges d'hommes illustres n'ont guère esté que d'une espèce d'hommes, pris dans une longue suite de siècles [...] On a pris plaisir à rassembler icy des hommes extraordinaires dans toutes sortes de profession ; et à se renfermer dans le seul siècle où *nous sommes* [...] comme l'intention principale de ce recueil est de faire honneur à *notre* siècle. »

C'est bel et bien un bilan d'une période circonscrite. Ailleurs, Perrault dit même qu'« on y a point mis d'hommes vivans, et il n'est pas mal aisé d'en deviner la raison ». Mais si la frontière en amont, *circa* 1610, a ici, comme dans d'autres ouvrages de Perrault dont on reparlera, une fonction de démarcation, la frontière 1700 est purement technique. Pouvait-il en être autrement, en plein règne de Louis XIV ?

Plus problématique, sous cet angle, est *Le Siècle de Louis XIV* de Voltaire[39], projeté dès 1732, et publié en 1751. Là aussi, la frontière en amont est marquée : « Le siècle que j'appelle de Louis XIV [...] commence à peu près à l'établissement de l'Académie française[40] » ; ailleurs, Voltaire donne même la date de 1655. En cela, Voltaire suit d'assez près *Le Siècle de Louis le Grand* de Perrault (1687), précisément. Si Voltaire n'est pas aussi explicite sur la nature de la frontière en aval, il est souvent clair que, dans son esprit, une véritable opposition existait entre deux ères. Dans sa « Défense de Louis XIV », écrite en

1772[41], on lit : « J'envisage encore le siècle de Louis XIV comme celui du génie, et le siècle présent comme celui qui raisonne sur le génie » ; et dans la lettre déjà citée, il donne l'année 1704 comme fin du siècle de Louis XIV.

L'ouvrage de Voltaire s'apparente donc assez au genre du bilan moderne, à deux différences près :
— Entre les deux « siècles », point de rupture, ni certainement de rupture datable, la longue agonie du règne n'y étant pas étrangère.
— L'opposition entre les deux siècles est unidimensionnelle, elle ne concerne que le « génie ». On l'a en effet souvent remarqué, le point de départ de Voltaire était très moderne : « Ce n'est pas seulement la vie de Louis XIV qu'on prétend écrire ici ; on se propose un plus grand objet. On veut essayer de peindre à la postérité, non les actions d'un seul homme, mais l'esprit des hommes dans le siècle le plus éclairé qui fût jamais ». Mais le résultat était des plus traditionnels : la première moitié du livre est une histoire politique-anecdotique, la deuxième, une histoire intellectuelle accompagnée de listes de « Grands Hommes », la différenciation des siècles concerne uniquement cette deuxième partie. Les contemporains ne s'y sont point trompés, comme le montre une réponse anonyme à Voltaire, parue en 1753 : *Le Siècle littéraire de Louis XV*.

Face à Voltaire, voici la façon dont Prosper de Barante explique l'intérêt, l'urgence même de son *Tableau de la littérature française au dix-huitième siècle*[42].

> « La fin du 18e siècle, et les premières années du siècle suivant, ont été signalées par des événements si importants, que tout l'ensemble des affaires en a été changé et renouvelé. La religion, les gouvernements, les distributions des royaumes, ont subi, non pas de simples modifications, mais des révolutions complètes. Les idées des hommes sur la politique, sur la morale, sur toutes les choses enfin où s'exercent leurs facultés, ont aussi pris une autre direction. L'histoire ne pourrait peut-être pas montrer un pareil exemple d'un changement aussi vaste, aussi complet, et en même temps aussi rapide dans la face du monde. »

Eusèbe Salverte, sans être aussi précis dans sa datation, n'écrit rien d'autre :

« Le dix-huitième siècle ! que de souvenirs ce mot éveille [Salverte, 1771-1839, écrit en 1808] ! que de passions plus diverses encore [...] Ce siècle, en tirant de l'oubli des principes étrangers aux âges qui l'ont précédé, s'est assuré une si grande influence sur l'avenir, *et coupe, pour ainsi dire, en deux parties l'histoire littéraire, politique et philosophique de l'Europe moderne*[43]. »

On ne saurait être dupe de cette affirmation ; si le XVIIIe siècle « coupe l'histoire », c'est que la Révolution a concrétisé ses principes.

D'innombrables textes témoignent de la conscience d'une collectivité culturelle dans le siècle des Philosophes. Ils laissent entrevoir un consensus sur la date en deçà de laquelle, cette belle unité n'était pas encore : 1715. La Révolution a eu le grand mérite de délimiter cette cohérence en aval. Le siècle a permis de la penser.

* * *

Faire le bilan d'un être fini, clos, voici l'objectif que se sont proposé les candidats au concours de 1804. Et le choix du terme « être » n'est point gratuit. On avancera, en effet, que la notion de « siècle », instrument de la discontinuité, s'inscrit dans l'histoire d'une des plus puissantes métaphores humaines : *l'organisme.* Judith E. Schlanger, qui a consacré à ce problème une étude importante[44], a observé que les usages de l'organisme, toujours présent dans la pensée métaphorique, ont connu un changement radical à la fin du XVIIIe et au début du XIXe siècle. À l'harmonie et la hiérarchie entre fonctions, les deux principales qualités de l'organisme traditionnel, on a alors ajouté le facteur temporel. La croissance, l'évolution, la révolution, la régression, la décadence investissent alors le langage organique, dont nous sommes toujours tributaires.

Penser l'organisme, c'est *isoler* un système qu'on dit clos (à l'exception du « corps mystique » de l'Église médiévale, qui se voulait ouverte par définition[45]). Jean-Claude Perrot a ainsi démontré l'importance de la métaphore dans la naissance de l'urbanisme moderne. Il insiste sur le rôle de la pensée biologique et médicale dans l'étude et l'aménagement des villes[46].

Mais revenons au temps. L'idée de comparer l'histoire humaine à la vie d'un individu est ancienne. Nouvelle — Vico mis à part — en revanche paraît l'idée de construire l'histoire des civilisations comme une sorte de relais entre individus (entre générations). Et c'est là qu'intervient le siècle — le XVIIIe, évidemment, celui que la Révolution a simultanément tué et créé. Benjamin Constant, dans son *Esquisse d'un Essai sur la Littérature du 18e siècle,* fait, plutôt timidement, ce rapprochement :

> « Chaque siècle a son idée dominante. Chaque auteur reçoit l'empreinte de l'idée dominante de son siècle. Ceux qui marchent à la tête des doctrines victorieuses ne font dans la réalité qu'obéir à cette idée. Ceux qui semblent lutter capitulent [...] L'esprit d'un siècle est un fait nécessaire, un fait physique. Or un fait physique se raconte et ne se juge pas. »

Eusèbe Salverte est bien plus explicite. Il pose d'abord le problème, essentiel, de la cohérence :

> « Où trouver enfin un principe d'unité dans ce Tableau, ou seulement un moyen d'en lier les différens groupes ? Dois-je, annaliste scrupuleux, suivre l'ordre des dates ? ou, fidèle à la routine des écoles, rappeler successivement les divers groupes, sans autre motif de transition que la nécessité de dire une chose après l'autre ? Ce serait méconnaître la dignité de mon sujet. Essayons plutôt, en nous livrant à l'idée trop hardie peut-être de *considérer un siècle comme un individu,* essayons de distinguer dans son existence ce qui appartient à ses devanciers et ce qui appartient à lui-même. » (p. 3)

Il ne s'en prive pourtant point :

> « Ne serait-on point fondé à croire que la division des siècles n'est pas arbitraire ; qu'elle est tracée par le système de numérotation des hommes, bien moins que par la main puissante de la destinée ; que le 18e siècle enfin, comme celui qui l'avait précédé, *était condamné à ramper dans l'enfance avant d'atteindre l'âge viril ? Qui sait même si, vers la fin de sa carrière, nous n'y découvrirons point quelques symptômes de l'affaiblissement de la vieillesse.* Cherchons dans la nature des choses l'explication d'un fait aussi remarquable. » (pp. 11-12)

À ce texte semble répondre, un siècle et demi plus tard, Roland Mortier, éminent spécialiste des Lumières :

> « Avec ses ombres et ses nuances, le tableau que nous offre le XVIIIe siècle est à la fois *cohérent* et suggestif. Nous aurions tort de diviser ce qu'il a tenté d'unir, d'opposer ce qu'il a voulu concilier, de réduire à des composantes hétérogènes ce qu'il s'est offert de fondre et de souder. Tout au plus pourrait-on songer à distinguer, dans la vague qui le porte, la phase ascendante, la phase triomphante et la phase du reflux : la retenue d'un Fontenelle ; l'audace tranquille de Voltaire, de Diderot, de Rousseau ; la dissolution ou l'usure des idées maîtresses du siècle chez un Sade, un Bernardin de Saint-Pierre, voire même un Sénancour[47]. »

Le jugement de Jean-Pierre-Louis de La Roche du Maine, Marquis de Luchet, datant de 1789, les rejoint :

> « Aurait-on prévu que la fin déshonorée de ce siècle serait témoin encore des faits honteux de la crédulité ; que le flambeau de la philosophie pâlirait devant les torches du fanatisme ; que la patrie des Fontenelle, des Montesquieu, des Diderot, des Helvétius, des d'Alembert, accueillerait un S***, un W***, un Cagliostro, un Lavater, un d'E***, et vingt autres théosophes[48]. »

Le rôle de la mort dans toute production de bilan cohérent n'est pas à démontrer — la sagesse populaire prétend qu'il ne faut pas se considérer heureux ou fortuné avant que ne soit lâché le dernier souffle... Dans le cas qui nous occupe ici, le constat universel de la mort d'une période crée l'urgence d'en faire le bilan, d'en produire une cohérence. Le siècle participe donc modestement de cette alchimie métaphysique qui transforme la mort en un instrument de connaissance — de fabrication de sens !

* * *

On rencontre alors en maints domaines le besoin de découper le temps, puis d'établir le bilan de la dernière tranche en date. Les trois exemples qui suivent ne sont pas sans rappeler le Concours de 1804, les deux premiers étant intimement liés.

• « *Tableau de l'état et des progrès des sciences, des lettres et des arts, depuis 1789 jusqu'au Ier vendémiaire an X* »

Le 13 ventôse an X (4 mars 1802), sous le Consulat donc, l'Institut national est chargé d'établir le bilan des connaissances en France depuis la Révolution[49], Jean-Antoine Chaptal, grand chimiste, membre de l'Institut, ministre de l'Intérieur et initiateur de la Statistique des Préfets en est le maître-d'œuvre. Le projet traîne, l'Institut est « réorganisé », le calendrier républicain est abrogé, le Consulat devient Empire et, en 1807, le projet qu'on pouvait croire oublié est relancé par Champagny, le successeur de Chaptal au ministère. Mais la date fatidique, 1789, ne l'est plus ; elle ne constitue plus qu'un repère commode, l'accent étant mis sur l'« état actuel » des sciences, lettres et arts. En 1808 sont présentés à Napoléon cinq rapports, fruit d'un travail collectif, dont quatre auteurs illustres : Bon-Joseph Dacier (1742-1833) pour l'histoire, Georges Cuvier (1769-1832) pour les sciences de la nature, Jean-Baptiste Delambre (1749-1822) pour les mathématiques, Marie-Joseph Chénier (1764-1811) pour la littérature, et un inconnu, Joachim Lebreton (1760-1819) pour les beaux-arts[50]. Il était prévu de renouveler l'exercice tous les *cinq* ans ; une tentative, lancée par Victor Cousin en 1840, n'a pas abouti ; une autre, datant de 1867, à l'occasion de l'Exposition universelle, a produit un *Recueil de rapports sur les progrès des Lettres et des Sciences.*

• *Les prix décennaux*

DÉCRET IMPÉRIAL

Qui institue des prix décennaux pour les ouvrages de sciences, de littérature, d'arts, etc.

« Au palais d'Aix-la-Chapelle, le 24 fructidor an XII (11.9.1804)

« Napoléon, Empereur des Français, à tous ceux qui les présentes verront, salut.

« Étant dans l'intention d'encourager les sciences, les lettres et les arts, qui contribuent éminemment à l'illustration et à la gloire des nations ;

« Désirant non seulement que la France conserve la supériorité qu'elle a acquise dans les sciences et dans les arts, mais encore que *le siècle qui commence l'emporte sur ceux qui l'ont précédé ;*

« Voulant aussi connaître les hommes qui auront le plus participé à l'éclat des sciences, des lettres et des arts ;

« Nous avons décrété et décrétons ce qui suit :

ARTICLE PREMIER

« Il y aura, *de dix ans en dix ans*, le jour de l'anniversaire du 18 brumaire, une distribution de grands prix donnés de notre propre main...

ARTICLE II

« Tous les ouvrages de sciences, de littérature et d'arts, toutes les inventions utiles, tous les établissements consacrés aux progrès de l'agriculture ou de l'industrie nationale, publiés, connus ou formés *dans un intervalle de dix années*, dont le terme précédera d'un an l'époque de la distribution, concourront pour les grands prix[51]. »

Napoléon et ses conseillers ont eu l'originale idée de récompenses rétrospectives pour l'excellence d'esprit et l'utilité publique. Ainsi l'explique le comte Garat dans sa biographie de Suard[52], personnage central aussi bien dans le concours de 1804 que dans la commission des prix décennaux : « L'intervalle de dix ans, préféré à celui de cinq, à ces lustres si fameux chez les anciens, était aussi pour les arts, qu'il ne faut pas regarder de si près que les mœurs » ; mais aussi « une portion plus convenable de ce (*sic*) période des siècles par lesquels les âges du goût et du génie ont coutume de se comparer et de se mesurer. » Ajoutons que ce projet a donné lieu à des comptes rendus très détaillés de la production scientifique, littéraire et artistique de la décennie. Parmi les membres du jury de la Classe des sciences mathématiques et physiques, on trouve Monge, Laplace, Delambre, Cuvier, Chaptal, Gay-Lussac, Carnot, Arago, Cassini, et parmi les lauréats virtuels, outre les membres du jury, Lagrange, Berthollet, Lacépède, Lamarck, Bichat, Corvisart, Pinel, Montgolfier ! La Classe de langue et littérature française fut moins gâtée en hommes illustres ; et, très honnêtement, elle refusa d'attribuer une partie des prix ; alors que la Classe des beaux-arts les proposa, entre autres, à David, Gros, Méhul et Cherubini. Mais les prix décennaux ne furent point décernés.

• *L'exposition*

La première exposition nationale à but de bilan est l'oeuvre de la Révolution. François de Neufchâteau, ministre de l'Intérieur, l'emprunte à l'exposition industrielle de Prague (1791), et crée, dans les cinq jours complémentaires de l'an VI (1798), une « Exposition publique annuelle de produits de l'industrie française ». Cette initiative a été reprise par le Consulat (1801, 1802), par l'Empire (1806) — et jusqu'en 1849 (!) ; la première n'a duré que cinq jours et rassemblé 110 exposants, alors que la dernière a duré six mois avec 4 532 exposants.

C'est l'*Exposition universelle* qui a porté à son paroxysme la « bilanomanie ». La première a lieu en 1851 à Londres ; suivent Paris (1855), Londres (1862), Paris (1867), Londres (1871-74), Vienne (1873). L'Exposition universelle de Philadelphie de 1876 marque une nouvelle rencontre du bilan et du 100, à travers le centenaire, pratique « bilanesque » destinée à un grand avenir. Après Philadelphie, et à une plus grande échelle encore, vint l'Exposition universelle de Paris de 1889 qui fêta le premier centenaire de la Révolution française — avec ces « répétitions générales » que furent les centenaires de Rousseau et de Voltaire en 1878[53]. Et après l'Exposition de Chicago en 1893, qui célébra le tricentenaire de la découverte de l'Amérique, ce fut l'apothéose : *l'Exposition universelle à Paris de 1900.* « L'Exposition de 1900 constituera la synthèse, déterminera la philosophie du XIXe siècle. »[54] Il suffit de feuilleter les dizaines de volumes issus de cette gigantesque manifestation pour voir le sérieux qu'organisateurs et participants prêtaient à cette définition ; sérieux illustré par la « synthèse », en six volumes, de l'Exposition de 1900 : *Le Bilan d'un siècle (1801-1900)*[55].

Comparaison

La « bilanomanie » de cette époque, on l'a dit et redit, est foncièrement comparatiste, comme en témoignent ces quelques citations du Concours de 1804 et ses annexes : « Des deux beaux siècles de la France, on préconise le plus ancien ; il est plus près des siècles dociles » (E. de Sénancour, « Fragments sur deux siècles comparés ») ; « Pour étudier l'esprit du XVIIIe siècle, il faut étudier celui du XVIIe, et surtout celui du règne de Louis XIV » (Benjamin Constant) ; « Un nouveau siècle [le XVIIIe] commence. Au besoin d'imiter et de croire avait succédé le besoin de connaître et d'inventer » (J.-J. Victorin Fabre).

Dans la séance du 1er avril 1807, Suard le dit on ne peut plus clairement :

> « La plupart de ceux qui ont envoyé des ouvrages au concours ont paru croire qu'en proposant le Tableau littéraire du XVIIIe siècle, l'Académie avait pour but d'établir un parallèle entre le XVIIIe et le XVIIe siècle, et même d'élever un de ces siècles au-dessus de l'autre. L'Académie n'a pas eu une telle intention. Ces sortes de parallèles sont plus favorables au bel esprit qu'au bon esprit, et produisent plus d'erreurs que de vérités dans les jugements qui en sont le résultat [...] L'Académie a désiré qu'on lui présentât une appréciation fidèle et positive des richesses que le dernier siècle a ajoutées au trésor littéraire de la France, sans chercher à en faire la balance avec le fonds de richesse créé par le siècle précédent[56]. »

Mais le concours lui-même serait-il pensable sans, précisément, ce besoin d'établir des parallèles ? Sans prétendre pénétrer l'âme de Jean-Baptiste Suard (1732-1817), homme de tous les régimes ou presque, il ne serait pas hasardeux d'avancer que son rôle dans les deux bilans, le Concours de 1804 et les prix décennaux, ait eu pour motivation un comparatisme « existentiel ». Mais ce membre de l'Académie française dès 1774, secrétaire perpétuel de la Classe de littérature de l'Institut lors de sa réouverture en 1803, devait surtout être obsédé par la comparaison entre *son* siècle, le XVIIIe, et celui dans lequel la Révolution l'a, pour ainsi dire catapulté, où il ne pouvait que se sentir dépaysé. J'irais même jusqu'à dire que cette tendance massive des candidats au Concours de 1804 à comparer le passé et le passé antérieur devrait être interprétée comme un transfert du véritable enjeu de l'époque, la comparaison du passé et du présent, de l'Avant et de l'Après.

Mme de Staël l'a bien vu, qui résume ainsi sa notice sur le *Tableau littéraire* de Barante : « Le dix-huitième énonçait les principes d'une manière trop absolue ; peut-être le dix-neuvième [on est en 1808 !] commentera-t-il les faits avec trop de soumission. L'un croyait à une autre nature des choses, l'autre ne croira qu'à des circonstances. L'un voulait commander l'avenir, l'autre se borne [du futur Mme de Staël passe au présent] à connaître les hommes. L'auteur du discours dont il s'agit est peut-être le premier qui ait vraiment pris *la couleur d'un nouveau siècle.* Il est la postérité dans ses jugements[57]. »

Douze ans plus tard, Augustin Thierry publie dans *Le Censeur Européen* un compte rendu très favorable de la biographie de Suard par Garat. Et le titre de cet article est fort éloquent : « Sur la philosophie du dix-huitième siècle et sur celle du dix-neuvième »[58]. Mais si, pour Garat (1749-1833), et à plus forte raison pour Suard, *le* siècle est le XVIIIe, Thierry, né en 1795, est homme du XIXe. « Le dix-huitième siècle porte encore le nom de siècle de la philosophie française ; ce noble titre, nous le croyons, lui sera enlevé par notre siècle » (p. 273).

Autre siècle, autre univers : cette idée, Thierry est certainement un des premiers à la formuler d'une façon aussi radicale : « Tout ce siècle [le XVIIIe], moins dix ans, est pour nous comme un autre monde. Nous parcourons les cercles où l'ingénieux auteur nous fait entrer ; nous y trouvons, grâce à lui, des portraits originaux et poignants, mais pas une seule figure de connaissance, pas un seul trait que nous ayons entrevu : *ces hommes sont presque contemporains, et il y a des siècles entre eux et nous* » (pp. 271-272).

Instrument de comparaison, le siècle est aussi produit de la comparaison, et ce dès les années 1680. L'étude de Gaston Hall sur l'évolution de la notion de « siècle de Louis le Grand »[59] démontre que c'est le parallèle, devenu Querelle, des Anciens et des Modernes, qui était à l'origine de cette notion. Ce n'est pas Charles Perrault (1628-1703), comme il est de coutume de le croire, mais Jean Desmarets de Saint-Sorlin (1595-1676), qui en est l'auteur. En 1670, il publie *La comparaison de la langue et de la poésie françoise avec la Grecque et la Latine, et des Poëtes Grecs, Latins et François* — où il « prouve » que les Modernes égalent, et souvent dépassent, voire surclassent les Anciens. Suit, en 1674, *Le Triomphe de Louis et de son Siècle, un poëme lyrique*; puis, en 1675, une épître en vers adressée à Charles Perrault (!), *La défense de la langue et de la poésie françoise*, un appel solennel à se joindre à lui :

> « Perrault, arme avec moi ton stile,
> Join ta voix à ma voix,
> A mon lut accorde ta lire.
> Publions en tous lieux où s'étend cet empire,
> La force et la beauté des ouvrages François.
> Du *siècle de Louïs* célébrons l'avantage[60]. »

Charles Perrault, on le sait, n'a pas manqué à l'appel, il s'en faut — même s'il ignore superbement tout ce qu'il doit à Desmarets[61]. Il publie en 1687 le célèbre poème *Siècle de Louis le Grand*, poème qui devient l'avant-propos condensé du plus célèbre encore *Parallèle des Anciens et des Modernes* de 1688. La fameuse Querelle est née.

L'étude de Hall a pour nous un autre intérêt. À l'origine, c'est-à-dire dans l'esprit de Desmarets, le siècle de Louis le Grand recoupait l'ensemble du XVIIe siècle (1601-) — *son* siècle ; et le terme « Louïs » renvoyait autant au père qu'au fils, au XIII qu'au XIV. Mais pas dans l'esprit de Perrault, dont la carrière démarre sous Colbert : « À quelques exceptions près faites pour des poètes (Régnier, Maynard, Malherbe), Perrault ne s'intéresse guère qu'au règne de Louis XIV, ce qui prépare les voies à Voltaire qui favorise dans son *Siècle de Louis XIV* surtout le règne personnel à partir de 1661. La notion de siècle, qui chez Desmarets répond plus ou moins aux années 1600, se déplace ; la seconde moitié commence à s'imposer au détriment de la première[62]. »

Ainsi, la correspondance entre le « siècle 1601-1700 » et l'« âge », dans l'air à l'époque, a été abandonnée, en France du moins, à cause d'un règne inhabituellement long, qui se voulait et se disait trop unique pour qu'on le confondît avec d'autres. Le siècle de Louis XIV a donc tué en son début même le siècle chronologique, jusqu'à ce que la Révolution remette d'accord arithmétique et Histoire.

Causalité

Le thème des Lumières comme « origines (intellectuelles) de la Révolution française » a fait couler beaucoup d'encre, en 1790 comme en 1990. Le besoin d'établir une chaîne causale, on l'a souvent démontré, est rétrospectif, et naît presque toujours de l'effet[63] — ici, de la Révolution. Mais pour que cette chaîne devienne plausible, elle doit s'arrêter quelque part — sinon, on remonterait chaque fois à Adam et Ève. Or l'avantage du siècle, comme cadre de causalité, est qu'il propose non seulement une fin, mais aussi un début.

Dans la partie consacrée au bilan, nous avons insisté sur l'aspect « organique » du siècle, qui servait à identifier/créer une sorte de *« Zeitgeist »* : celui du XVIIIe siècle en premier lieu, en attendant celui du XIXe — et le nôtre (il appartenait à notre siècle historiographique de créer aussi l'« esprit » XVIe, XIIe, VIIe, etc.). Mais plus qu'une cohérence « synchronique », le siècle fraîchement créé était appelé à fabriquer une cohérence « diachronique », narrative, si l'on veut ; à offrir un cadre à une chaîne causale, menant inévitablement à la Révolution française.

C'est en termes proches que Prosper de Barante et Eusèbe Salverte définissent la raison d'être de leur *Tableau littéraire de la France au XVIIIe siècle* respectifs :

> « C'était un sujet bien digne d'exercer la curiosité, que de *rechercher les causes de cette terrible convulsion*, dont notre nation a d'abord été agitée, et qu'ensuite elle a propagée » (de Barante, « Préface » de 1822).

> « La terre entière est encore agitée de la secousse terrible qui vient de rapporter la France au premier rang des nations ; dans l'ébranlement général, dans le conflit de toutes les opinions, de tous les intérêts, de toutes les passions, de toutes les vertus, de tous les vices, l'esprit humain ne pouvait rester immobile, impassible. Il faut donc, rappelant des

> souvenirs douloureux, tracer son histoire au milieu de cet effroyable mélange d'opprobre et de gloire, d'humanité et de barbarie, de bassesse et d'héroïsme. » (Salverte, p. 7)

« Le divorce fut décrété en 1792, et il n'étonna personne, parce qu'il était une conséquence, depuis longtemps prévue et inévitable, du système de destruction, suivi à cette époque avec tant d'ardeur[64]. » On attribue à Bonald la notion de « siècle des Lumières »[65]. Il se peut. Il ne fait surtout pas de doute que le XVIIIe siècle constituait, pour lui, un défi existentiel[66]. L'unité « séculaire » a toujours la même fonction : penser la catastrophe de 1789/1793. Dans « De la philosophie morale et politique du XVIIIe siècle » (1805)[67], la Révolution est une sorte d'apothéose funeste ; dans un texte de mars 1806, il écrit : « Notre siècle [i.e. le XVIIIe, lapsus intéressant — trois mois plus tard, il se démarquera de ce siècle] a rappelé aux siècles qui l'ont précédé d'avoir ignoré certaines vérités [...] mais les siècles d'ignorance pourroient, avec autant de raison, reprocher au siècle des Lumières d'avoir méconnu les vérités les plus nécessaires à la conservation de la société, et d'avoir mis à la place les erreurs les plus funestes[68]. »

Le découpage de l'histoire en siècles : premier bilan

Le point de départ de mon travail était critique. Je le concevais même comme une sorte de réquisitoire contre cette pratique aberrante, et je songeais à l'intituler « Us, buts et abus du siècle ». Chemin faisant, le jugement a basculé. Des « abus » du siècle et de la périodisation, l'accent a été déplacé aux « us et buts », mieux, aux « atouts ».

L'avant-propos du *Discours sur l'Histoire universelle* (1681) de Bossuet[69], où est dit très clairement le pourquoi de la périodisation, peut servir de point de départ à la relecture normative du siècle :

> « Cette manière d'histoire universelle est, à l'égard des histoires de chaque pays et de chaque peuple, ce qu'est une carte générale à l'égard des cartes particulières. Dans les cartes particulières vous voyez tout le détail d'un royaume, ou d'une province en elle-même ; dans les cartes universel-

les vous apprenez à situer ces parties du monde dans leur *tout* ; vous voyez ce que Paris ou l'Ile-de-France est dans le royaume, ce que le royaume est dans l'Europe, et ce que l'Europe est dans l'univers [...]

« Comme donc, en considérant une carte universelle, vous sortez du pays où vous êtes né, et du lieu qui vous renferme, pour parcourir *toute la terre* habitable, que vous embrassez par la pensée *toutes* ses mers et *tous* ses pays ; ainsi, en considérant l'abrégé chronologique, vous sortez des bornes étroites de votre âge, et vous vous étendez sur *tous* les siècles.

« Mais de même que, *pour aider sa mémoire* dans la connaissance des lieux, on retient certaines villes principales, autour desquelles on place les autres, chacune selon sa distance ; ainsi, dans l'ordre des siècles, il faut avoir certains temps marqués par quelque grand événement auquel on rapporte tout le reste.

« C'est ce qui s'appelle ÉPOQUE, d'un mot grec qui signifie *s'arrêter*, parce qu'on s'arrête là, pour considérer tout ce qui est arrivé devant et après, et *éviter par ce moyen les anachronismes, c'est-à-dire cette sorte d'erreur qui fait confondre les temps* » (pp. 22-23).

— *Mémoriser (l'art de la mémoire*[70]). Bossuet, c'est un avantage, pense en pédagogue (qui connaît les limites de son auguste élève). D'où cette affirmation si simple, si juste, que des découpages de tout ordre sont d'une grande utilité dans la mémorisation ; ils lui sont même indispensables. Le « Tout » dépasse notre appréhension, on ne le retient point. Antoine-Augustin Cournot, défendant le découpage de l'histoire en siècles, le dit tout aussi clairement : « Nous ne faisons qu'user d'un détour ou d'un artifice mnémonique pour mieux mettre en relief des traits dominants et les graver dans les esprits[71]. »

— *Distinguer*. Le découpage, tout découpage, sert de garde-fou contre l'amalgame, contre l'anachronisme. Ou, pour citer de nouveau Bossuet, « si l'on n'apprend de l'histoire à *distinguer les temps*, on représente les hommes sous la loi de la nature [avant Moïse], ou sous la loi écrite, tels qu'ils sont sous la loi évangélique ; on parlera des Perses vaincus sous Alexandre, comme on parle des Perses victorieux sous Cyrus [...] Mais, de peur que ces histoires et celles que vous avez encore à apprendre *ne se confondent dans votre esprit*, il n'y a rien de plus nécessaire que de vous représenter distinctement, mais en raccourci, toute la suite des siècles » (pp. 2-3).

— *Étudier.* Penser le temps humain en périodes distinctes mène, à terme, à l'abandon de la conception totalisante, organique de l'Histoire, conception qui, à la regarder de près, est foncièrement a-historique. Certes, la périodisation n'est ni la condition suffisante, ni même la condition nécessaire pour écrire l'histoire dans le sens moderne du terme. Mais diviser l'histoire en tranches rend beaucoup plus facile ce qui demeure l'un des objectifs de tout homme de science, et de l'historien en particulier : penser à la fois le Même et l'Autre, la ressemblance et la différence ; en langage aristotélicien, l'art de la classification — et la périodisation en est une — repose sur le genre prochain et la différence spécifique.

L'exemple de Bossuet est, à ce titre, plutôt déconcertant. Il périodise, certes, mais selon des principes qui nous paraissent peu historiques, qui tirent toute leur légitimité, d'abord des Écritures, ensuite des Empires (comme le dit d'ailleurs le sous-titre du *Discours*). Le Bossuet pratiquant de la périodisation est nettement en deçà du Bossuet penseur de la périodisation. Pour expliquer ce décalage flagrant, on fera appel à la thèse du traumatisme formateur : pour que la périodisation devienne opérationnelle — c'est-à-dire véritable instrument de recherche et d'écriture —, elle *doit servir à penser une rupture contemporaine* !

N'est-ce pas, précisément, l'origine des études classiques, quand « Vers la fin du quatorzième siècle, l'art d'Italie est devenu aussi radicalement étranger à l'Antiquité que l'art du Nord[72] » ? Il fallait penser l'Antiquité comme définitivement close, définitivement distincte du présent pour se mettre à la comprendre : « En portant leurs regards en arrière vers le monde païen d'un point de vue quasi historique, puis en projetant son image sur un plan idéal, les humanistes de la Renaissance apprirent à penser la civilisation classique comme une totalité[73]. » Dans le même ordre d'idées, on peut dire qu'à l'image de la Renaissance qui « inventa » l'Antiquité, patrimoine ancien, la Révolution, certes grande destructrice, « inventa » le patrimoine national[74] ! Panofsky :

> « Ainsi la Renaissance italienne, dans la première ample rétrospective qui eût tenté de répartir l'évolution de l'art

occidental en trois grandes périodes, a défini son propre *locus standi*, d'où elle pût jeter le regard en arrière à la fois vers l'art de l'antiquité classique [...] et vers l'art du Moyen Âge [...] : chacun d'eux *pouvait être évalué en fonction de l'autre, et par opposition à l'autre.* Pour injuste que ce mode d'estimation puisse nous apparaître, il signifiait que dorénavant les périodes découpées dans l'histoire de la civilisation et de l'art pourraient être comprises à la fois comme *individualités et comme totalités*[75]. »

Pour le dire d'une façon quelque peu brutale, pendant les deux cent trente premières années de son existence, *grosso modo* de Flacius et Baronius à Hume et Robertson, le siècle n'a pas beaucoup contribué aux études historiques par défaut d'enjeu majeur. Tout au plus facilitait-il la tâche à quelques chronographes. Mais pour ce qui est du progrès des connaissances, le bilan du siècle était bien maigre. Et il ne pouvait être que bien maigre avant que l'actualité ne le recrutât dans cette entreprise gigantesque, unique dans l'histoire universelle : *penser la discontinuité.*

Penser la discontinuité — et la *combattre.* On n'insiste pas assez sur la pensée anti-révolutionnaire, conservatrice, comme précurseur de l'histoire de la longue durée, ni sur l'esprit profondément conservateur de cette même histoire, dite, trop rapidement, des *Annales.* Car si l'Histoire est régie par des mécanismes de longue durée, les hommes la subissent plus qu'ils ne la font. On avance avec fierté que l'histoire moderne a refusé aux grands de ce monde le monopole de l'action historique ; plus exact serait de dire qu'elle l'a plus ou moins refusé à tous, Grands Hommes *et* petites gens. Joseph de Maistre ne dit pas autre chose : « Nulle grande institution ne résulte d'une délibération » ; Fustel de Coulanges : « Les institutions politiques ne sont jamais l'œuvre de la volonté d'un homme ; la volonté même d'un peuple ne suffit pas à les créer. » Et Prosper de Barante propose une analyse bien moderne de l'origine de ce qu'il perçoit comme phénomène nouveau :

> « Lorsque les communications sont devenues faciles, rapides et vastes entre les hommes, l'influence des causes iso-

> lées est moindre, et les causes générales sont plus à considérer. De là aussi les individus sont moins importants, et leur action est inaperçue. On en peut donc conclure qu'il ne dépend point de la volonté ou de la conduite de quelques hommes d'exercer une influence vive et décisive sur leur nation et sur leur temps [...] En un mot, régler et maintenir, voilà tout ce qui est possible [d'où] la conviction profonde qu'il vaut mieux travailler une situation par le repos et le bon ordre, que de tenter vainement, et à tout hasard, d'en changer les bases et les principes[76]. »

Or si les institutions ne dépendent pas d'un quelconque volontarisme, à plus forte raison les processus économiques, démographiques ou de mentalités.

On voudrait aventurer, à présent, une thèse provocante : le siècle rend possible — du moins facilite — l'histoire moderne, « structurale ». Le paradoxe est patent. Comment, en effet, concilier les deux fonctions qu'on se plaît à attribuer au siècle : penser la discontinuité, rendre possible la longue, très longue durée ?

Les jalons de l'alliance objective entre siècle et longue durée remontent aux années 1800. Avant qu'on ne découpe l'Histoire en siècles, l'unité de périodisation la plus répandue était le *règne.* Voltaire distingue ainsi quatre grands « siècles » : de Périclès, d'Alexandre, des Médicis et de Louis XIV. L'histoire de France était une succession de races royales ; l'histoire anglaise, une succession de dynasties ; l'histoire ecclésiastique, une suite de souverains pontifes et de conciles. Après 1789, et *a fortiori* après 1793, il est devenu difficile de continuer dans cette tradition. Or, on l'a déjà dit, cette décennie a été perçue comme l'aboutissement d'une plus grande période, qu'il restait à délimiter et à dénommer. Par effet de contagion, en quelque sorte, pour la vraisemblance aussi, cette période ne pouvait être marquée par un Louis ou un autre — même les historiens anti-révolutionnaires, plus ou moins nostalgiques des Bourbons, tels Bonald ou Maistre, ne songeaient point à parler du « Siècle de Louis XV » ou du « Siècle des deux Louis ». Le XVIIIe siècle, au fondement arithmétique, donc non marqué par la réalité, offrait alors le choix idéal. Prosper de Barante, toujours lui, le dit presque explicitement dans la « Préface » de son *Tableau littéraire* :

> « Le plus souvent, les mouvements qui bouleversent les empires, peuvent être attribués à des influences directes et positives, aux dissensions des peuples, aux conquêtes d'un *prince*, aux talents d'un *général*, au poids d'une *tyrannie*, à la violation d'un *traité*. Mais, en France, le 18e siècle n'avait pas été fécond en événements. Parmi les hommes qui avaient possédé l'autorité, aucun n'avait montré un de ces grands caractères qui changent le sort des royaumes. Enfin, le siècle, jusqu'à ses dernières années, s'était écoulé, d'un cours assez tranquille, sans déchirements, sans mouvements extraordinaires. C'était surtout par la marche des opinions, et par les productions de l'esprit, qu'il avait été remarquable. Les contemporains eux-mêmes s'étaient fort enorgueillis de ce développement de l'esprit humain et en avaient fait le principal caractère de l'époque où ils vivaient. »

En termes moins datés, cette thèse n'est que la conséquence logique de la comparaison entre le découpage en siècles : XIIIe, XVIIe, XIXe siècles —, avec les modes concurrents : en règnes ; en « avant-et-après-Christ », « avant-et-après-la-Réforme ; en « Antiquité », « Moyen Âge », « Moderne », « Contemporain » ; en « Classique », « Barbare », « Carolingien », « Gothique », « Renaissance », « Baroque », « Lumières »... Qui pense l'Histoire en succession de monarques aura du mal à échapper à une certaine prégnance du registre politique. L'exemple du célèbre livre de Pierre Goubert, *Louis XIV et vingt millions de Français* (1966) est doublement significatif à cet égard : par la dés-automatisation de l'histoire politique axée sur le pouvoir ; par l'impossibilité, en fin de compte, de ne pas y succomber. Le premier effet est atteint dès le début du livre : « En 1966, l'espérance de vie à la naissance avoisine ou dépasse 70 ans. En 1661, à peine atteignait-elle 25 ans », ainsi que par l'image choisie pour l'édition de poche : une reproduction des frères Le Nain, peintres « du peuple », et pas, comme on le fait si souvent, une reproduction de Le Brun, peintre « de la Cour ». Le deuxième effet, non recherché, l'est par le fait qu'en réalité le personnage du roi écrase le livre, bien plus que le titre ne le laisse présager[77]. De même un découpage religieux aura, quasi inévitablement, privilégié le spirituel, un découpage stylistique, le culturel, etc. Nommer, on le sait, n'est jamais un acte innocent[78]. N'allons pas jusqu'à considérer le nom comme une sorte de matrice — Frédéric II est loin d'être ce cadre cognitif que rien ne dépasse, qui rend imperceptible tout ce qui lui est extérieur. Il va pourtant de soi que le titre choisi par Kantorowicz infléchit fortement sa façon d'aborder ce grand moment de l'histoire médiévale (et contemporaine...).

Ce qui nous ramène à une des caractéristiques majeures du siècle : sa *neutralité.* L'aberration constitutive du siècle, à savoir son a-référentialité, devient ainsi son principal atout. De tous les systèmes de périodisation, le système séculaire est le moins *marqué* — par la réalité, par l'historiographie. Il s'avère, de ce fait, le plus ouvert à ce qu'on a peu, ou pas étudié en histoire : économie, démographie, mentalités. Innombrables sont les rappels que lui font les historiens « structuraux » tels Febvre, Braudel, Labrousse, Chaunu, Wallerstein...

Un nom incarne cette alliance insolite : *Antoine-Augustin Cournot* 1801(!)-1877. Jamais un penseur n'est allé aussi loin dans la mise en siècles de l'Histoire. On a souvent remarqué, en la raillant, cette obsession de Cournot de tout faire coïncider avec la succession centenaire. On aura pourtant tort de n'y voir qu'une pédanterie gratuite. Si les choix de Cournot sont arbitraires, les arguments qu'il avance pour les défendre renvoient à un système de pensée qui ne l'est pas. « Plus une existence caduque s'est prolongée, moins l'accident qui y met un terme a de valeur intrinsèque, plus le hasard se mêle de l'affaire[79] » — d'où son mot célèbre qualifiant la Révolution française d'« accident colossal ». Les historiens modernes français ne s'y sont guère trompés, qui voyaient en Cournot un grand précurseur. La *Revue de Synthèse* lui consacre deux articles dès 1905 ; Henri Berr le cite parmi les pères fondateurs, avec Taine, Tarde [qui ne cessait d'ailleurs de revendiquer l'héritage de Cournot], Lacombe, Durkheim[80] ; Lucien Febvre, s'il ne se prive pas d'ironiser sur l'obsession séculaire de Cournot[81], lui rend ailleurs un hommage appuyé : « Cournot, une fois de plus dédaigneux des sentiers battus[82]. » Mais c'est surtout Henri Sée qui résume l'apport essentiel de Cournot à ce qui était en train de devenir la « Nouvelle Histoire » à la française :

> « Dans sa classification des diverses catégories de phénomènes, il considère en bloc les événements politiques, qui, dit-il, dépendent beaucoup plus des accidents que les faits d'ordre scientifique, philosophique ou religieux [...] Les événements historiques proprement dits ne viennent qu'au dernier rang. C'est bien aux faits de civilisation qu'est attribuée la primauté, et ils prennent la place la plus large dans son exposé [...] En somme, ce qui intéresse Cournot dans le spectacle de l'histoire, ce n'est pas ce qui est accidentel, fortuit, mais ce qui est permanent, essentiel. Et, tout en reconnaissant au hasard et à l'accident une place assez large, il a, en réalité, une tendance à les éliminer dans une certaine mesure[83]. »

Pour résumer, et sans forcer davantage l'argument, on peut dire que lorsque les historiens sont partis à la conquête de nouveaux territoires, le siècle, la moins contraignante des périodes, était de la partie. (Une vue moins euphorique sera proposée dans « Le siècle, projet expérimental avorté ».)

CHAPITRE 3

1000 : de l'An Mil

1000 fait partie d'un « club » très fermé de dates autour desquelles s'organise l'histoire de l'Occident : 1 (ou 33), 476, 800, 1000, 1453, 1492, 1789, 1848... L'An Mil a tout pour y figurer, vu sa double dimension universelle : tout le *monde* chrétien, attendant la fin du *monde*. Il n'en fut rien. Ce résumé d'Edmond Pognon[1], spécialiste de l'An Mil, nous servira d'introduction :

> « Dès qu'il est question de l'an mille, le public pense fin du monde. C'est en matière d'histoire une de ses réactions les plus constantes. Il est entendu qu'à la fin du Xe siècle, les hommes, persuadés que la millième année de l'Incarnation serait la dernière de la terre et verrait se lever "le jour du Seigneur", n'eurent désormais plus d'autre souci que de préparer leur âme à affronter l'éternelle Justice ; une torpeur résignée fit retomber leurs bras et suspendit leurs travaux ; espérant se gagner la clémence divine avec des biens qu'ils pensaient perdre bientôt, ils multiplièrent leurs offrandes aux églises. Des prodiges, des épidémies, des troubles atmosphériques anormaux, des famines vinrent à point confirmer et accroître leurs terreurs. Toute activité s'arrêta. Puis, l'an mille passé, un immense espoir s'épanouit dans les cœurs ; on se remet à vivre, à cultiver la terre, à bâtir — à bâtir surtout —, et voilà que le monde revêt de toutes parts le "blanc manteau des églises neuves" [selon la formule consacrée de Raoul Glaber, dont il sera souvent question ici ; D.M.].

« Tel est le schéma qui s'esquisse presque immanquablement dans les esprits à l'évocation de l'an mille[2]. *Or il ne correspond nullement à la vérité historique.* Depuis plus de cinquante ans, les érudits et des historiens sérieux constatent et affirment en toute occasion que le monde chrétien passa sans appréhension particulière du Xe au XIe siècle [...] Pendant tout le Xe siècle, un seul personnage de nous connu a assigné au monde régénéré par le Christ un terme de mille ans, et rien ne permet d'affirmer qu'il ait effrayé beaucoup de gens, bien au contraire. Nous allons maintenant assister à une aventure peut-être unique dans l'histoire de la pensée humaine : celle d'une doctrine à peine professée, et sans succès, à l'époque où elle eût été d'actualité, et qui, près de six siècles plus tard, renaît d'un germe infime, s'enfle sans mesure, acquiert par degrés un crédit presque universel. Quelque chose comme un “millénarisme rétrospectif”. »

Ainsi, l'année chronologique 1000 n'avait rien de spécial qui permettrait de l'extraire de la série des années qui l'entouraient, telles 993, 1007, 1016. Elle est devenue « An Mil » beaucoup plus tard, vers 1600. Il s'ensuit, et c'est là mon premier argument, que l'An Mil n'est pas un « sujet médiéval » — ni de médiévistes —, mais un « sujet moderne », donc de modernistes. Tous les spécialistes s'accordent, on l'a vu, pour affirmer que l'An Mil est une légende ; et pourtant, pratiquement toutes les études qui lui ont été consacrées depuis un siècle ont, pour centre de gravité, le tournant des Xe et XIe siècles ; ce qui s'explique par le fait que les auteurs de ces études sont tous des médiévistes : Lot, Focillon, Duby[3]. Ma première ambition sera de réintégrer la légende de l'An Mil dans son contexte historique : l'ère moderne.

L'étude d'une légende vivante devrait s'articuler autour de trois axes : émergence, diffusion, résistance. Dans les pages qui suivent, je ne traiterai que des deux premiers, réservant une étude à part à la persistance de l'An Mil dans la conscience collective et, fait encore plus intriguant, dans les écrits des historiens, et en premier lieu de ceux-là mêmes qui en proclament le mal-fondé. Je proposerai ici des hypothèses explicatives quant à l'émergence de la légende et à sa formidable propagation. On verra alors que celle-ci fut loin d'être « universelle », comme l'affirme Pognon ; ce qui m'incitera à appliquer une approche différentielle et à faire appel au concept d'« immunité culturelle » : l'analyse d'un texte, d'un groupe, d'une période à travers ce qu'on n'y trouve pas, alors que tout les prédisposait à en être imprégnés (je dois ce concept à Michael Baxandall[4]).

L'An Mil médiéval : une double absence

On a tout et bien fait pour démolir la légende de l'An Mil. Mais si on posait le problème à l'envers : comment l'an 1000 s'est-il écoulé sans provoquer de terreurs apocalyptiques ?

« Heureux et saints ceux qui ont part à la première résurrection », dit le célèbre XXe chapitre de l'*Apocalypse selon saint Jean*. « La seconde mort n'a point de pouvoir sur eux ; ils seront prêtres de Dieu et du Christ, et ils régneront avec lui pendant mille ans. Quand les mille ans seront accomplis, Satan sera relâché de sa prison, et il sortira pour séduire les nations qui sont aux quatre extrémités de la terre, Gog et Magog, afin de les rassembler pour le combat » (versets 6-8). Quoique peu clair, ce texte est suffisamment explicite pour inviter ses lecteurs à de véritables frayeurs à l'approche de la millième année de l'avènement du Christ. Et ceci à une époque où des signes bien plus « innocents » — comètes, tremblements de terre, éclipses — ont suffi pour semer de grandes paniques collectives. Ainsi, l'indifférence totale des hommes du Moyen Âge à la date fatidique a tout pour nous étonner. C'est Marc Bloch qui en fournit la clé : « Si, néanmoins, on ne vit pas alors se répandre sur les masses l'universelle terreur *que nos maîtres du romantisme ont eu le tort de dépeindre*, la raison en est, avant tout, qu'attentifs au déroulement des saisons et au rythme annuel de la liturgie, les hommes de cette époque ne pensaient pas communément par chiffres d'années ni, moins encore, par chiffres clairement calculés d'après une base uniforme[5]. » Autrement dit, l'écrasante majorité des hommes de l'époque ne se savait point en 1000 ; tandis que la toute petite minorité qui « était au courant », c'est-à-dire le milieu monastique, savait pertinemment que la lecture autorisée de l'*Apocalypse*, celle de saint Augustin, interdisait toute interprétation littérale de mille[6]. Ceci explique cela : on voit en effet mal les masses incultes des « croyants » accepter, voire comprendre la lecture augustinienne en voyant 1000 (ou M) s'inscrire sur les calendriers ; les lectures symbolique, allégorique et anagogique des Écritures auraient paru alors d'une opacité à la limite de l'escroquerie. « Heureusement » pour l'Église, peut-on dire, les terrorisés potentiels ignoraient tout et de l'approche de la date funeste, et surtout de son passage sans dommage, passage qui aurait certainement ébranlé leur croyance dans les Écritures (les professionnels de la prophétie savent que l'ambiguïté est indispensable à leur survie ; l'*Apocalypse* manque à cette règle, qui se prête trop facilement à une lecture littérale, dont l'inaboutissement mine la fiabilité du texte). La chronologie chrétienne est entrée dans les mœurs bien après l'an 1000, on le verra plus tard. Si les mouvements millénaristes qui se sont succédé à partir du XIIe siècle ont trouvé audience et crédibilité auprès des masses et des élites malgré leurs interprétations tirées par les cheveux de l'*Apocalypse*, c'est que la date littérale étant passée, seules les dates symboliques, beaucoup plus ouvertes par définition, restaient disponibles.

L'an 1000, absent de la conscience des gens qui le vivaient, l'était aussi pour ceux qui en rendaient alors compte, à savoir les historiens médiévaux. Les deux absences sont liées mais pas équivalentes. Ainsi les historiens modernes font souvent appel à cette date, qui leur sert de point de repère commode — « Autour de l'an mille », « Au lendemain de l'an mille », « Aux environs de l'an mille » — sans parler pour autant des terreurs de l'An Mil, qu'ils récusent. Ces formules rhétoriques des plus courantes — voir « peu avant 800 », « entre 1800 et 1900 » —, permettent d'ancrer le récit, l'analyse dans un temps à la fois long et peu précis. Or ces formules bénignes qui passent aujourd'hui inaperçues, les historiens médiévaux ne les pratiquaient pas — à une exception près, Raoul Glaber, on y reviendra. C'est un enseignement précieux pour expliquer la résistance de la légende de l'An Mil. Car si l'An Mil n'est pas une « réalité historique », il est certainement une « réalité du discours historique », où il est omniprésent.

Richard Landes, dans un travail iconoclaste, prétend que

les terreurs de l'An Mil ont existé bel et bien[7]. Ici cela ne change guère. Car même Landes pourrait difficilement nier le long silence — six siècles ! — sur les terreurs de l'an 1000, avec ou sans guillemets. Lors de la (ré)émergence du thème vers 1600, Baronius et les historiens qui ont suivi n'ont pas disposé d'autres éléments que ceux dont nous disposons aujourd'hui — et même moins. Ces historiens ne sauraient donc servir dans le débat « ontologique ». Mais ils fournissent le débat historiographique : pourquoi l'An Mil en 1600 ?

Émergence

> « Le nouveau siècle commence. Débute la première année après le millenium, marquée indiction quatorze, nonobstant les affirmations vaines de ceux qui annonçaient la fin du monde proche, après la révélation du fils du péché et de la perdition, dont le nom est l'Antéchrist. Elles [ces affirmations] furent professées en Gaule, et pour la première fois prêchées à Paris, et de là divulguées à travers le monde, accréditées par beaucoup, acceptées par les plus simples avec peur, par les docteurs comme improbables. »

La première apparition de l'An Mil a lieu, vers 1605, en tête du XIe volume des *Annales ecclésiastiques* du cardinal Baronius (1538-1607)[8]. Il ne pouvait mieux naître. Baronius, supérieur de l'Oratoire depuis la mort de saint Philippe de Neri en 1593, bibliothécaire du Vatican depuis 1597, est l'historien officiel de l'Église catholique depuis une trentaine d'années. On est alors en pleine Contre-Réforme ; et les *Annales* de Baronius s'inscrivent officiellement dans ce mouvement. Dès avant 1569, Baronius est appelé par Philippe de Neri, fondateur de l'Oratoire, à écrire une grande et définitive histoire catholique. Sa mission : répondre à l'*Histoire ecclésiastique* (Bâle 1559-1574) protestante. Cette œuvre est identifiée avec Matthias Flacius[9], le grand juriste humaniste, qui a réuni un groupe d'érudits éminents, qui ont respecté les règles les plus strictes de la pratique historique de l'époque, faisant amplement appel aux sources anciennes. Scientifique, ce monument était surtout polémique, son argument — son intrigue — étant l'avènement de l'Antéchrist : le pape. Baronius était appelé à répliquer de façon non seulement orthodoxe, mais aussi documentée. Il se met à la recherche de textes anciens ; et c'est cette quête archivistique, plutôt rare dans le milieu catholique, qui lui a probablement fait découvrir LA « source » de l'An Mil : les *Histoires* d'un auteur alors totalement inconnu, mais promis à un grand avenir, Raoul Glaber. Moine bourguignon, né vers 985, mort après 1045, Glaber a écrit une histoire qui se voulait universelle mais qui, comme bon nombre d'historiens et de chroniqueurs médiévaux, ne dépassait que rarement sa propre région et l'Ile-de-France. L'ambition de Glaber fut réellement mondiale ; en témoigne le reproche qu'il fait aux deux grands historiens dont il prétend être le continuateur, Bède le Vénérable et Paul Diacre, à savoir qu'ils « n'ont écrit que l'histoire de leur propre peuple, de leur patrie ». La portée réelle d'« universel » était néanmoins chronologique — depuis la Création —, point géographique. Glaber est surtout le seul témoin contemporain qui raconte, et en détails, les « terreurs de l'An Mil ». Or le manuscrit de Glaber n'a guère circulé au Moyen Âge ; ainsi le grand chroniqueur « belge » Sigebert de Gembloux (v. 1030-1112) le cite comme un continuateur de Grégoire de Tours, c'est-à-dire du VIIe siècle (il est vrai que *continuator* n'implique pas forcément une filiation directe). À l'époque de Baronius, il existait, semble-t-il, trois exemplaires du texte de Glaber, deux à Paris, un au Vatican. Et c'est en effet de ces deux foyers que s'est répandue la réputation de Glaber : les *Annales ecclésiastiques* de Baronius, qui le citent abondamment, et les humanistes parisiens qui l'éditent en 1596 (Pithou), en 1641 (les Duchesne) et en 1760 (dom Bouquet).

La familiarité de Raoul Glaber constitue, on l'a souvent démontré, la condition nécessaire pour parler des terreurs de l'An Mil, on verra qu'elle n'est pas la condition suffisante. Un autre facteur a eu, selon moi, un rôle primordial dans la sensibilité de Baronius à ce moment pseudo-historique : la pratique, toute récente, du *siècle*. Baronius écrit un anti-Flacius. Or l'apport historiographique majeur de l'*Histoire ecclésiastique* protestante est son invention du découpage en siècles de l'ère chrétienne — découpage qui, rappelons-le, n'est connu par aucune autre chronologie ! Ainsi, les treize volumes publiés par Flacius et ses collègues couvrent chacun un siècle : 1-100, 101-200, 201-300, etc. D'où le nom par lequel ils sont connus de la postérité : les *Centuriateurs de Magdebourg*.

Baronius ne suit le modèle de Flacius que très partiellement (alors qu'un autre polémiste catholique, Wilhelm Eysengrein, le suit entièrement dans *Centenarii XVI*, 1566 ; mais son œuvre est restée plutôt confidentielle[10]. Si le premier volume coïncide avec le premier siècle de l'Église primitive, 1-100, les volumes qui suivent obéissent à ce qu'on pourrait appeler la logique référentielle du découpage : II : 101-306, III : 305-361 (305 marquant l'avènement de Constantin le Grand, 361, celui de Julien dit l'Apostat) ; IV : 361-395 (la dislocation de l'Empire romain) ; V : 395-440 (l'intronisation de Léon le Grand) ; VI : 440-518 (518 : la conquête lombarde) ; VII : 518-590 (l'avènement de Grégoire le Grand) ; VIII : 590-714 ; IX : 714-842 (843 étant l'année du Traité de Verdun). La deuxième fois que Baronius préfère le découpage « arithmétique » au découpage « historique », après le premier volume, est le dixième, qui va, de ce fait, de 843 à 1000 ! Tout aussi significatif, les premiers mots du XIe volume sont « Le nouveau siècle commence » — puis vient le passage fondateur du mythe de l'An Mil déjà cité (ce XIe volume va de 1001 à 1100, alors que le XIIe s'arrête en 1198 à cause de la mort de Baronius). C'est donc le découpage de l'Histoire en tranches de 100 ans, à partir de l'Incarnation, qui a rendu visible à Baronius l'An Mil, date et moment historique.

Mais comment expliquer que les Centuriateurs de Magdebourg ne parlent pas des terreurs de l'An Mil, même pas dans l'article « Fin du Monde »[11] ? Je verrais quatre raisons à cette absence : a) l'*Histoire ecclésiastique* protestante est curieusement plus analytique que chronologique : le découpage en siècles mis à part, chaque volume traite des thèmes majeurs de l'Église sans se soucier de l'ordre chronologique à l'intérieur du siècle traité ; b) pour les Centuriateurs, il ne pouvait pas être question d'Antéchrist autre que le pape, le pape dont l'avènement n'a rien à voir avec une quelconque année précise ; c) l'histoire de l'Église, selon eux, est une longue décadence qui mène inéluctablement à la Réforme luthérienne ; le renouveau de l'après-1000, dont il sera longuement question ici, est en contradiction avec leur argument théologique et linéaire ;

d) *Flacius et ses collaborateurs ne connaissaient pas Raoul Glaber* (ni, d'ailleurs, Abbon de Fleury). Cette quatrième raison est décisive. (Ainsi le recueil historique du juriste protestant Johannes Wolf, *Lectiones memorabiles et reconditæ*, Francfort, 1600 (!), ne consacre guère plus d'attention à l'année 1000 qu'aux années qui l'entourent — car Wolf ne connaissait pas Glaber non plus. L'An Mil de Baronius repose, selon moi, sur l'heureuse conjoncture des deux facteurs, le siècle et Glaber. Le fait que Baronius ait rédigé les dixième et onzième volumes vers 1600 a rendu peut-être plus visible encore ce « tournant de siècle » ; de même, cette coïncidence a peut-être sécrété une idée qu'on retrouvera plus tard, à savoir l'équation « fin d'époque = fin de siècle »[12].

Il ne fait pas de doute, à présent, que nous devons à Baronius le mythe de l'An Mil, mais il n'a presque pas été repris par les historiens catholiques. La constatation n'est pas banale, vu le prestige et l'autorité des *Annales ecclésiastiques*, comparables, et souvent comparées à l'*Histoire ecclésiastique* d'Eusèbe. Cette absence pourrait s'expliquer par la méfiance de la Contre-Réforme envers tout ce qui relevait du surnaturel non dogmatique — appelé le « superstitieux » — car difficilement contrôlable. L'idéal jésuite d'une spiritualité rationnelle ne laissait en effet pas de place pour cette effervescence apocalyptique décrite par Baronius, qui la condamne d'ailleurs. L'avenir prouvera le bien-fondé de cette méfiance, les terreurs de l'An Mil étant devenues, au XIXe siècle, une arme anticléricale de choix.

Baronius est tout aussi absent chez les propagateurs du mythe. La raison en est rhétorique. Si Baronius n'est pas cité comme source de ce qu'il a inventé, même pas par ceux, tels Le Vasseur, Fleury et Longueval, qui le considèrent comme *l'autorité* en d'autres matières, c'est que « son » An Mil diverge rapidement de celui qui l'a emporté par la suite. Pour le dire vite, le sien est symptomatique, le leur, périodologique.

L'An Mil « Ancien Régime » : un emploi différentiel

Les historiens critiques de l'An Mil ont eu deux grands mérites. Ils ont réfuté, et d'une façon définitive, sa réalité ; et ils ont inventorié les références à l'An Mil de Baronius à 1800 ; une entreprise que seul l'acharnement inégalé, inégalable des érudits dits « positivistes » des années 1870-1920 permettait de réaliser. En recoupant leurs études et en ajoutant mes deux « trouvailles », on arrive à une liste apparemment exhaustive[13]. Une liste qui nous réserve une véritable surprise : elle ne contient, en tout et pour tout, que dix (neuf ?) textes :

RÉFÉRENCE À L'AN MIL AVANT 1800

V. 1600 : Cardinal Baronius, *Annales ecclesiastici*, Anvers, Tome XI, Anno 1001 ; contexte : superstitions à combattre. Source : Abbon de Fleury et Raoul Glaber, Livre II ; (Anno 1003, Glaber, III, 4)

1633 : Jacques Le Vasseur, *Annales de l'Église cathédrale de Noyon*, Paris, pp. 131-132 ; contexte : (re)constructions religieuses ; source : Raoul Glaber, III, 4.

1680 : Francis Tallents, *A View of Universal History, From the Creation ... to 1680*, Londres ; avant 1000 : « A strong and general belief, that after year 1000, Anti-Christ should appear, and the General Judgment soon after follow. Where that fear was over, Churches were rebuilt and inlarged » ; source : Baronius, 1001, 1003.

1683 : Abbé Claude Fleury, *Mœurs des Chrétiens*, Paris, p. 387 ; contexte : renouveau des constructions et des mœurs religieuses ; source : Glaber, III, 4 (première version dans l'édition de 1682, sans sources citées).

V. 1690 : Pseudo-Jean Tritheim, *Annales Hirsaugienses* (d'Hirsau), Saint-Gall, Anno 1000 ; contexte : terreurs apocalyptiques ; source : aucune.

1724 : Henry Sauval, *Histoire et Recherches des Antiquités de la Ville de Paris*, Paris, Tome I, p. 295 (posthume ; Sauval est mort en 1676) ; contexte : (re)construction des églises, particulièrement Notre-Dame de Paris ; source : Glaber, III, 4.

1734 : Père Jacques Longueval, *Histoire de l'Église gallicane*,

Paris, Tome VII, pp. 102-103 et 105 ; contexte : renouveau des constructions d'églises et de la discipline religieuse ; sources : Abbon de Fleury et Glaber, III, 4.

1769 : William Robertson, *A View of the State of Europe from the Subversion of the Roman Empire to the Beginning of the Sixteenth Century* (tableau qui précède *The History of Charles the Fifth*), Londres, pp. 26-27 et note xiii, pp. 285-287 ; contexte : « Les causes les plus reculées des Croisades » ; sources : diverses, dont Abbon de Fleury et Glaber, Livre IV, 6 (!).

1773 : Abbé Saverio Bettinelli, *Del Risorgimento d'Italia negli studi, nelle arti e ne costumi dopo il mille*, Venise, Tome I, pp. 36-38 ; contexte : le renouveau de la culture italienne ; source : aucune. (Repris tel quel par Pierre-Louis Ginguène, *Histoire littéraire d'Italie*, Paris, 1811, écrit en 1802, Tome I, pp. 111-112).

168? Bossuet (attribué à), *Discours sur l'histoire universelle.*

1805-6 : *Depuis l'an 800 jusqu'à la naissance du Dauphin*, Paris, Stéréotype d'Herman, An XIV ; XIe siècle 1001 : « On publie la fin du monde mille ans après Jésus-Christ, et à cause de la dépravation des mœurs » ; source : aucune.

Un premier constat s'impose. Les dix auteurs cités ne se réfèrent explicitement jamais les uns aux autres, Tallents mis à part. Le Pseudo-Jean Tritheim, Bossuet et Bettinelli ne citent pas de sources du tout, alors que les autres renvoient à Glaber et, dans une moindre mesure, à Abbon de Fleury. Or il s'agit, en général, d'historiens qui rendent justice à leurs sources, anciennes mais aussi modernes (signalons toutefois le texte du père Longueval qui trahit une connaissance certaine de l'abbé Claude Fleury, sans pourtant le citer : est-ce dû à l'hostilité des Jésuites envers l'abbé Fleury ? de même, la ressemblance entre le texte de Le Vasseur et celui de Baronius n'est pas due au hasard). Et pourtant, les historiens critiques du mythe proposent tous les schémas de diffusion où la transmission se fait dans une chaîne quasi causale : de Baronius à Le Vasseur à Sauval à Fleury à Robertson — et de Robertson à Michelet, Sismondi, Henri Martin. Tous ces schémas s'accordent en effet pour accuser — le terme n'est pas trop fort — William Robertson d'être la plaque tournante. Le premier à avoir imputé ce rôle à Robertson fut Raoul Rosières, dans son article fondateur, excellent par ailleurs, de 1878[14] :

> « En 1769 enfin, Robertson fit paraître son *Histoire de Charles Quint*, en tête de laquelle se trouvait le célèbre *Tableau des progrès de la Société en Europe*. C'est grâce à cet opuscule, sans aucun doute, que la légende de l'An Mil triompha. Elle s'y présentait, acceptée enfin franchement, doctement exposée, justifiée de savantes citations [...] Le livre de Robertson, lu, traduit, vanté par les érudits, eut une très grande vogue au commencement de notre siècle ; nos historiens, en l'étudiant, furent frappés de cet épisode qu'il semblait si irréfutablement établir ; ils l'accueillirent de confiance, s'en persuadèrent, s'empressèrent de le raconter à leur tour ; et les faits qui le constituaient, coordonnés, exagérés, amplifiés, donnèrent bientôt lieu à l'émouvant récit que nous savons par cœur. »

Le scénario est repris par Jules Roy (qui est le seul à l'attribuer à Rosières), par Pietro Orsi, par Frédéric Duval (qui l'attribue à Roy), par Lot, enfin par Edmond Pognon : « En 1769, l'Anglais Robertson met pour la première fois la thèse en forme ; c'est lui qui a rassemblé les textes fallacieux. Son ouvrage, traduit en français, allait être, par une incontestable anglomanie, répandu dans nos écoles. Michelet et ses émules n'ont fait que parer le thème. » Suspect consensus.

Le récit de Rosières a, comme premier défaut, l'absence de toute référence à Robertson chez les historiens censés n'être que ses épigones — ou ses victimes. À sa décharge : les historiens sont parfois avares en références. Deuxième défaut : les sources anciennes sur lesquelles s'appuient les propagateurs du mythe. Les *Histoires* de Raoul Glaber sont certes incontournables, ainsi Robertson s'y réfère. Mais pas au « même » Glaber. Le Vasseur, Sauval, Fleury, Longueval citent le 4e chapitre du IIIe Livre des *Histoires*, alors que Robertson cite le 6e chapitre de ce IIIe Livre. Or les historiens dits « romantiques », Michelet en tête, suivent là les historiens français.

Devant si peu de références à l'An Mil avant 1800, les historiens critiques de la fin du XIXe siècle ont hésité à les classer — en cet âge d'or de la taxinomie pourtant. Ce faisant, ils ont commis une bien plus grave erreur, celle de les traiter comme équivalentes, comme si l'An Mil était une entité à signification immuable qui circulait à travers les âges et les textes ; et comme si les historiens qui le véhiculaient ne faisaient que reproduire un mythe toujours identique à lui-même. Je prétends que l'An Mil répondait à trois fonctions historiographiques distinctes : l'une est descriptive-illustrative, les deux autres sont explicatives. L'appartenance d'un historien à l'un de ces trois courants est largement fonction de son choix des sources — et plus précisément de sa lecture de Raoul Glaber. Le dossier du réquisitoire contre Robertson est de ce fait vide.

I. *Illustration des mentalités médiévales*

> « Dans les ombres de cette ignorance universelle, mille superstitions, comme des fauves nocturnes, ont été propagées et nourries [...] Je ne citerai que deux, plus générales qu'une quelconque superstition locale ou absurde. Au dixième siècle, on croyait partout que la fin du monde approchait [...] Cette opinion, qui paraît avoir été fondée sur quelque théorie confuse du Millenium, se dissipa naturellement, lorsqu'on vit, au onzième siècle, les saisons se succéder avec leur régularité accoutumée. Une superstition beaucoup plus frappante et permanente fut l'appel au ciel dans les controverses judiciaires, par le moyen du combat ou de l'ordalie[15]. »

Chez Baronius, l'épisode de l'An Mil caractérise l'état d'esprit des « croyants » de l'époque, et la condamnation des docteurs, c'est l'ensemble des *Histoires* qui lui sert d'appui, en premier lieu le IIe Livre où Glaber énumère prodiges et catastrophes. Dans cette lignée « folklorique », citons le Pseudo-Jean Tritheim, le passage que consacre dom Rivet au millénarisme dans l'*Histoire littéraire de la France*[16], et au premier tiers du XIXe siècle, Hallam (1818) et Sismondi (1823).

II. *« Causes lointaines des Croisades »*

> « Une opinion qui se répandit rapidement à travers l'Europe vers la fin du dixième et le début du onzième siècle, et qui obtint un crédit universel, augmenta merveilleuse-

ment le nombre et le zèle de ces pèlerins crédules, et accrut l'ardeur avec laquelle ils entreprirent cet inutile voyage [en Palestine]. Les mille ans mentionnés par saint Jean seraient accomplis, et la fin du monde proche. Une consternation générale saisit l'humanité ; un bon nombre renoncèrent à leurs possessions ; et abandonnant leurs amis et famille, ils se précipitèrent en Terre Sainte, où ils imaginèrent Christ apparaître rapidement pour juger le monde[17]. »

Le titre, éloquent, est de William Robertson. Ici, la description des mentalités médiévales, quoique centrale à l'argument, a une fonction explicative : c'est leur extrême crédulité à toute superstition et prophétie qui a poussé les Chrétiens vers la Palestine, préparant, ou du moins annonçant les Croisades. C'est pour appuyer cette thèse que Robertson fait appel à Raoul Glaber, au 6ᵉ chapitre du IVᵉ Livre, où on lit, en effet, que « dans le même temps, une foule innombrable se mit à accourir du monde entier vers le sépulcre du Sauveur à Jérusalem ; personne auparavant n'aurait pu prévoir une telle affluence »[18]. Or « dans ce même temps », c'est vers 1033 : longtemps après les terreurs de 1000. Ici prime la continuité causale, des terreurs de l'An Mil aux Croisades ; un modèle auquel n'adhère qu'un seul historien français : Joseph-François Michaud, l'historien des Croisades ; on y reviendra.

III. *L'An Mil, marque de rupture (fonction de périodisation)*

« On avait répandu dans toute l'Allemagne et dans toute la France que cette dernière année du dixième siècle seroit la dernière du monde qui devoit finir mille ans après Jésus-Christ [...] *Mais* quand on vit l'onzième [*sic*] siècle commencer heureusement, il semble que le monde chrétien voulut se renouveler, du moins à l'extérieur de la religion. On commença dans presque toute la France avec une sainte émulation à réparer les anciennes Eglises, ou même à les abattre pour en construire de plus magnifiques [...] On ne se borna pas à renouveler les Temples matériels au commencement du onzième siècle : on s'appliqua à régler la discipline, et à en établir l'uniformité dans les diverses Eglises, pour y mieux conserver la paix et l'ordre[19]. »

Dans cette citation, on aura reconnu la référence au 4ᵉ chapitre du IIIᵉ Livre des *Histoires* de Raoul Glaber, devenu un véritable morceau d'anthologie dans l'historiographie médiévale — peu d'historiens s'en abstiennent[20] : « Comme approchait la troisième année qui suivit l'an mille, on vit dans presque toute la terre, mais surtout en Italie et en Gaule, réédifier les bâtiments des églises [...] On eût dit que le monde lui-même se secouait pour dépouiller sa vétusté et revêtait de toutes parts un blanc manteau d'églises[21]. » Ce passage est surtout la pierre angulaire du mythe de l'An Mil dans sa version « française » (puis italienne), de Le Vasseur et Fleury à Michelet, Arcisse de Caumont et Henri Martin.

Ici, comme chez Robertson, les mentalités médiévales servent de point de départ. Mais contrairement à Robertson, qui insiste sur la continuité dynamique qui mène des terreurs aux Croisades, les historiens français y perçoivent la rupture : « *Mais* quand on vit que le monde duroit encore après cette année fatale » (Fleury), « *Mais* quand on vit l'onzième siècle commencer heureusement » (Longueval), « *Mais* depuis qu'on fut parvenu aux dernières années de ce dixième siècle, et qu'on vit qu'il seroit bientôt passé » (Sauval), « *Mais* quand le terme fatal fut passé, et que chacun se trouva, comme après une tempête, en sûreté sur le rivage, ce fut comme une vie nouvelle, un nouveau jour et de nouvelles espérances » (Bettinelli). L'An Mil marque ainsi la fin d'une époque et le début d'une autre, il devient un instrument de périodisation. Vu que l'unique source est Glaber, c'est à la construction, religieuse puis « civile » qu'on applique le modèle : « Jusqu'au dixième siècle », nous apprend Henry Sauval, « les églises étoient petites, fort obscures et tomboient alors en ruines ». Mais la « fausse terreur vint à se dissiper. On commença à travailler aux Eglises, et de petites, obscures et mal faites qu'elles étoient auparavant, celles qu'on fit à la place, étaient et plus grandes et plus claires et plus belles » — à l'image de Notre-Dame de Paris. De même Le Vasseur signale qu'on se mettait alors à reconstruire Notre-Dame de Noyon, Fleury affirme que la reconstruction touchait les églises en général, Longueval, celles de « presque toute la France ».

« Quand le bâtiment va, tout va », ces auteurs passent allègrement du renouveau matériel au renouveau spirituel. Fleury le dit dans un chapitre intitulé « Rétablissement de la piété et de la discipline », car, dit-il, « il y avoit dans l'onzième siècle des abus bien plus importants à corriger » que ceux des églises. Longueval affirme pour sa part qu'« on ne se borna pas à renouveler les Temples matériels » ; et Bettinelli va jusqu'à prétendre que les terreurs millénaristes passées, c'est une véritable renaissance (« Risorgimento ») italienne qui commence.

* * *

Illustration, continuité causale, rupture, les trois fonctions historiographiques de l'An Mil sont clairement distinguables. Retenons toutefois trois traits que tous les historiens propagateurs du mythe ont en commun : ils s'appuient toujours sur Raoul Glaber ; ils tiennent dans un mépris « folklorique » les mentalités médiévales ; ils pensent l'Histoire en siècles. Le découpage de l'Histoire en tranches de cent ans à partir de l'Incarnation, pratique tout à fait récente, a mis beaucoup de temps à entrer dans les mœurs historiographiques. « Siècle » gardait au XVIIIe siècle encore, son sens premier d'« âge », d'« époque » : voir l'article « Siècle » dans l'*Encyclopédie,* voir *Le siècle de Louis XIV* de Voltaire. La division en règne, en races, en dynasties l'emportait alors largement sur la division séculaire. Or les historiens d'avant 1800 ayant parlé des terreurs de l'An Mil ont tous pensé l'Histoire en siècles. Baronius a introduit cette pratique dans l'historiographie catholique ; Le Vasseur découpe les *Annales de l'Église cathédrale de Noyon* en siècles : ainsi le chapitre qui précède le « ONZIESME SIÈCLE » se termine par ces mots : « Sur la fin de ce siècle 1000 », et « Nous avons icy la fin du dixième siècle, ensemble la cheute de la race de Charlemagne »[22]. Tallents invente la technique, souvent reprise par la suite, de cartographier l'histoire en coupes horizontales : peuples et religions —, et en coupes verticales : siècles et milléniums, technique qui rend 1000 encore plus visible. Et l'abbé Bettinelli va toujours plus loin, en composant le premier volume de son livre en six chapitres : « Etat de l'Italie avant l'an mille », « mille » (XIe siècle), « Mille Cento » (XIIe siècle), « Mille Dugento » (XIIIe siècle), « Mille Trecento » (XIVe siècle), « Mille Quattrocento » (XVe siècle).

L'immunité contre l'An Mil

On a inventorié l'An Mil « Ancien Régime », on l'a analysé, on a même dégagé trois courants, trois fonctions différentes du mythe. Mais on a omis de dire l'essentiel : *l'Ancien Régime n'a pas connu le (de) mythe de l'An Mil.* Dix passages en deux siècles ne font pas une légende. Et pourtant, les apparences semblaient être favorables à sa constitution. L'autorité de Baronius d'abord, qui aurait pu le lancer dans l'historiographie catholique ; l'énorme succès des *Mœurs des Israélites et des Chrétiens* ensuite — vingt-huit réimpressions entre 1682 et 1800, et encore quinze jusqu'en 1830 —, avait encore plus de chances de l'imposer ; William Robertson, enfin, « lu, traduit, vanté par les érudits » (Rosières), n'a eu que deux « disciples », Hallam et Michaud, tardifs et hors du courant dominant du mythe. L'historien est certes appelé à traiter de l'existant ; mais dans ce cas, l'absent mérite autant d'attention.

Rosières, pionnier et auteur du meilleur texte critique sur l'An Mil, l'a déjà remarqué, qui écrit : « ... bien qu'admis sans conteste, [ces faits] séjournèrent longtemps dans l'archéologie avant de pouvoir s'insinuer dans l'histoire de France. Scipion Dupleix, Mézeray, Du Verdier ne le mentionnent pas. Les historiens de la première moitié du XVIIIe siècle, le Père Daniel, Legendre, Velly, Vaissette, Calmet, l'abbé Fleury [F. Duval a corrigé cette erreur d'érudition], Voltaire, ne la trouvant pas dans les vieilles chroniques, refusent encore de les accueillir »[23] —c'est alors que Robertson entre en scène... Lot : « Toutefois, elle [la légende] ne pénètre pas encore dans le monde des lettrés. Voltaire l'ignore dans l'article « Fin du Monde » du *Dictionnaire philosophique* »[24] — puis vint Robertson (signalons que l'article de Voltaire date de 1771, et nous savons par ailleurs qu'il a eu le livre de Robertson, et l'a apprécié).

D'autres absences de références à l'An Mil sont tout aussi significatives. Ainsi les articles « Millénaire » et « Millenium » de l'*Encyclopédie* n'en parlent pas. Plus étonnant, les Bénédictins de Saint-Maur dans l'*Histoire littéraire de la France* et dans le *Recueil des historiens des Gaules et de la France* n'en parlent pas, ni dans leur édition de Glaber, ni dans leur texte sur les tensions millénaristes au Xe siècle[25]. La seule fois où ils rapprochent notre moine bourguignon de l'année 1000, c'est pour une tout autre raison : « Cet historien n'est pas très heureux à marquer les années des événements [...] Nous ne nous amuserons point à relever tous les anachronismes : il nous suffit de remarquer qu'il rapporte à l'année 1000 le mariage de Constance avec le roi Robert, que nous montrons ailleurs avoir été contracté à peine avant l'an 1004[26]. »

Baronius, Fleury, Robertson, ni même Glaber n'ont réussi à lancer le mythe de l'An Mil au XVIIIe siècle ; comme si les hommes étaient alors immunisés contre le virus. Au XVIIIe siècle, mais aussi bien plus tard ; en réalité, cette immunité semble toujours fonctionner hors de France (et dans une moindre mesure de l'Italie). On voulait que Robertson en fût le premier « porteur », alors que celui-ci n'a jamais « pris » dans son pays ni dans les autres pays anglo-saxons. Les érudits des années 1870 n'ont ainsi repéré que deux historiens anglais à parler des terreurs de l'An Mil : Robertson et Hallam — Hillel Schwartz ajoute deux références datant des années 1850, celle de Makay étant dans la lignée 1000 → Croisades[27] (alors qu'à cette date, les propagateurs du mythe en France et en Italie se comptaient par dizaines). À l'image de Robertson, c'est le millénarisme postérieur à l'année 1000 qui intéresse historiens anglais et américains. Deux exemples : le livre classique de Norman C. Cohn, dont le sous-titre dans sa version française est suffisamment éloquent : *Courants millénaires révolutionnaires du XIe au XVIe siècle*[28] ; quant à Bernard McGinn, s'il consacre une page à l'An Mil, c'est pour affirmer que « sur la base d'une poignée de textes, *certains historiens français* du XIXe siècle et du XXe siècle ont créé l'image d'une terreur répandue à travers la Chrétienté à l'approche de l'an 1000 » (c'est moi qui souligne)[29].

Il semble que l'An Mil n'ait pas rencontré plus de succès en Allemagne. C'est ainsi qu'on pourrait en effet interpréter le fait que le texte réfutateur de la légende de H. von Eicken, datant de 1883, ne cite pas un seul historien allemand, et précise que c'est en France qu'il s'est enraciné.

En l'Italie, jusqu'aux années 1840, on signale une seule apparition de l'An Mil, chez l'abbé Saverio Bettinelli, déjà souvent cité. Il est aussi, semble-t-il le premier à inclure « mille » dans le titre d'un ouvrage historique. Le texte de l'abbé vénitien s'inscrit dans une lignée française, il est aussi repris par Pierre-Louis Ginguené trente ans plus tard.

Cette propagation différentielle, constatée à l'échelle internationale, l'est aussi à l'intérieur de la corporation historique française du début du XIXe siècle. Jusqu'en 1830, l'An Mil n'y apparaît que trois fois : chez Ginguené ; chez Joseph-François Michaud, dans le premier volume de sa grande *Histoire des Croisades*[30], qui reprend le modèle de Robertson : « À cette époque [le onzième siècle], une prédication qui annonçait la fin du monde et la prochaine apparition de Jésus-Christ dans la Palestine augmenta encore la vénération des peuples pour les saints lieux », ce qui prépara les Croisades ; et chez Charles-Léonard Simonde de Sismondi, à qui nous reviendrons sous peu.

L'An Mil est en revanche absent de la vulgarisation historique de l'époque ; et d'abord des deux ouvrages qui ont dominé le marché éditorial et scolaire de ce début de siècle, à savoir l'*Histoire de France* d'Antoine Anquetil — quarante réimpressions de 1805 à 1850 —, et l'*Histoire de France* de Mme de Saint-Ouen — soixante-dix réimpressions de plus d'un million d'exemplaires entre 1827 et 1872[31].

L'An Mil est aussi absent des écrits des deux historiens majeurs de la Restauration, Augustin Thierry et François Guizot. Thierry avait pourtant de nombreuses occasions d'y faire allusion[32]. Et surtout Guizot. C'est lui qui fut le premier à traduire Raoul Glaber en français ; or dans la notice qu'il consacre à Glaber, point d'An Mil[33]. L'immunité de Guizot contre ce mythe se manifeste aussi dans le troisième tome de son *Histoire de la civilisation en France* de 1829[34], où il propose un modèle historiographique promis à un grand avenir : la France naît véritablement au tournant des Xe et XIe siècles ; mais là aussi, pas d'An Mil.

Revenons à Sismondi (1773-1842), historien suisse de formation économique, chef du socialisme petit-bourgeois selon Karl Marx, dont le flirt avec l'An Mil a connu bien des péripéties. En 1805 paraît sa première œuvre historique : *Histoire des républiques italiennes du Moyen Âge* ; il n'y est pas *encore* question de l'An Mil. Installé à Paris, ayant des rapports difficiles avec le régime qu'il réprouve, Sismondi commence à publier en 1821 son *Histoire des Français* ; dans le IVe tome, paru en 1823, on lit : « Autant qu'on pouvait comprendre les obscures prophéties de l'Apocalypse, elles semblaient annoncer que mille ans après la naissance de Jésus-Christ, l'Antéchrist commenceroit son règne, et qu'il seroit suivi de bien près par le jugement universel. Plus on avoit approché de ce terme fatal, et plus la terreur de cette catastrophe s'étoit emparée des esprits » (p. 86). L'adversaire du régime s'est à peine dissimulé qui écrit : « Le clergé qui y trouvoit son avantage l'avoit fortement répandue ; il invitoit tous les pécheurs à la repentance, et surtout à l'expiation, pendant le bref espace de temps qui leur étoit encore accordé ; il encourageoit des donations à son profit, qui pourroient exciter des soupçons sur sa bonne foi » — le potentiel anticlérical du mythe n'a pas échappé à Sismondi, ni, plus tard, à ses autres propagateurs ; il servira aussi de motivation au premier texte réfutateur, celui du bénédictin dom François Plaine (1873). Ce n'est pourtant pas à ce passage que reviendront les droits du spectaculaire lancement du mythe de l'An Mil, car il lui manque le « mais » du « blanc manteau » de Glaber. Il y manque l'élément constitutif à l'An Mil à la française, le « mais » qui accompagne le soulagement de l'après 1000. Les Xe et XIe siècles forment un seul massif d'ignorance, populaire et cléricale, que rien ne saurait différencier. Présentation d'autant plus significative qu'elle est en opposition avec la deuxième version de l'An Mil de Sismondi — après 1830 !

1830-1870. France. L'âge d'or de l'An Mil

Chose rarissime en histoire, nous sommes en mesure de dater l'entrée de l'An Mil dans la conscience collective, et ceci à quelques mois près : fin 1830, début 1831. Avant cette date, il était tout à fait confidentiel ; après, il est devenu un lieu commun. Témoin de cette éclosion, le tableau récapitulatif qui suit, et qui ne retient que les grands historiens des années 1830 qui parlent explicitement et dans des endroits stratégiques des terreurs de l'An Mil :

1831 (avril) : Jules Michelet, *Introduction à l'histoire universelle*, p. 82 : « Vers l'an 1000, le monde du Moyen Âge, étonné d'avoir survécu à cette époque, pour laquelle on lui annonçait depuis si longtemps sa destruction, se mit à l'ouvrage avec une joie enfantine, et renouvela la plupart des édifices religieux. — C'était, dit un contemporain, comme si le monde, se secouant lui-même, et rejetant ses vieux lambeaux, eût revêtu la robe blanche des églises » ; source : Raoul Glaber, III, 4.

1833 : Arcisse de Caumont, *Cours d'antiquités monumentales*, 4e partie, pp. 110-111 (« Professés à Caen en 1830 ») : « Une ère nouvelle commença pour les arts en même temps que le XIe siècle. L'apathie et le découragement dans lesquels l'attente de la fin du monde avait tenu les esprits pendant le Xe siècle se dissipèrent bientôt pour faire place à une activité prodigieuse » ; source : implicite, Glaber.

1833 : Jules Michelet, *Hisoire de France*, Tome II, Livre 4, pp.131-145 ; le IVe volume commence en l'an 1000, avec les pages qui ont « fait » la légende de l'An Mil (le premier chapitre a d'ailleurs pour titre : « L'an 1000...) ; source principale : Raoul Glaber.

1834 : Henri Martin, *Histoire de France*, Tome III, pp. 1-4 (!) ; quatre pages consacrées aux terreurs et au renouveau architectural qui les avait suivies ; source quasi unique pour les années 980-1045 : Raoul Glaber.

1835 : C.-L. Simonde de Sismondi, *Histoire de la chute de l'Empire romain et du déclin de la civilisation de 250 à 1000*, T. II, pp. 396-400 (l'allusion à Gibbon étant évidente) ; la première fois, mais certainement pas la dernière, que 1000 figure dans un titre de livre d'histoire français ; remarquons la différence entre la version de 1823 et la présente : « Il existe cependant une cause qui force à s'arrêter à la fin du Xe siècle, même celui qui voudrait poursuivre au-delà son récit : c'est l'attente presque universelle de la fin du monde à cette époque » (p. 396). « C'est aussi sur ce seuil si longtemps redouté de la millième année que nous nous placerons, pour prendre un dernier congé des dix premiers siècles du christianisme, et pour juger l'esprit général des nations qui, à la chute de l'ancien monde, alloient commencer un monde nouveau » (p. 399).

Source : aucune dans tout le livre, mais implicitement, Guizot et Michelet d'un côté, Glaber de l'autre.

1840 : Jean-Jacques Ampère, *Histoire littéraire de la France avant le douzième siècle*, T. III, pp. 273-276 ; un long passage sur les terreurs de l'An Mil ; source : aucune.

Ainsi, la quasi-totalité des historiens marquants de la Monarchie de Juillet sont là ; et les historiens « mineurs » qui leur ont très rapidement emboîté le pas : Reinaud (1836), Mérimée et Lavallée (1838), du Cherrier (1841), Batissier et Crossier (1845), Vaublanc (1847) ; en 1848, autre date significative, Edgar Quinet parle de l'« idée du dernier jour de la nature et de l'humanité » de « l'époque formidable de l'an 1000 »[35] ; puis une avalanche de références à l'An Mil qui ne se comptent plus : le mythe est définitivement entré dans les « mœurs ». En 1853, Eugène Sue s'en mêle, en attendant « La fin du premier Millenium », d'Auguste Strindberg dans les *Miniatures historiques*, 1905.

Parallèlement, il est adopté en Italie : après Cesare Cantù, qui reprend le thème dans son *Histoire Universelle* (1842), Pietro Orsi ne compte pas moins de 17 références aux terreurs de l'An Mil chez les historiens italiens jusqu'en 1870[36].

L'An Mil est donc véritablement né dans les années 1830 ; pourquoi ? Après Marc Bloch, seul Edmond Pognon essaie d'y répondre : « Nos historiens romantiques, Michelet en tête, n'eurent garde de se priver d'un aussi beau morceau de bravoure[37]. » C'est donc la lecture « gothique » du Moyen Âge qui a attiré les historiens vers les terreurs de l'An Mil (dont la source demeure Robertson...). Plus globalement, il s'agit d'années charnières dans l'écriture de l'histoire en (de la) France. Trois exemples : les « deux France », Jeanne d'Arc et Hugues Capet, trois thèmes anciens, certes, ne sont véritablement lancés qu'en ces années-là[38].

Si l'explication est juste, elle est trop englobante. Il nous revient d'essayer d'expliquer, à l'intérieur du champ historiographique général, le choix de tel ou tel thème. On l'a suffisamment laissé entendre : Caumont, Michelet, Sismondi, et plus tard Quinet, reprennent, en le laïcisant, l'An Mil « français », instrument de périodisation qui sépare l'obscurité d'un Moyen Âge qui l'a sécrété et le frémissement qui suivait le « soulagement » de l'après-1000. Ainsi Arcisse de Caumont emploie le renouveau du bâtiment religieux pour construire un véritable système d'architecture monumentale où, aux constructions plutôt misérables du Xe siècle s'opposerait « l'architecture romane secondaire ». Michelet, Sismondi, Quinet ont plus ou moins réécrit le scénario développé par l'abbé Fleury et le Père Longueval, appliquant le renouveau spirituel non pas, ou non particulièrement à l'Église, mais à la société tout entière.

C'est là qu'intervient, selon moi, le modèle proposé par François Guizot. La conclusion du troisième tome du *Cours d'Histoire moderne,* paru en 1829 sous le titre *Histoire de la Civilisation en France depuis la chute de l'Empire jusqu'en 1789* mérite d'être citée presque *in extenso*[39] :

> « Pendant toute cette époque, du Ve au Xe siècle, nous n'avons pu nous arrêter nulle part ; nous n'avons pu trouver, ni dans l'ordre social, ni dans l'ordre intellectuel, aucun système, aucun fait qui devînt fixe, qui prît possession stable, générale, régulière, de la société et des esprits. Une fluctuation continuelle, universelle, un état permanent d'incertitude, de transformation, c'est là le fait général dont nous avons été frappés. C'est donc du Ve au Xe siècle que s'est opéré le travail de fermentation et d'amalgame des trois grands éléments de la civilisation moderne, l'élément romain, l'élément chrétien et l'élément germain ; et c'est *seulement à la fin du Xe siècle* que la fermentation a cessé, que l'amalgame a été à peu près accompli, qu'a commencé le développement de l'ordre nouveau, de la société vraiment moderne [...] Ce que nous avons étudié cette année, c'est le chaos, berceau de la France. Ce que nous aurons à étudier désormais, c'est la France même. À partir seulement de la fin du Xe siècle, l'être social qui porte ce nom, pour ainsi dire, est formé ; il existe ; on peut assister à son développement propre et extérieur [...] Quand nous nous retrouverons dans cette enceinte, Messieurs, ce sera pour parler de la civilisation française : nous datons de là ; ce ne sera plus de Gaulois, de Francs, de Romains, mais de Français, de nous-mêmes qu'il sera question. (Applaudissements prolongés.) »

De même, Guizot commence ainsi le IVe Tome : « Eh bien ! Messieurs, c'est à la fin du Xe siècle qu'est placé le berceau de cet être unique et complexe à la fois qui est devenu la nation française[40]. »

« Tout », veut-on nous faire croire, éloigne Guizot de Michelet, pourtant son suppléant à la Sorbonne en 1834 ; qu'importe : il ne pouvait ignorer le *Cours* de 1829-1830[41]. Il suffit évidemment de songer au *Tableau de la France*, que Michelet situe au IIIe Livre de l'*Histoire de France*, soit aux alentours de l'an mil, après l'avènement de Hugues Capet. Michelet commence par ces phrases le IVe volume de l'*Histoire de France* : « Cette vaste révélation de la France, que nous venons d'indiquer dans l'espace, et que nous allons suivre dans le temps, elle commence au Xe siècle, à l'avènement des Capets » — l'An Mil signale, en quelque sorte, le passage de la France de la géographie à l'histoire[42]. Michelet, tout comme Arcisse de Caumont — le seul, d'ailleurs, à se référer au modèle élaboré par Guizot —, Sismondi, Quinet proposent tous *grosso modo* l'opposition entre un Xe siècle informe, délabré, ignorant et un XIe siècle qui marque la naissance de la France, de l'Europe, de la civilisation moderne. C'est donc le même modèle que Guizot, avec l'An Mil en prime. Or Juillet 1830 est passé par là.

Attribuer n'importe quoi aux révolutions, voilà une démarche suspecte. Et pourtant, 1830, c'est la seconde révolution, la bonne, pensait-on alors, celle qui mettrait définitivement fin à un Ancien Régime ressuscité par deux réactions successives. Juillet 1830, et par effet de retour, 1789, ont marqué la génération d'historiens dont la figure emblématique est Jules Michelet. C'est à travers ces deux séismes que Michelet, Sismondi, Quinet, et aussi Henri Martin et Ampère, écrivent l'histoire. Tel n'était pas vraiment le cas de Guizot. « Sa » révolution, pour ainsi dire, était la Révolution anglaise. S'il est vrai que l'*Histoire de la Révolution d'Angleterre* que Guizot publie en 1826-1827 traite surtout de sa première phase, celle des années 1640, c'est, à ne pas en douter, l'aboutissement « glorieux » de 1688 qui le passionne. Voir, à titre de témoignage éloquent, quoique tardif, son texte de 1850 dont le titre est une profession de foi : *Pourquoi la Révolution d'Angleterre a-t-elle réussi ?* Guizot commence ce discours ainsi : « La révolution d'Angleterre a réussi. Elle a réussi deux fois. Ses auteurs ont fondé en Angleterre la monarchie constitutionnelle ; ses descendants ont fondé, en Amérique, la république des États-

Unis ». L'opposition entre les deux façons de faire la révolution, la rupture et la réforme, est bien présente dans les esprits de l'époque. L'opposition même entre « Ancien Régime-Nouveau Régime » est méconnue des Anglais, et comme rejetée par Guizot. Et si cette analyse est valable, il s'ensuit que l'idée d'ancrer la « naissance de la nation française » en une année bien précise, fût-ce pour les besoins de la pédagogie, aurait été inconcevable pour l'historien, l'homme politique Guizot. Pour les adeptes des deux Juillet, en revanche, l'Histoire n'a parfois même pas besoin de toute une année pour se faire (ou se défaire) — une journée, à la limite trois, autrement glorieuses, pourraient éventuellement suffire.

Je suis conscient du caractère mécaniste de cette explication. La pratique historique contemporaine évite, autant que faire se peut, tout langage par trop causal. Tout au plus avance-t-on un complexe de circonstances, de facteurs qui auraient pesé dans un processus historique, sans prétendre en disséquer les composantes, encore moins les doser. Je me risque pourtant à maintenir l'hypothèse selon laquelle l'émergence soudaine et massive du mythe de l'An Mil « version française » en cette fin 1830 ne saurait être expliquée autrement que par « mon Juillet », comme l'appelle affectueusement Michelet quelque quarante années plus tard[43] ; un Juillet renvoyant à l'autre.

D'autres indices semblent l'appuyer. La Révolution française, on l'a vu, n'a pas seulement marqué la fin d'un monde, elle a aussi clôturé un siècle. La coïncidence n'a pas échappé aux contemporains. Mais l'idée de l'équation « fin-d'un-monde = fin-de-siècle » perd rapidement beaucoup sa légitimité, pour des raisons évidentes. L'ancien monde est partout de retour. 1805 voit la suppression officielle du calendrier républicain, les noms de rues et les prénoms « républicains » l'ont précédé de cinq-dix ans[44]. Et Witold Kula remarque que même le système métrique, contribution majeure de la Révolution, et qui, par ailleurs, a joué un rôle déterminant dans la « sécularisation — la « mise en siècles » — de l'Histoire, subit des assauts importants sous l'Empire[45].

Coïncidence ? certainement pas. Dans les années 1830, la notion de « siècle » revient en force. 1833 : lancement de la revue *Le Siècle* ; 1836 : *La Revue du XIXe siècle*, et aussi *Les Confes-*

sions d'un enfant du Siècle d'Alfred de Musset ; 4 juillet 1837 : la Monarchie de Juillet revient au système métrique dans sa forme pure. Les pays de langue anglaise marquent un certain retard par rapport à la France. Aux États-Unis, la première revue *The Nineteenth Century* date de 1848 (!), elle est de Philadelphie ; une deuxième, à Charleston, en Caroline du Sud, est lancée en 1869 ; alors que le prestigieux *Nineteenth Century* de Londres date de 1877 (et devient *The Nineteenth Century and After* à minuit, le 31 décembre 1900)[46]. L'An Mil, le siècle, le mètre, sont ainsi revenus — pour durer.

Épilogue au statut ambigu entre le suggestif et l'anecdotique

Le rapprochement Révolution-An Mil (« à la française ») laisse quelque peu perplexe. Et pourtant, tout y est, ou presque : une rupture brutale entre un monde obscurantiste et superstitieux et un monde de progrès ; une date symbolique qui marque la rupture et même un anticléricalisme virulent. « Seuls » y manquent les révolutionnaires. Or surprise : après avoir formulé puis développé ces hypothèses, je suis « tombé » sur un texte tout à fait curieux : *L'An Mil*, livret d'un opéra en un acte, écrit par Mélesville (pseudonyme de Anne-Honoré-Joseph Duveyrier) et Paul-Henri Foucher, musique d'Albert Grisar, représenté à l'Opéra-Comique le 23 juin 1837, donc en plein « boom » de notre mythe. Voici ce qu'en dit Pierre Larousse, qui consacre à cette œuvre somme toute insignifiante un article dans le *Grand Dictionnaire universel* (1865) : « La croyance qu'on touchait la fin du monde pendant le Xe siècle donnait lieu à des fondations pieuses et non pas à des insurrections, c'est cependant une révolte des serfs contre leurs seigneurs qui est le sujet de ce livret » (article « L'An Mil, opéra comique » ; on aura noté le ton affirmatif de Larousse, un propagateur un peu tardif mais très influent du mythe de l'An Mil). Certes, l'œuvre « ne fait honneur ni au bon goût ni à l'esprit des deux auteurs » (Larousse) ; mais comment ne pas reproduire quelques lignes représentatives de ce livret, tirées précisément de la scène de la révolte (scène XV) :

Landry (le serf de Godefroy de Tancarville, chef des insurgés) :

A bas la corvée Pour nous plus d'affront !
L'heure est arrivée De lever le front !
Je ris de mon maître Et de son effroi
Cette nuit doit être Mon aurore à moi.
Cette heure est féconde Pour l'égalité
Car la fin du monde C'est la liberté.

[Les deux couplets soulignés par moi sont répétés cinq fois lors de cette scène.]

Godefroy : Insolent ! devant ton maître...
Landry : Nous n'avons plus de maître
Tous : À Bas ! À Bas ! Plus de vassaux ! Plus de soldats ! »

La fin est parodique : « Il paraît qu'il [saint Jean] s'était trompé dans l'addition ... de nouveaux calculs ont été faits et nous avons un peu de répit ... la fin du monde n'arrivera que le premier juillet 1837 ... mais cette fois, c'est positif[47]. »

CHAPITRE 4

Raoul Glaber invente l'An Mil mais rate le siècle

On vient de montrer que la connaissance des *Histoires* de Raoul Glaber constituait la condition nécessaire — mais point suffisante — de l'apparition, et surtout de la diffusion de la légende de l'An Mil. Car si d'autres indices contemporains existent, ils ont été beaucoup trop ambigus pour l'asseoir, pour l'esquisser même. Sans Glaber, point d'An Mil.

Parallèlement, on a dégagé une deuxième condition nécessaire à l'An Mil : le découpage de l'Histoire en *siècles*, découpage qui rend l'année 1000 extrêmement visible. Ainsi, Baronius fut le premier historien catholique à adopter cette technique récemment inventée par des historiens protestants (ca. 1560 ; et si ceux-ci n'ont pas précédé Baronius dans l'An Mil, c'est qu'ils ignoraient les *Histoires* de Glaber). Depuis, tous ceux qui ont véhiculé la légende pensaient l'histoire en siècles, ce qui n'allait pas de soi avant la Révolution française. D'où une troisième condition qui explique l'essor de l'An Mil après 1830 : la division de l'Histoire en « Avant » et « Après ». Ce qui nous ramène à Raoul Glaber, et au célèbre passage des *Histoires* — « un blanc manteau d'églises » — dont peu de médiévistes font l'économie, et qui a décidé non seulement de l'existence de la légende, mais aussi de sa fonction historiographique.

De ce morceau d'anthologie naît le scénario qu'on peut suivre, de Le Vasseur et Fleury à Michelet et Quinet, et jusqu'aux médiévistes d'aujourd'hui, scénario selon lequel 1000 marque un tournant dans l'histoire universelle, *a fortiori* dans l'histoire de France. Scénario si puissant, si élégant aussi, que, les terreurs apocalyptiques réfutées, il n'a pas été écarté pour autant, loin s'en faut, mais, par un processus de déplacement qu'il serait intéressant de démonter, on l'a ancré sur des bases autrement « plus » solides — car non événementielles ; ainsi, de nos jours on parlerait plus volontiers de l'an 1000 comme tournant en histoire des techniques, de l'agriculture, de la famille, de l'« architecture » (je compte aborder ailleurs la question « Pourquoi on ne peut pas se débarrasser de l'An Mil/1000 ? »).

La légende de l'An Mil est avant tout due à un raisonnement déductif : l'*Apocalypse selon Jean* étant l'*invariable*, les Chrétiens avaient donc toutes les raisons de redouter « les mille ans accomplis ». Mais pour concrétiser historiquement ce raisonnement, de Baronius à nos jours, trois facteurs étaient nécessaires : Glaber, le siècle, l'idée de tournant. Une *technique*, le siècle, rendait inévitable la valorisation de la date 1000 ; une *vision* discontinuiste de l'Histoire, possible à dater d'après 1789, incitait la projection de la rupture si fortement vécue sur le passé lointain ; et une *source*, d'autant plus authentique que rustique, les *Histoires* de Raoul Glaber, rendait l'opération historiographiquement plausible. (Ce qui pourrait expliquer la suspicion jetée sur l'An Mil dans les années 1870-1890 : le discrédit de la philosophie de l'histoire a délégitimé toute enquête à prétentions déductives ; or privilégier l'induction signifie qu'une source, une seule, ne saurait étayer un argument historique ; enfin, auprès des historiens « positivistes », la pensée continuiste primait sur la pensée discontinuiste.)

Reste Raoul Glaber. Sur la base du même invariable, l'*Apocalypse*, mais sans le siècle, sans une révolution, sans sources, le voici qui perçoit (?) l'An Mil. On peut dire, Richard Landes s'en est chargé *(supra)*, que les « positivistes » se sont trompés, et nous après, et qu'une véritable fièvre apocalyptique s'est emparée de la Chrétienté vers 1000. Il s'ensuivrait que Glaber n'écrivait que « ce qui s'est réellement passé ». Thèse séduisante, certes, mais il ne s'agit, pour le moment, que d'une thèse spéculative, que les sources tardent à suivre ; et, surtout, on verra qu'elle ne résout pas tous les problèmes soulevés par l'emploi de l'An Mil chez Glaber (à la limite, on pourrait même suspendre la question). À accepter donc la thèse courante — que les terreurs de l'An Mil n'ont pas eu lieu — il faudra s'interroger sur leurs origines et fonctions dans les *Histoires. Pourquoi Raoul Glaber invente-t-il l'An Mil ?*

Or cette question a été savamment contournée grâce à une ruse d'autant plus efficace qu'inconsciente et sincère : la *condescendance* frôlant, et souvent atteignant, le mépris pour Glaber. Le phénomène est très paradoxal, quoique pas si rare, il mérite notre attention. En voici d'abord quelques spécimens, échantillon représentatif de deux siècles de fréquentations intimes avec Glaber :

— Les Bénédictins de Saint-Maur, éditeurs des *Histoires* : « [Glaber] occupe la première place dans ce recueil non pas tant pour son âge, que pour l'étendue de son ouvrage, lequel cependant n'est qu'un tout informe et mal digéré[1]. »
— Des mêmes : « Il n'y a ni bon goût, ni choix, ni ordre dans la plupart des faits, ni beaucoup de jugement [...] Malgré tous ces défauts, l'ouvrage de Glaber ne laisse pas de contenir d'excellentes choses tant pour l'histoire générale que particulière[2]. »
— A. Molinier, bibliographe de l'Histoire de France : « C'est une œuvre bizarre, de style incorrect et prétentieux, et l'auteur s'y montre tel qu'il était, superstitieux même pour son temps, confus et prolixe [...] La suite chronologique des faits lui est indifférente [...] C'est un moine mystique, d'esprit borné et de culture faible. Malgré ces défauts, l'ouvrage est du plus haut intérêt pour l'histoire des idées au Moyen Âge[3]. »
— Edmond Pognon, récent traducteur de Glaber, oscille dans la notice biographique et les notes entre l'ironie et la franche hostilité : « La vérité, c'est qu'il ne faut pas prendre Raoul trop au sérieux : c'est avant tout un bavard. Il raconte ce qui lui vient à l'esprit, sans ordre, sans souci de contrastes, mettant des couleurs gaies ou sombres suivant son humeur du moment. Et, si l'on pouvait discerner en lui quelque chose de permanent, ce serait peut-être son conformisme [...] Ce conformisme trop peu réfléchi pour s'aviser des contradictions est peut-être ce qui donne le plus de prix à l'ouvrage

de Raoul : grâce à lui, les Histoires sont un miroir à mille faces, reflétant mille aspects divers[4]. »
— C'est Guizot, premier traducteur de Glaber, qui résume le paradoxe : « Peu d'ouvrages de ce temps, et c'est beaucoup dire, surpassent le sien en confusion et inexactitude. Ce n'en est pas moins un des monuments les plus curieux et les plus complets d'une époque qui nous en a si peu laissé[5]. »
— Mais Georges Duby : « Raoul n'a pas bonne réputation. On le dit bavard, crédule, maladroit et l'on trouve son latin diffus. Il convient de ne pas juger son œuvre en fonction de nos habitudes et de notre propre logique. Si l'on veut bien se couler dans la démarche de son esprit, il apparaît aussitôt comme le meilleur témoin de son temps, et de loin[6]. »

Le jugement de Duby reflète le déplacement survenu en histoire depuis un demi-siècle, de la chronologie vers les mentalités[7]. Glaber doit, en effet, sa mauvaise réputation pour une part importante à sa datation peu fiable (pour l'autre part à ses superstitions). La rareté de textes comparables le rendait incontournable, même au creux de sa carrière d'historien (voir Guizot, et déjà les Bénédictins de Saint-Maur). Le sacrifier, c'est comme si l'on décidait d'étudier le VIe siècle « français » sans Grégoire de Tours, voire le VIe siècle grec sans Hérodote. Impensable. Mais depuis que l'exactitude chronologique compte beaucoup moins que la description de l'« esprit de l'époque », mieux, que cette description vaut plus quand elle émane d'un « ignare », Glaber est complètement réhabilité.

Ces deux positions, si opposées — caricaturalement, pour les besoins de la démonstration —, s'accordent néanmoins sur un point non négligeable, et selon moi contestable, savoir qu'il s'agit d'une source « brute », dans le sens plein du terme. Point contestable, dis-je, car il ne résout guère le problème ici soulevé : pourquoi Raoul Glaber invente-t-il l'An Mil ? — An Mil qui reste, qu'on le veuille, qu'on le réfute, ou non, sa contribution majeure, définitive à l'histoire du Moyen Âge[8].

Pour commencer à répondre à cette question, il faut « oublier » la rareté qui fait le prix des *Histoires*, qui leur octroie un certain monopole sur le marché historique des années 1000-1050. En d'autres termes, il faut prendre le risque de sacrifier, en partie, la transparence « texte → réalité ». Pour ce faire, à nous d'assumer l'enseignement des sciences humaines modernes, à savoir que toute source est non seulement partielle, mais aussi partiale ; que tout énoncé obéit à une logique, à une rhétorique ; qu'un texte, et en son sein ses éléments constitutifs, ont des fonctions discursives. Bref, que le texte transparent est une utopie commode[9]. Une première lecture des *Histoires* révélera alors que l'An Mil y occupe une *place stratégique*, et qui échappe justement à la dichotomie « réalité ou fiction » (place analogue à celle qu'il occupe dans le discours médiéviste moderne !) La thèse qu'on essaiera de défendre ici est que *l'An Mil de Glaber répondait à des besoins rhétoriques* (et c'est à des besoins rhétoriques que l'An Mil répond toujours)[10].

Une des accusations souvent portées contre Glaber, on l'a vu, et qui a permis de ne pas poser la question qui nous intéresse ici, est celle du *désordre*. Maurice Prou, à qui on doit l'édition critique des *Histoires*, le dit avec beaucoup de bienveillance : « Raoul conte beaucoup, à la manière des vieillards et des enfants ; une idée en appelle une autre ; l'auteur rapporte les faits au fur et à mesure qu'ils lui reviennent en mémoire, si bien qu'il perd de vue l'objet principal de son récit[11]. »

Non, il n'est pas le plus ordonné des historiens ; mais il serait absurde de l'accuser d'indifférence à l'ordre. Bien au contraire : les *Histoires* en trahissent une véritable obsession. C'est même l'ordre chronologique qui en est, de loin, l'aspect dominant. Pour anticiper, 1000 et ses innombrables déclinaisons, on le verra par la suite, ont précisément cette fonction-là : mettre de l'ordre dans le désordre.

La déférence pour la « succession des temps » *(series temporum)* est manifeste dès l'Introduction, qui contient trois indications chronologiques, et une déclaration d'intentions :

• « En près de *deux cents ans*, depuis Bède (+ 735) [...] et Paul (+ 797) [...], il ne s'est trouvé personne qui, animé d'un tel dessein, ait laissé à la postérité le moindre écrit historique. »
• « ... on peut en dire au moins autant des faits qui passent pour s'être pressés avec une fréquence inaccoutumée environ de la *millième année* du Christ. »

• « ... nous avons la certitude que l'an 1002 de l'Incarnation du Verbe est le premier du règne d'Henri, roi des Saxons, et que *l'an mille du Seigneur fut le treizième du règne de Robert, roi de France* [...] *Leurs dates nous serviront à établir la succession des temps.* »

Après une glose sur le chiffre 4 (la « divine Quaternité » — doit-on y voir l'écho de la numérologie pythagoricienne ?), idiosyncrasique, mais pour nous non dépourvue d'intérêt, car elle rappelle sa manie du Nombre, Glaber définit son projet : « Nous allons donc parler des grands hommes qui, *depuis l'an 900* du Verbe [...] jusqu'à notre temps, se sont illustrés dans le monde romain comme serviteurs de la foi catholique et de la justice » (p. 48). Ce goût prononcé pour le chiffre rond, le voici quelques pages plus loin : « Vers la 900e année de l'Incarnation du Verbe, on vit sortir de l'Espagne le roi des Sarrasins Algalif » (p. 56) — datation fantaisiste, d'ailleurs, car les « ravages des Sarrasins en Bénévent » dont il est question ont eu lieu vers 825-830. L'intention, elle, n'est pourtant guère fantaisiste.

Inscrit dans une tradition déjà antique, il se voulait historien universel, il prétend même dépasser Bède le Vénérable. Comme Bède, il croyait à l'importance des dates dans l'écriture de l'Histoire. De ce fait Raoul Glaber, moine bourguignon, est confronté à un défi impossible : maîtriser la « succession des temps ». En langage vulgaire, on dirait qu'il a placé la barre beaucoup trop haut. Mais l'échec, et il est patent, n'efface pas les efforts successifs fournis par lui tout au long de l'ouvrage. Une lecture serrée du texte nous a permis de les inventorier, et ils sont étonnamment nombreux et variés.

Ainsi, les chapitres des quatre premiers livres, à trois exceptions près (I,1, II,6, IV,3, où Glaber prêche au lieu de raconter), commencent tous par une indication chronologique. Livre I : « À cette même époque » *(Erat igitur tunc temporis)*, « Cependant » *(interea)*, « Comme s'éteignit cette dynastie », « Vers la 900e année de l'Incarnation » ; Livre II : « Lorsque la couronne... », « La quatrième année du millénaire »[12], « Cependant, à la même époque », « Du même Foulque », « L'an de l'Incarnation 988 », « Sept ans avant l'an mille », « Trois ans avant l'an mille », « Dans le même temps », « À la même époque », « Vers la fin de l'an mille » *(circa finem millesimi)*, « Dans le même temps ». Et ainsi de suite.

Le même souci se rencontre à l'intérieur de chaque chapitre, même si, conscient parfois — rarement, il est vrai — des insurmontables handicaps, il y emploie plus volontiers des termes vagues : « bientôt *(denique)* » et « puis *(his ita gestis)* » (III, 3), « peu de temps auparavant *(non longo ante tempore)* » (III, 6). Mais en règle générale, les indications restent assez précises (quoique souvent fausses...) : « Cet enfant [le prince Hugues] avait alors à peu près dix ans », « L'année suivante », « Pendant », « Aussitôt », « Après la mort de l'empereur Henri », « Autrefois, vers l'an mille » (III, 9).

La véritable originalité de Glaber est dans le plan des quatre premiers livres :

— Livres I et II : 900-100

— Livre III : l'An Mil de l'Incarnation

— Livre IV : l'An Mil de la Passion

Plan hypothétique, on y revient, mais qui est pourtant plusieurs fois annoncé et explicité, en particulier au début du Livre III : « Maintenant que nous avons relaté quelques faits et gestes de personnages plus anciens, c'est, selon notre promesse, à partir de cette millième année de la naissance du Verbe qui vivifie toutes choses que nous faisons commencer le troisième livre du présent ouvrage » (p. 81).

Certes, l'écart est grand entre projet et réalisation ; car si le Livre IV va de 1024 à 1046, respectant ainsi l'engagement initial, le Livre III déborde allègrement sur ceux qui l'entourent, qui raconte, pour la deuxième fois, la conversion des Hongrois (995), mais aussi la mort d'Eudes de Chartres (1037), mais aussi la mort de Guillaume de Rouen (943 !) ; de même, le Livre II n'hésite pas à raconter les exploits de Canut le Grand (entre 1016 et 1028)... Rendons-lui au moins cette justice : quand il donne la date, celle-ci tombe plutôt dans le cadre annoncé. Mais dès qu'il ne la donne pas — ignorance ? négligence ? difficile à trancher —, ou, c'est presque la norme, quand la formule temporelle est non chiffrée (« cependant », « dans la même époque »), ce cadre s'assouplit sensiblement. Et pourtant, quel bel édifice, original, et, disons le mot, *moderne* ! Non seulement il ne l'a pas trouvé chez plus grand que lui, tels Bède ou Paul Diacre, mais encore faudra-t-il attendre le XVIe et les Centuriateurs de Magdebourg pour rencontrer ce qui est devenu, depuis le XIXe siècle, pratique courante, trop mécaniste au goût de certains, en écriture de l'histoire : le découpage de l'ère chrétienne en siècles !

Et pourtant, Raoul Glaber n'invente pas le siècle. Pourquoi ? Pour répondre à cette question insolite et voulue telle, il faut pousser plus loin la première interrogation, du pourquoi de l'An Mil dans les *Histoires.* La clé nous est offerte au début du IIe Livre :

« Celui qui parcourt les vastes terres du monde ou s'aventure en vaisseau sur l'immense étendue des flots se tourne souvent vers les fiers sommets des montagnes ou les cimes altières des arbres, et y dirige ses regards afin que ces repères reconnus de loin l'aident à parvenir sans s'égarer au but de son voyage ; c'est aussi notre cas, et, dans notre ambition de faire connaître le passé à la postérité, nos propos et notre attention s'attachent souvent, au cours de notre récit, à la personne des grands hommes, afin que grâce à eux ce même récit gagne en clarté et présente plus de sécurité » (p. 63).

Dans l'histoire du rapprochement conceptuel entre espace et temps, la plus problématique et la plus féconde des analogies, il faudrait réserver à ce passage une place de choix. Par une image presque trop simple, Glaber y dégage la logique de ce qu'on se plaît d'appeler « histoire événementielle » — et si on l'appelait « histoire » tout court ? On pourrait aussi s'amuser à traduire ces lignes en terminologie gestaltienne, car c'est de l'impossibilité — pour ne pas employer un terme plus ironique — de la perception totale qu'il s'agit ici. Tout voir, nous avertit notre moine, c'est se perdre !

Pour qui prend au sérieux ce passage, pour qui garde comme moi une profonde aversion pour l'utopie de l'histoire totale, les *Histoires* de Raoul Glaber, parce que peu sophistiquées quand comparées à nos textes, pourraient devenir une sorte de cas d'école. Et ce, précisément parce qu'il oublie trop souvent son propre enseignement — et se perd.

Mais revenons à ces questions si intimement liées : pourquoi l'An Mil, pourquoi pas le siècle ? Le passage en question nous donnerait en effet la clé, si, à la place de « la personne des grands hommes », nous mettions « la "personne" des grandes dates ». Le Temps, d'autres l'ont si bien dit, est autrement plus immense, plus vaste, plus multiple que la terre et l'océan. Comment ne pas s'y perdre, quand on le parcourt avec les moyens d'un Raoul Glaber ? Bien plus qu'aux grands hommes, notre « bavard historien » fait appel aux chiffres. Et en premier, et quasi unique lieu, à 1000 et à ses variantes. Pour s'orienter, Glaber ne lâche pas des yeux ce chiffre, d'où des formules pour nous si lourdes, tel « dans la treizième année avant le millénaire » (II, 1), ou « la vingt-troisième année qui suivit l'an mille » (III, 8), alors qu'il maîtrisait la numérotation en chiffres romains et en mots (cf. I, 1, IV, 4). Parlons chiffres : Glaber mentionne l'an mille de l'Incarnation 15 fois, et 5 fois, l'an mille de la Passion. Et, sur ces vingt occurrences, quatre, tout au plus, auraient une dimension apocalyptique. Les terreurs de l'An Mil, réalité ou fiction ? jamais on ne le saura. Mais on constate que, chez Glaber d'abord, chez les médiévistes ensuite, l'An Mil/1000, comme dans l'Incarnation/1, la Destruction du Second Temple/70, la Découverte de l'Amérique/1492, la Révolution française/1789, le moment historique déborde le principe de réalité pour devenir principe de connaissance, principe d'ordre.

Le phénomène n'est que trop connu, en histoire et ailleurs : l'objet-repère devient le centre d'un champ magnétique vers lequel des objets sont irrésistiblement attirés, alors que d'autres, qui, pour des raisons diverses, ne le sont pas, tendent à disparaître. Fixer ainsi le regard sur le « fier sommet d'une montagne », sur « la personne d'un grand homme », ou sur une date magique, a inévitablement le double effet d'une *condensation* et d'une *sélection*.

Pour mieux saisir la portée de l'image proposée par Raoul Glaber, comparons-la à celle de Bossuet dans le *Discours sur l'Histoire universelle (supra)* :

> « Cette manière d'histoire universelle est, à l'égard des histoires de chaque pays et de chaque peuple, ce qu'est une carte générale à l'égard des cartes particulières [...] Comme donc, en considérant une carte universelle, vous sortez du pays où

> vous êtes né, et du lieu qui vous renferme, pour parcourir toute la terre habitable, que vous embrassez par la pensée toutes ses mers et tous ses pays ; ainsi, en considérant l'abrégé chronologique, vous sortez des bornes étroites de votre âge, et vous vous étendez sur tous les siècles. »

La même ambition d'écrire une histoire universelle les nourrit. La même imagerie spatiale du Temps leur sert à la concevoir. Et pourtant, Glaber et Bossuet représentent deux figures opposées : d'un côté le voyageur, de l'autre côté, le cartographe ; et, en définitive, deux manières d'appréhender le temps comme s'il était de l'espace idéal, en effaçant ce qui le distingue de l'espace, à savoir la continuité ! Bref, Glaber et Bossuet offrent une alternative pour « voyager » dans le Temps tout en restant sur place, l'un s'arrête en fixant un « fier sommet », l'autre, en l'englobant d'un seul regard princier.

Chez Bossuet le cartographe, on l'a démontré ailleurs, cela donne la *périodisation*, qui sépare les « régions », les « pays », les « continents ». Chez Glaber le voyageur, en revanche, l'histoire sécurisante implique la *quasi-simultanéité* des événements. L'An Mil comme la date 1000, vers qui tout converge, jouent un rôle prépondérant dans la condensation du Temps. Mais il s'agit d'un principe plus large. Ainsi, les erreurs en datation de Glaber tendent à obéir à cette logique du raccourcissement. Exemple extrême : « Vers 900 » raconte ce que nous savons s'être passé vers 825-830 (I, 5) ; et aussi : « Après l'apparition... [996] » raconte les années 1016-1019 (II, 2) ; ou « Dans le même temps [c. 1003] » décrit ce qui ne pouvait se passer qu'avant 980 (II, 9) ; etc. Et, en règle générale, pratiquement toutes les formules temporelles employées par Glaber désignent, soit la simultanéité : « à la même époque », « cependant », « lors », « pendant que » —, soit la proximité maximale : « l'année suivante », « après la mort », « depuis lors », « dans la suite ».

Deux passages stratégiques des *Histoires* sont emblématiques de cette obsession d'assemblage. Dans les deux cas, il s'agit d'inventaire « nécrologique » : « Dans la même époque [sept ans avant l'an mille de l'Incarnation] on vit mourir en Italieen Gaule tout ce qu'il y avait de plus distingué comme prélats, comme ducs et comme comtes » — et suit une liste, dans le désordre, de dix personnes que nous savons mortes entre

991 et 1001[13] (II, 7). « À l'approche de l'an 1033 de l'Incarnation du Christ, qui est le millième de la Passion, moururent des hommes illustres dans le monde romain » (IV, 4) — et si la liste est bien mince, qui ne contient que quatre noms, ce n'est pas faute d'avoir essayé. La ressemblance entre les deux An Mil est encore accentuée par les famines qui les suivent, « dans le même temps » dans le premier (II, 9), « à l'époque suivante », dans le deuxième (IV, 4).

D'ailleurs, l'analogie, chez Glaber comme chez d'autres, sert souvent de technique de condensation du temps (et d'espace), qui gomme les écarts. Voir, à titre d'exemples, l'hérésie à Ravenne (« dans le même temps un mal comparable [à l'hérésie de Leutard de Châlons]... », (II, 12) ; les reliques de Sens, puis : « On raconte qu'un cas analogue s'est produit peu de temps auparavant dans la ville de Troyes » (III, 6) ; un faux prophète en Lombardie — puis en Gaule : « Notre temps fournit, dans un cas différent, un exemple équivalent » (IV, 3).

La seule digression vraiment radicale de l'ouvrage est tout aussi significative. Après avoir conté la mort d'Eudes de Chartres (1037), Raoul écrit : « Cet Eudes dont nous venons de parler représentait la troisième génération, étant le petit-fils de Thibaut, comte de Chartres, surnommé le Tricheur » — et suit l'histoire d'une ruse bien cruelle de Thibaut en 943. Conscient, sans doute, de l'énormité du glissement, Raoul conclut cette anecdote avec un sermon sur la justice divine ; et, tout de suite après, il se rabat sur 1000 : « Autrefois, vers l'an mille de l'Incarnation du Verbe, comme le roi Robert venait de prendre pour femme la reine Constance... » (III, 9). L'image du marin qui s'égare, et que le phare sauve, ne pourrait être mieux illustrée.

Serait-ce la raison pour laquelle, des cinq livres, le Ve Livre est le plus désordonné, quand ni l'an 1000 de l'Incarnation, ni l'an 1000 de la Passion ne pouvaient être plausiblement invoqués ? Et encore : voici que Glaber y écrit : « L'année suivante, soit la quarante-sixième après l'an mille » (p. 139), dans un dernier effort pour maîtriser ce temps qui lui échappe, faute de repères — alors que, paradoxalement, ce temps est le plus proche de l'écriture des *Histoires*.

On peut à présent répondre à notre double question. *Si*

Raoul Glaber n'invente pas le siècle, c'est parce qu'il invente l'An Mil — son An Mil ! Pour les historiens qui l'ont repris, Michelet en tête, l'An Mil/1000 servait à couper l'Histoire en « Avant » et en « Après » — à périodiser. Pour Glaber, l'An Mil/1000 devait remplir la fonction inverse : coaguler autour de lui le plus d'événements possible, les condenser dans un moment « organique », quasi parménidien, a-historique presque. Dans « ... et la Révolution "créa" le siècle », j'avance que celui-ci répondait, au tournant du XVIIIe siècle précisément, à trois besoins qui étaient alors bien plus qu'historiographiques : faire le *bilan* d'une période révolue, la *comparer* avec celles qui l'ont précédée et surtout avec le présent, et créer un cadre clos — un début et une fin — qui permette une *explication causale* ; trois façons de penser et de dire la *discontinuité.* Glaber n'éprouvait aucun de ces besoins, bien au contraire. Étranger à la discontinuité, lui, qui voulait « voyager » dans le passé, puis servir de « guide » à la postérité, mais en toute sécurité, cherchait plutôt à figer le temps. Raoul Glaber ne pouvait pas inventer le siècle.

CHAPITRE 5

Esquisse d'une histoire de l'ère chrétienne

Le découpage de l'Histoire en siècles est à situer dans une cascade d'« anomalies », dont il est la dernière chute, dans les deux sens du terme, et de ce fait la plus radicale. Remontons le courant :

— découper le Temps en tranches de cent ans ;
— découper le Temps en unités arithmétiques quelconques ;
— découper le Temps ;
— dater le Temps (la chronologie) ;
— dater à partir d'un point « une fois pour toutes fixé » (l'ère).

Le siècle clôt un parcours long, linéaire quoique peu régulier, qu'on intitulera *« L'homme occidental fait violence au Temps »* — par « violence », et c'est là une définition minimale, on entend toute opération dont la science des civilisations comparées démontre le caractère exceptionnel.

Les deux pratiques extrêmes présentent un intérêt particulier : le siècle — et l'ère chrétienne qui en est la source.

Le siècle, car il serait l'expérience cruciale de notre façon de « faire l'histoire ». Le fait qu'il soit unique — découper l'Histoire en périodes, *a fortiori* en périodes arithmétiques, est un monopole de l'ère chrétienne — en accentue son statut d'idéaltype (« Plus l'idéaltype est net et univoque, plus il est étranger à l'univers concret, et plus il rend de services à la terminologie, à la classification et à l'heuristique »). Parenthèse anecdotique mais éloquente : chez les Juifs, l'ère commence à la Création, l'année, au début de l'automne. Ainsi notre année 1991 correspond à l'an 5750-5751. Le calcul est aisé : en septembre 1939 a commencé l'année 5700, donc le 58e siècle ! Mais on ne s'en est pas aperçu. Il a fallu un historien initié en chronologie juive et obsédé par le siècle de surcroît pour faire cette « découverte ».

L'ère (chrétienne), car elle est la matrice de laquelle le reste découle. De même que le siècle est étonnamment récent, l'ère chrétienne est loin d'avoir l'âge du christianisme. Si le Christ est né vers l'an 1, l'an 1, lui, est né beaucoup plus tard. L'idée même d'établir une chronologie propre à l'Église fut complètement étrangère aux premiers chrétiens. De même, la césure, pour nous si évidente, de l'avant-et-de-l'après J.-C., le monde chrétien l'a tout aussi longtemps ignorée. « Ignorée », écris-je ; un lapsus qui trahit la naturalisation de l'ère chrétienne dans nos esprits.

Tout aussi étonnante est notre ignorance de ces faits. Sauf erreur de ma part, il n'y a même pas d'étude de synthèse sur l'ère chrétienne, absence, naissance, diffusion, effets. À la limite, il serait peut-être plus urgent de s'interroger sur cette lacune que de la combler. L'une et l'autre de ces missions dépassent le cadre de ce chapitre. Mais il est essentiel d'en dégager les grandes lignes. Car bien avant que le siècle n'« impose sa tyrannie à l'historien » (Le Goff), s'est installée, comme condition préalable et décalée d'un millénaire, la tyrannie de l'ère chrétienne.

L'embarras du choix comme signe d'indifférence

Quand les hommes qui vivaient autour de la Méditerranée éprouvaient le besoin de dater, ils n'avaient qu'à choisir. L'article « Ère » de la *Grande Encyclopédie* en recense cent quatorze ; un spécialiste de l'épigraphie grecque affirme que chaque ville de l'Asie Mineure disposait de son propre système de datation[1]. Qu'en déduire ? ni richesse ni créativité débordante, mais indifférence. Ce raisonnement, qu'on nuancera sous peu, repose sur la règle I : *l'hétérogénéité des réponses est en relation inverse avec l'importance accordée à la question.* Le polythéisme, comme toute coexistence pacifique entre croyances contradictoires, lui obéit[2]. Deux moments forts de l'histoire illustrent cette corrélation négative : la christianisation de l'Empire romain et la Révolution française. La première a transformé la question somme toute secondaire de la foi en enjeu majeur, voire unique ; la deuxième inscrit au centre de l'agenda national des questions peu débattues jusqu'alors, comme la langue, le découpage de l'espace français, les poids et mesures, etc. Mais ces deux exemples sont problématiques. Ils impliquent l'équation « incohérence = indifférence », qui est à démontrer plutôt qu'à postuler. Ce qui nous invite à formuler la règle II : *chaque réforme qui va dans le sens de l'uniformisation transforme — rétrospectivement — l'indifférence en désordre.* Ainsi, la départementalisation de la France a rendu flagrante la « pagaille » administrative qui la précéda, on se demande même comment les hommes pouvaient se repérer dans une telle « anarchie ». En conséquence, règle III : *chaque homogénéisation réécrit l'histoire en termes téléologiques.*

C'est dans ce piège que sont tombés tous ceux qui ont travaillé sur la chronologie, et qu'on s'efforcera d'éviter avec un succès variable. L'ère chrétienne, cas d'uniformisation par excellence, car à l'échelle mondiale, y est l'horizon vers lequel aspire l'incroyable désordre qui caractérisait la chronologie avant la conquête finale (sa marche triomphale rencontre d'ailleurs toujours quelques poches de résistance, dont une de taille : l'ère de l'Héjire). On est ainsi condamné à chercher, donc à trouver, les trop nombreux précurseurs de l'ère chrétienne, ce qui ne peut que produire l'impression d'une abondance chronologique avant la rationalisation du système. Recenser les possibilités de dater, et celles-ci ont rarement manqué dans l'Antiquité et au Haut Moyen Âge, au lieu d'insister sur le caractère le plus souvent complètement hypothétique de ces possibilités, constitue un procédé de nivellement d'autant plus efficace qu'il paraît, au premier abord, inévitable.

Grave dilemme, en effet, car comment procéder autrement ? Ce serait comme si, en écrivant l'histoire de la France littéraire, on mettait l'accent sur l'indifférence à la chose littéraire dans ce pays qui n'en manque guère... Ou, pour ajouter à la vraisemblance de la comparaison, imaginons une histoire de la littérature romaine qui privilégierait la Rome inculte, celle qui n'avait que faire de Lucrèce ou de Virgile.

L'histoire qu'on se proposait d'esquisser s'est même révélée doublement biaisée. Car si le besoin de dater était (est ?) l'exception, toutes les études permettent de l'affirmer, le véritable enjeu de cette histoire devrait être *la création de ce besoin plutôt que sa rationalisation* ! Reformulé, cela donne ces séries de questions, qui nous serviront ici de guides :
— Qui avait besoin de dater, qui, surtout, avait besoin d'une stabilisation, puis d'une rationalisation de la chronologie ?
— Quels ont été les gains de ce processus, et pour ses artisans, et pour ceux qui lui étaient *a priori* indifférents ?
— Qu'est-ce que l'ère chrétienne permet de faire, ou facilite, par rapport à l'état antérieur ?
— Quels sont, pour les uns et pour les autres, les pertes causées par ce processus ?
— Qu'est-ce que l'ère chrétienne empêche, ou rend difficile de faire ?

Le (super)marché des « ères » avant l'Ère

Quand le rare besoin de dater se faisait malgré tout sentir, chrétiens et non-chrétiens privilégiaient les systèmes suivants[3] :
— *Les Olympiades* : selon le calcul d'Aristote, la première Olympiade eut lieu en 776 avant J.-C. ; l'an 1 correspond ainsi à la première année de la 195e Olympiade. Selon Polybe, la supputation par Olympiades fut introduite en Grèce par Timée (352-256 avant J.-C.) ; selon Giry, les historiens hellénistes l'ont employée jusqu'au IVe siècle.
— *Eponymes* : c'est la technique la plus répandue dans le monde romain, rendue possible et véhiculée par les listes quasi complètes des magistrats aux commandes du royaume, puis de la république, puis de l'Empire. Les premiers historiens chrétiens ont eux aussi privilégié ce système, ils ont été longtemps ses seuls illustrateurs.
— *Ab urbe condita* : la fonction de Rome, fixée par Varron à ce qui est pour nous 753 avant J.-C., n'est jamais devenue le point de départ d'une ère historique à Rome. Même Tite-Live, qui en fait le titre de son grand ouvrage, ne l'emploie point

comme ère. De même, une seule inscription sur les 40 000 recensées par le *Corpus Inscriptionum Latinarum* est ainsi datée *ab urbe condita* DCCCXXXXIIX[4] ; le plus illustre pratiquant de ce mode de datation est Paul Orose (vers 410).
— *«Ère » des Séleucides*: présente l'avantage d'un large consensus quant à son point de départ, correspondant au 3 octobre 312 avant J.-C., date de la fondation du royaume de la Syrie hellénistique. Assez répandue en Orient, auprès des Juifs jusqu'au XIIe, voire XVIe siècle, alors que l'Église nestorienne en Turquie l'a pratiquée tout au long du Moyen Âge[5].
— *« Ère » d'Espagne*: les spécialistes divergent sur l'origine de cette ère et sur la date de sa mise en place. Son point de départ est 38 avant J.-C. — ce qui en fait le négatif presque parfait de notre ère de la Passion ; dans les royaumes de Castille et de Léon elle demeura le comput officiel jusqu'en 1383, au Portugal jusqu'en 1422. Et si on comptait à partir de l'« Ère » d'Espagne ?

Face à ces « ères », plus ou moins hypothétiques et limitées à des aires culturelles plutôt restreintes, il existe deux systèmes de datation qui présentent, un profil « universel », l'Indiction et l'*era mundi.* Ils méritent une attention particulière.

L'Indiction

Cycle de quinze ans, dont l'origine semble remonter à l'intervalle entre les impôts extraordinaires prélevés par l'État romain pour rééquilibrer ses finances. Venue d'Égypte, où les papyri l'attestent dès la fin du IIIe siècle ap. J.-C., l'indiction s'est surtout répandue en Occident, où elle devint même obligatoire sous Justinien (547), ses cycles étant alors comptés à partir de la conversion de Constantin en 312. Selon Charles Jones, c'est à travers le cycle pascal alexandrin que Denys le Petit a fait connaître l'Indiction à l'Église, fait qui a son importance, on le verra plus tard[6].

Loin d'être ésotérique et idiosyncrasique, l'Indiction est usitée comme note chronologique au bas des chartes et diplômes tout au long du Moyen Âge : en France jusqu'au XVe siècle, en Italie jusqu'au XVIIe siècle, des notaires turinois l'emploient au XVIIIe siècle encore, le Saint Empire jusqu'en 1806 — alors que les Bulles des papes sont datées (aussi) en Indiction de nos jours même. Cela dit, l'Indiction n'est pas une ère dans le sens qui nous intéresse ici car 1. elle est purement *administrative* : contrairement aux cycles du calendrier chinois, par exemple, les tranches de quinze ans ne sont jamais sorties du cadre des chancelleries ; il s'ensuit que les contemporains ne pensaient pas leur présent en indictions ; 2. elle est purement *cyclique*. Contrairement aux Olympiades, succession d'unités de quatre ans numérotées, les cycles de quinze ans ne sont pas numérotés (sauf en Égypte). Ainsi, *Indictione quarta* signifie « la quatrième année d'une Indiction indéterminée ».

Comparée aux autres systèmes, *a fortiori* à l'Ère chrétienne, l'Indiction ne présente que des handicaps. Pour les contemporains, qui n'en avaient cure, pour les historiens qui, pour s'y repérer, ont besoin d'autres indices chronologiques. Elle n'invite donc ni ses usagers, ni les historiens, à une quelconque forme de périodisation. Question : est-ce à ce « désordre » que devait remédier la rationalisation chronologique incarnée par l'ère chrétienne ? Soit. Mais comment expliquer le long succès de ce système ? et sa survivance aux côtés de l'ère chrétienne ?

L'Era mundi

Le monde chrétien s'est longtemps contenté d'enregistrer le Temps à travers des grilles « païennes ». Et l'*anno mundi* ? On prétend que les calculs de la Création du monde représentent le souci de christianiser la chronologie. Dès le Ier siècle les Chrétiens se sont mis à calculer le nombre exact des années séparant la Création du Christ (Incarnation et/ou Passion). Saint Augustin écrit ainsi dans *La Cité de Dieu* : « Il serait trop long de le montrer par le calcul ; d'autres l'ont fait maintes fois avant nous » (XVIII, 43). À partir de 400, et suivant l'exemple d'Eusèbe, de saint Jérôme, de Paul Orose, tout chroniqueur chrétien qui se respecte se sent obligé de proposer son propre calcul détaillé. Citons, parmi les plus illustres, Prosper d'Aquitaine, Cassiodore, Grégoire de Tours, Isidore de Séville, Bède le Vénérable[7].

Et pourtant, l'*anno mundi* n'a pas pris. En Occident du moins, l'ère de la Création n'a jamais existé en tant qu'ère historiographique. Les chroniqueurs et les annalistes, qui la calculent à longueur de textes, l'abandonnent dès qu'ils se mettent à écrire l'histoire « moderne ». Ainsi, saint Jérôme préfère dans son *Interpretatio Chronicæ Eusebii* l'« ère d'Abraham », puis les ères païennes ; Paul Orose, qui commence ses *Historiae* avec le calcul de l'*Era mundi*, passe rapidement à l'*ab Urbe condita* ; Prosper d'Aquitaine fait appel aux Consuls — et à la Passion du Christ... ; Cassiodore, qui calcule l'*anno mundi* dans l'*Epilogus*, ne date point ni le *Chronicon*, ni l'*Historia ecclesiastica vocata tripartita* ; et Isidore de Séville calcule les années à partir d'Adam dans les *Étymologies* — il en fait même usage dans son *Chronicorum Epitome* — c'est en « ère » d'Espagne qu'il date son grand ouvrage historique, *Historia Gothorum Wandalorum Svevorum*.

Le cas de Grégoire de Tours est typique. « Nous tâcherons, si Dieu nous prête son appui, de calculer la suite des années écoulées depuis la création du premier homme jusqu'au temps présent » — ainsi commence l'*Histoire ecclésiastique des Francs*. Le Livre I est de ce fait consacré à l'*Era mundi* (ou plutôt à l'*era hominis*). Qu'est-ce qui pousse Grégoire à cet exercice, et à y investir tant d'efforts (il s'y perd même, comme on l'a souvent souligné), alors qu'il connaît, mieux, vénère les calculs antérieurs, citant ceux d'Eusèbe, de Jérôme, d'Orose et de Victorius *(infra)* ? Question pertinente, car à partir du Livre II (397), il ne fait plus appel à l'ère du monde[8], ni à aucune autre ère. Dès lors, sa terminologie temporelle obéit à une logique déictique : « Après la mort de... », « Ensuite », « Dans le même temps », « Cette année », « Cependant », « Vers le même temps », « Après cela », etc. Quant à l'époque récente, dont il maîtrise mieux les dates, Grégoire emploie les années de règne : « Dans la huitième année de Childebert », par exemple.

Pourquoi faire son propre calcul de l'*era mundi*, pourquoi ne pas l'employer ensuite ? — cette double question comporte déjà sa double réponse. Calculer les années qui séparent Adam du Christ est alors une convention du genre historien, une sorte de trait distinctif de ce métier, marqué par l'ambition de toujours écrire l'histoire universelle. Les variations, souvent minimes, mais parfois conséquentes, entre les divers calculs, les rendaient difficilement utilisables pour la datation moderne. Entre les 5503 de Jules l'Africain, les 5202 de Jérôme, et les 3952 de Bède, l'Église ne s'est jamais dérangée pour trancher. En 1738, Des Vignolles affirme avoir inventorié plus de 200 calculs différents, qui vont de 6984 à 3483 ans entre la Création et la Nativité : « Des libertez si fréquentes, si peu confirmées, et si peu fondées, ne me paraissent propres qu'à rendre incertaine la Chronologie de l'Écriture Sainte, et même à ébranler l'autorité des Livres Sacrez[9]. » C'est la meilleure illustration de l'indifférence de l'Occident médiéval envers les dates, les chronologies, les ères. Ainsi, pour être historien, il fallait alors calculer l'*annus mundi.* Pour écrire l'histoire, il fallait l'ignorer !

Ce paradoxe est rendu patent par la comparaison de la situation en Occident avec l'Orient et le Judaïsme, deux civilisations où l'*annus mundi* est bel et bien devenue ère officielle :

— À Byzance, pour des raisons amplement analysées par le Père Venance Grumel[10], l'ère du monde s'est graduellement imposée. Dans les milieux ecclésiastiques d'abord, où l'on rencontre des documents (rares) ainsi datés dès la fin du VIIe siècle ; dans la cour impériale, au Xe siècle ; chez les chroniqueurs, au XIe siècle. Trois facteurs, intimement liés, ont contribué à cette stabilisation : le centralisme byzantin ; le consensus sur la doctrine selon laquelle l'Incarnation avait eu lieu au milieu du VIe millenium, soit vers 5500 ; et l'« indexation » des calculs de l'ère du monde sur des calculs autrement plus importants pour la Chrétienté : le comput pascal. Or en ces temps, seul le souci de bien calculer Pâques pouvait créer une « ère » chrétienne.

— Le Judaïsme compte lui aussi en ère de la Création, et ce jusqu'à nos jours. La tradition veut que cette pratique remonte à l'époque talmudique. En réalité, on n'en trouve des traces qu'à partir du IXe siècle, et son emploi systématique date du Xe siècle. Ce fait ne manque pas d'étonner, vu la dispersion des Juifs qui les rendait alors peu propices à l'homogénéisation chronologique ou autre. On y reviendra.

Il y a une autre raison qui expliquerait l'insuccès de l'*era mundi* dans la Chrétienté occidentale : sa trop facile récupération eschatologique. Richard Landes l'a bien démontré[11] : les calculs plus ou moins savants, ceux qui acceptent littéralement les chiffres des Écritures, ne tardent pas à buter sur la rencontre des Six Époques et des Mille Ans. Saint Augustin divise la vie terrestre de l'homme en six époques, d'Adam à la fin des temps, la septième étant celle du retour du Christ, alors que l'*Apocalypse* XX annonce la venue de Satan après les derniers mille ans. Rencontre explosive, en effet, qui rend imminent l'an 6000, de sinistre perspective. (Notons que le Talmud parle aussi de 6000 comme l'âge du monde ; mais d'autres rabbins proposent le premier 4291, le deuxième 7000, le troisième 5000 ; voir *Sanhedrin*, 97). Et même si saint Augustin interdit toute interprétation littérale des Mille Ans, de même que tout calcul de la fin du monde, la tentation était trop grande. Ceci explique la dissociation entre le calcul eschatologique et le travail historique — Landes démontre d'une façon convaincante le caractère anti-historique de l'*Era mundi*, orientée plutôt vers l'avenir. Ceci explique aussi l'effort de l'Église pour reculer la date fatidique de 6000 en réduisant, de plus en plus, l'espace entre Adam et Christ. Au bout de la chaîne, Bède le Vénérable, qui propose en 725 un calcul tout à fait original, à la limite de l'hérésie, s'écartant de la moyenne jusque-là acceptée — ca. 5200 ans — de quelque 1 300 ans ! Ce faisant, Bède repousse l'an 6000 à une certaine « science-fiction » (pour l'époque s'entend ; car nous n'en sommes pas si éloignés à présent, l'an 2048 étant, selon ce calcul, une date de très mauvais augure...).

* * *

Si Grégoire de Tours, historien, se privait de toute chronologie, même de celle qu'il a lui-même établie, à plus forte raison ses contemporains s'en passaient allègrement. Certes, le panorama qu'on vient d'esquisser donne l'impression d'une panoplie extrêmement riche : l'homme de *notre* 550 pouvait vivre en l'an 862 de l'ère séleucide, en l'an 588 de l'ère d'Espagne, en l'an 266 de l'ère de Dioclétien (dont il sera question plus loin). Il n'en fut évidemment rien. La preuve : chaque document daté en une de ces « ères » est une véritable trouvaille scientifique, objet d'un article à lui seul... Selon notre conception, il faudrait plutôt parler de sociétés *a-chronologiques* — « a-chronologiques » n'est pas à confondre avec « a-historique », *a fortiori* pas avec « a-temporel ». Tout permet en effet de supposer que la conception du Temps d'un homme qui ne connaît qu'« après la mort de X », « un peu plus tard », ou « lors de la troisième année du règne de Y », diffère radicalement de la nôtre. Pour revenir au rapprochement, problématique mais fécond, entre temps et espace, A1. « après la mort de Philippe-Auguste » est à A2. « ca. 1224 » et à A3. « Moyen Âge central » ce qu'est B1. « juste à la sortie de Rouen, sur la route qui mène à Paris », à B2. « 49° 30' N, 1° 10' E » et à B3. « département de Seine-Maritime ». A1 et B1 sont des propositions renvoyant à une logique fragmentaire, close sur elle-même, A2 et B2, à un système d'ensemble, à une continuité extérieure et indépendante, A3 et B3, à un découpage qui repose sur cette continuité fixe.

C'est pourtant à ces hommes « sans chronologie » que nous devons l'ère chrétienne. La question n'est donc pas d'ordre factuel, mais d'ordre fonctionnel : pourquoi inventer une chronologie chrétienne dans une société qui se passe de toute chronologie ?

Primauté au calendrier : Pâques

L'ère chrétienne ne serait qu'un instrument, parmi tant d'autres, dans l'« impérialisme » intellectuel, culturel, social de l'Église. Cette hypothèse, la première venant à l'esprit, n'est pas tenable, non pas à cause de son caractère intentionnel *a posteriori* — quelle explication y échappe ? —, mais parce qu'elle est en contradiction avec l'indifférence patente de l'Église en cette matière. On l'a vu : l'Église ne s'est jamais prononcée sur l'ère à adopter ; elle n'a pas tranché les débats sur la *date* de la Création ; elle n'a même pas légiféré la *date* de l'Incarnation ni de la Passion.

Elle s'est par contre beaucoup occupée du *jour* de l'Incarnation et de la Passion. Pour bien comprendre cette histoire, il faut voir que *les préoccupations temporelles de la chrétienté ne sont point chronologiques, mais calendaires.* Et dans le calendrier, ces deux jours ont la prééminence, car ils décident des deux principales festivités chrétiennes, Noël et Pâques (on verra que l'ordre d'importance est inverse). Ainsi, on pouvait jongler avec l'*era mundi* sans être inquiété outre mesure. Mais le premier concile, celui de Nicée, a déjà proclamé hérétique une pratique pascale « judaïsante », celle des Quartodecimans, qui fêtaient Pâques le 14 nissan ; trois siècles plus tard, l'*establishment* ecclésiastique combat l'Église irlandaise pour la même raison. De fait, pas une Église qui ne se soit prononcée sur Pâques.

« Calendrier » et « ère » sont devenus quasi-synonymes dans les dictionnaires et encyclopédies modernes, l'article sur l'un ne manquant pas de renvoyer à l'article sur l'autre. Il s'agit pourtant de catégories temporelles différentes, l'une étant logiquement antérieure à l'autre. *« Calendrier »* désigne la division *de l'année* : en saisons, en mois, en semaines, en jours, et les pratiques civiles et liturgiques qui leur sont assignées. *« Ère »* désigne la continuité *des années* qui se succèdent à partir d'un point de départ fixe. Il n'y a donc pas d'ère sans calendrier, mais pas vice versa : le calendrier est la condition nécessaire de l'ère, mais pas sa condition suffisante. Le chapitre de *Temps et récit* intitulé « Le temps calendaire » illustre parfaitement la confusion ; en y énumérant « les trois traits communs à tous les calendriers », Paul Ricœur, suivant Émile Benveniste, cite « le moment axial à partir duquel tous les événements sont datés ; c'est le point zéro du comput »[12] — or ce trait ne concerne que les rares calendriers devenus ères.

L'évolution divergente des divers calendriers le démontre assez. L'écrasante majorité, tel le calendrier égyptien, qu'on affirme être le plus ancien, n'a jamais dépassé le cadre de l'année. Une petite minorité a développé des cycles d'années : de soixante dans les calendriers asiatiques, chacun composé de cinq mini-cycles de douze animaux et de six mini-cycles de dix pierres précieuses — ou encore de cinquante deux dans le calendrier maya. Ils ne sont pourtant pas passés au stade « ère », car les cycles, comme l'indiction, ne sont pas numérotés[13]. Enfin, les calendriers devenus ères à part entière, dont le musulman, le chrétien et le juif, constituent les cas paradigmatiques (uniques ?!).

Écartant les premiers, notre démonstration gravitera autour de l'opposition entre *calendrier ↔ cycle* et *calendrier → ère (→ histoire)*[14]. Les flèches l'indiquent : le propre du cycle est de se replier sur le calendrier qui le commande ; l'ère, par contre, est linéaire par définition, non seulement à cause de son caractère unidirectionnel[15], mais aussi à cause de son autonomie par rapport au calendrier. Ma thèse est que *l'ère chrétienne est le sous-produit tardif et non recherché d'un calendrier ↔ cycle.*

Pour le démontrer, il nous faut venir aux problèmes temporels rencontrés par l'Église « primitive »[16]. Le calendrier ecclésiastique a pour base le calendrier romain (julien) qui est solaire. Les fêtes chrétiennes substituées aux fêtes païennes, tel Noël, ne posent, de ce fait, aucun problème : ce sont les fêtes *fixes.* Mais le calendrier ecclésiastique comporte aussi des rémanences juives, or le calendrier juif est lunaire et ajusté sur le soleil tous les quatre ans. Rappelons que l'année solaire est plus longue que l'année lunaire, car le mois lunaire ne dure que 29 ½ jours. En conséquence, les fêtes juives christianisées n'ont pas de date fixe sur le calendrier julien, elles sont *mobiles.* Dont Pâques, la plus ancienne des fêtes, qui date de la période judéo-chrétienne (alors que Noël ne date que du IVe siècle au plus tôt), Pâques, la plus importante des fêtes, qui commémore la Passion et la Résurrection, qui détermine aussi la Semaine Sainte, le Dimanche des Rameaux et du Carême, l'Ascension, la Pentecôte !

L'Église était ainsi confrontée à un problème d'une complexité et d'une gravité extrêmes : comment assurer que le monde chrétien, qui vit au rythme du calendrier solaire, observe le *même* jour une Pâque « lunaire » ? Vu l'ambition d'une Église universelle, il était insupportable que chaque communauté la fête selon ses propres calculs — c'est ce qui s'est pourtant le plus souvent passé ; deux exemples : en 417, Rome fête Pâques le 25 mars, Alexandrie le 22 avril (Jones, p. 56) ; en 590, dit Grégoire de Tours, Pâques fut fêtée à Tours le 2 avril, mais ailleurs en Gaule le 26 mars[17].

Le problème fut d'une telle gravité que pratiquement tous les grands de l'Église s'y sont penchés avec plus ou moins de bonheur. Pour le résoudre, il fallait accumuler les précédents historiques, base essentielle des calculs ; trancher sur la démarcation d'avec la Pâque juive ; améliorer les instruments scientifiques permettant d'établir des tables pascales de plus en plus performantes,et imposer les tables ainsi déterminées. Peser sur l'« affaire Pâques » passait ainsi par l'histoire, la théologie, l'astronomie, les mathématiques — et le pouvoir. D'où l'abondance de cette littérature[18], d'où aussi sa centralité dans la production intellectuelle chrétienne tout au long du premier millenium.

Des cycles d'ajustement entre l'année lunaire et solaire ont existé depuis longtemps. Mais le besoin de stabiliser la liturgie chrétienne en a transformé l'échelle. L'histoire des cycles est celle de la cristallisation des différents rites, des différentes Églises : à Rome, en Irlande, en Angleterre, à Alexandrie, à Byzance, en Arménie. De cette histoire, qui reste en grande partie à écrire, on ne retiendra que ce qui a directement trait à l'ère chrétienne — d'où l'accent sur son *historicité.* Pour rédiger une table pascale performante, une certaine connaissance du passé est forcément requise, dans la récolte des témoignages des Pâques anciennes : « Si je pouvais créer une table pascale pour tous les temps, écrit Victorius d'Aquitaine en 457, je pourrais tester tous les cycles avec les Pâques déjà connues et connaître ainsi leur validité » (Jones, p. 63) —, et dans le choix d'un point de départ historique fixé une fois pour toutes.

La première table est rédigée vers 400 par Théophile, évêque d'Alexandrie, qui la dédie à Théodose le Grand : « J'ai placé l'année de votre premier consulat [380] à la tête de la table, car il est convenable qu'après votre temps, chaque fois que quelqu'un de l'Église d'Alexandrie cherche une date absolument certaine de Pâques, il aura à renconter votre nom. Ainsi votre nom sera pour toujours préservé parmi les hommes » (Jones, pp. 29-30). Celle de Cyrille, neveu et successeur de Théophile, diffère de la première sur deux points. Le premier point, purement computistique, fera sa fortune : l'oncle a rédigé une table de 100 ans, chiffre sans fondement astro-mathématique, alors que le neveu choisit 95 ans, soit cinq cycles de 19 ans, choix que Bède le Vénérable prouvera être le plus apte à concilier année solaire et mois lunaires. Deuxième point, historique, Cyrille ouvre sa table par la prise de pouvoir par Dioclétien : 284 — ainsi naît l'« ère de Dioclétien », dite aussi « ère des martyrs »[19], utilisée par l'Église copte au XVIIe siècle encore[20].

En Orient, les tables de Cyrille ont vite fait autorité. En Occident, par contre, il n'y avait point de consensus pascal. À la suite des débats déchirants autour de la Pâque de 455, Hilaire, archidiacre du pape Léon le Grand (440-461), commande à Victorius d'Aquitaine une table. Celle-ci présente deux particularités : c'est la première table officielle à Rome ; elle part de la Passion du Christ (qu'il situe en l'an 28 de « notre ère »). L'ère de la Passion, que je croyais issue de mon imagination, est née il y a plus de quinze siècles déjà...

Elle a failli être dès 433, avec la *Chronique* de Prosper d'Aquitaine qui, après avoir longuement calculé l'*annus mundi*, opte, dans la partie moderne de son ouvrage, pour la Passion. Il est significatif que le premier point de départ chronologique purement chrétien, après les Consuls, la Fondation de Rome, Dioclétien, voire Abraham, soit la Passion. La Passion, non pas l'Incarnation. Mais à y réfléchir, quoi de plus logique ? Historiquement, c'est à la mort, et non pas à la naissance du Christ que la nouvelle religion se lança à la conquête du monde ; liturgiquement, Pâques comptait bien plus que Noël, dont la première apparition attestée en Gaule date de 461[21]. La primauté de Pâques a été respectée tout au long du Moyen Âge, comme l'explique Georges Duby : « Dans le christianisme du XIe siècle, Pâques avait beaucoup plus d'importance que Noël. Autour de cette fête s'organisait le cycle liturgique ; elle marquait le début de l'année. Et dans l'existence des hommes, en un temps où se développaient les rites de funérailles et de la célébration des défunts, c'était l'anniversaire du décès d'un homme, et non point celui, mal connu, de son entrée dans le monde, qui était l'objet d'attention et de cérémonie[22]. »

Préférer, à l'Incarnation, la Passion, et dans une chronique, et dans une table pascale, reflétait donc parfaitement la logique chrétienne du Temps. Mais de là à parler d'« ère » il y a une distance que l'histoire ne permet point de survoler. R.L. Poole pèche par anachronisme en affirmant que « le cycle de Victorius était en passe de devenir une ère [l'ère de la Passion...] quand l'écriture historiographique s'est éteinte dans la nuit du VIIe siècle », appuyant cette affirmation sur une seule source, la *Paschale Campanum*, c. 600[23]. Comme il serait futile de voir une « ère de la Passion » dans les deux cas où Grégoire de Tours se donne la peine de dater : « De la Passion du Seigneur jusqu'à la mort de saint Martin, on compte 412 ans »[24]. L'an de la Passion de Prosper relève de la curiosité, car complètement isolé, l'indifférence de l'époque envers ce genre d'exercice étant totale. Quant à la table de Victorius, elle avait « tout » pour produire une proto-ère : la sanction de Rome, le choix de la Passion, la découverte du grand cycle pascal de 532 ans, cycle théorisé par Bède en 725. Mais pour cela, elle devait d'abord s'imposer comme table. Or pour des raisons difficiles à élucider, à part en Gaule[25], ainsi que des traces sporadiques en Espagne, en Afrique, en Irlande, elle ne s'est jamais imposée[26]. Et sans table universelle, point d'ère universelle !

De Denys le « vulnérable » à Bède le Vénérable

La version canonique veut que l'inventeur de l'ère chrétienne soit Denys le Petit — Dionysius Exiguus. « Moine », « Scythe », « petit », « c. 500-c. 560 », de sa biographie on ne sait pas grand-chose. Il est crédité d'un recueil de 401 canons ecclésiastiques, en particulier ceux du Concile de Nicée ; il est connu pour ses tables pascales, version modifiée des tables de Cyrille d'Alexandrie ; il est célèbre pour le point de départ qu'il leur a choisi : l'Incarnation du Christ, par lui fixée au 25 décembre de l'an 753 de la Fondation de Rome.

Qu'est-ce qui incite Denys à établir une table pascale ? Qu'est-ce qui le pousse à la commencer avec la Nativité ? En 525, date de la rédaction, on ne trouve plus de trace à Rome de la table de Victorius d'Aquitaine — rien ne prouve d'ailleurs qu'elle y fût, à une période quelconque, observée. La table cyrillienne est alors en vigueur ou, selon quelques historiens, c'est Denys qui leur a octroyé le statut de canon nicéen (Jones, pp. 70-73). Cette table s'arrête en 531, il faut la prolonger, Denys s'en charge, il bute sur le choix de Cyrille : « Saint Cyrille fait commencer son premier cycle en l'an 153 de Dioclétien et achever le dernier en l'an 247 ; plutôt que de commencer en l'année 248 de ce même tyran, nous avons refusé d'infecter l'esprit des nôtres de la mémoire d'un impie et d'un persécuteur et nous avons préféré compter à partir de l'année de l'Incarnation de notre seigneur Jésus Christ[27]. »

Est-ce l'acte de naissance de l'ère chrétienne ? Pas selon Denys, qui dit suffisamment clairement que son unique souci est le cycle pascal. Mais les meilleurs historiens refusent de le croire. Jones : « On a justement remarqué que Denys n'a pas reconnu les usages éventuels de son innovation. Peu d'inventeurs l'ont fait » (p. 117) — le voici membre d'une lignée d'inventeurs illustres « par hasard », qui va d'Archimède à Newton à Mendel à Alexander Fleming. Fleming, justement, qui a « découvert » la pénicilline sans s'en rendre compte (1927) ; mais même s'il fallait attendre les travaux de Chain et de Florey pour que s'en dégage le sens pharmaceutique (1939), la communauté scientifique lui a rendu son dû, en lui attribuant le prix Nobel (1945) avec Chain et Florey. Il en irait donc de même de l'ère chrétienne. Bède le Vénérable l'a certes officialisée, mais il a lui-même reconnu à Denys le Petit les droits d'auteur — et la communauté historique l'a docilement suivi.

Analogie attrayante, mais fausse. Denys n'a pas découvert l'an I de l'Incarnation, il l'a inventé — il l'a même très mal calculé... Plus important, les travaux de Chain constituaient le prolongement logique, quasi nécessaire, de ceux de Fleming ; alors que ceux de Bède, computiste *et* historien, impliquaient un saut conceptuel, du cycle à l'ère, qui était inconcevable pour Denys. La preuve : hors table pascale, il ne fait appel ni à l'an de l'Incarnation ni à une autre « ère ». *Dionysus Exiguus ne date pas.*

La diffusion du cycle dionysien est un sujet de débat entre spécialistes. Retenons l'absence d'accord comme révélateur : le cycle de Denys avait autant de mal à circuler que les cycles précédents. On en trouve des traces ici et là, mais il ne se dégage pas de la multitude des tables pascales disponibles alors en Occident. Puis en 664, le Concile de Whitby l'adopte officiellement[28]. Désormais, les annales anglaises, sorte d'annexes des tables pascales, sont datées en an de l'Incarnation. Mais la datation et la chronologie ne sont point à l'ordre du jour : même l'Église d'Angleterre ne date ainsi ses documents qu'après le Concile de Chelsea en 816. Car pour « linéariser le cycle », il fallait d'autres préoccupations, il fallait surtout un esprit hors du commun.

Soit *Bède le Vénérable (Beda Venerabilis)*, l'abbé de Jarrow (c. 673-c. 735)[29]. Comment lui rendre hommage, à cet homme qui incarnerait à lui seul la rupture entre le VIIe et le VIIIe siècle, annonçant ce qui va devenir la « renaissance carolingienne »[30] ? Théologien majeur, Bède s'est forgé une spécialité qui lui assurera sa postérité : le Temps. Il lui consacrera une *série* d'ouvrages, qui le mènera du temps cyclique, pascal, au temps linéaire, historique. Du comput à l'histoire.

703 : *De Temporibus Liber.* À peine ordonné, Bède rédige une initiation pédagogique aux problèmes calendaires (dont l'importance peut se mesurer par le nombre de manuscrits : 60, dont 20 au moins sont du IXe siècle). Il y est question du cycle de 19 ans, bien entendu, ainsi que de Denys le Petit (chapitre xiv) — mais pas de l'an de l'Incarnation. Un seul chapitre , le dernier, laisse présager l'intérêt de Bède pour le calcul des années — mais dans la vieille tradition, celle de l'*era mundi.* C'est ici qu'il propose son calcul peu commun où des 5199 (ou 5201) ans entre Adam et le Christ d'Eusèbe-Jérôme, sans parler des 5500 des Alexandrins, il passe à 3952 ! (Curieusement, ce chiffre n'est pas loin de l'ère juive de la Création, qui donne 3761, ni du premier calcul « scientifique » de Josèphe-Juste Scaliger, qui propose (en 1583) 3949.

725 : *De Temporum Ratione*, le texte immédiatement reconnu comme définitif sur la question pascale, somme et sommet de la littérature computistique (Jones en recense 133 manuscrits, 50 du IXe siècle ; pp. 141-161). Sommet, car il propose la théorisation scientifique du grand cycle victorien de 532 ans. Somme, car il révèle une connaissance encyclopédique de la question[31]. Pour des raisons techniques, le *De Temporum* est construit comme une défense de Denys le Petit contre les autres, en premier lieu contre Victorius d'Aquitaine. Ce faisant, Bède tranche pour l'an de l'Incarnation contre l'an de la Passion (chapitre xvii, *« De annis Dominicae Incarnationis »*). Les jeux sont faits — mais « notre » an de la Passion n'est pas passé loin.

Les « jeux » sont faits, certes, mais uniquement sur le front pascal. Ainsi, la *Chronique* qui clôt *De Temporum Ratione* date encore en *era mundi*. La projection du temps cyclique sur le temps linéaire constitue un saut intellectuel que le Bède computiste n'effectue pas. Pas encore.

731 : *Histoire ecclésiastique du peuple anglais*. L'ouvrage a littéralement sauvé de l'oubli quelque cent cinquante ans de l'histoire anglaise (ce qui n'est pas sans rappeler le « sauvetage » du VIe siècle gaulois par Grégoire de Tours). Il s'agit aussi d'un des grands « best-sellers » de la littérature historiographique médiévale, dont voici la liste :

1. Paul Orose, 245 manuscrits ;
2. Geoffroy de Monmouth, 200 ;
3. « Turpin », 170 ;
4. Bède, 165 ;
5. Vincent de Beauvais, 100 ;
6. Grégoire de Tours, 50 ;
7. Froissart, 49 ;
8. Sigebert de Gembloux, 43[32].

Bède doit ce succès d'abord au milieu dans lequel il a évolué, l'Église anglaise. Seule celle-ci permettait alors l'érudition et la maîtrise technique que le travail de Bède impliquait. Seule celle-ci lui permettait une si grande et rapide diffusion, grâce à l'emprise des moines britanniques sur la vie religieuse, donc intellectuelle et politique, de l'Occident chrétien — et christianisé en grande partie par eux[33]. Sans l'exportation massive de ses écrits, à la limite du « dumping », il aurait pu devenir un génie méconnu, ou très peu connu, de plus. Mais si la diffusion est œuvre collective et posthume, les innovations chronologiques appartiennent à Bède seul.

J'insiste sur *L'Histoire* de Bède, car elle constitue selon moi le véritable « acte de naissance » de notre ère chrétienne, mieux, elle marque la naissance de l'ère tout court. « C'est son système de dater l'histoire à partir de l'an de Grâce qui constitue sa contribution majeure à l'écriture historique[34]. » Mais en quoi consiste au juste l'originalité de Bède ? Elle n'est tout de même pas dans l'adoption de l'an de l'Incarnation ; en ces temps d'« indifférence chronologique », ce type de choix n'avait guère de signification, chaque historien ayant la liberté totale en la matière. J'avancerai une série de facteurs.

Selon la classification proposée par Poole, Harrison, Guenée, le Moyen Âge disposait de trois genres assez distincts pour dire le passé : annales, chronique, histoire. Les annales enregistraient le temps « en direct » ; la chronique était une sorte d'« abrégé » de l'histoire universelle ; l'histoire, un récit élaboré. Les annales et les chroniques, par leur nom déjà, étaient ancrées dans la chronologie, servant aussi, surtout, d'archives pascales (exemple le plus ancien : la *Chronique pascale de 354*[35]). L'histoire ne l'était pas, ainsi chez Eusèbe, dont la *Chronique* est datée, mais non l'*Histoire ecclésiastique*[36], ainsi chez Cassiodore. Il ne faut pas suivre à la lettre cette classification, trop figée — plutôt que de genres, parlons de registres — pour voir, dans l'entreprise de Bède, une synthèse originale et longtemps unique d'annales, chronique et histoire.

Pour effectuer cette synthèse, il fallait manier et le temps pascal et le temps historique. Les deux versants du Temps, comput et histoire, relevaient de deux compétences distinctes. Jérôme, Orose, Cassiodore, Grégoire, Isidore, s'ils n'étaient pas indifférents à la question pascale, n'ont pas apporté de contribution computistique originale. Bède est donc le premier grand historien qui est aussi, et d'abord, grand computiste, *la* référence dans les deux disciplines.

Si Bède combine Pâques et Histoire, c'est que pour lui les deux sont inséparables. Expliquons-nous. La raison d'être de l'*Histoire* de Bède est de « raconter l'histoire du développement du plan divin pour la conversion du peuple anglais et la construction d'une Église unique dans le pays »[37]. Or la conversion des païens comme celle des chrétiens « hérétiques » (i.e. acquis à la cause irlandaise) passe par Pâques ! Le leitmotiv de l'*Histoire ecclésiastique* peut être donné en huit mots : *Sans pratique pascale commune, point d'Église anglaise.* La question pascale est donc traitée à longueur de pages, dans des endroits on ne peut plus stratégiques de l'argument, comme le premier discours de saint Augustin de Canterbury, adressé aux évêques britanniques en 603 :

> « Vous faites de nombreuses choses qui sont contraires à nos coutumes ou plutôt aux coutumes de l'Église universelle. Toutefois, si vous êtes prêts à vous soumettre sur trois points, nous serons contents de tolérer le reste. Les trois points sont : *observer Pâques au moment convenable* ; accom-

> plir le sacrement du baptême ; prêcher avec nous la parole de Dieu au peuple anglais » (II, 2).

Le contentieux n'a pas été réglé, les hostilités pascales entre Anglais et Irlandais continuant tout au long du VIIe siècle. En 664, l'adoption des tables dionysiennes à Whitby — sous l'impulsion de Wilfrid, maître de Bède — aboutit à une nouvelle rupture entre les deux églises. Et les deux dernières conquêtes « catholiques », des païens pictes (715) et des moines réfractaires d'Iona (716), ne peuvent avoir qu'une expression, leur adhésion aux tables anglaises, établies par Bède (*Histoire*, V 21, 22). L'Église de l'Angleterre *est*. Et elle a *une* Pâque, et *une* ère dérivée des tables pascales pour raconter enfin *son* histoire. Tables pascales et Histoire qui ont assuré, à leur tour, le succès de l'an de l'Incarnation.

Avant d'évaluer les atouts de l'ère de Bède le Vénérable, survolons l'historique toujours tâtonnant de sa diffusion.

L'ère chrétienne après Bède, une si lente histoire

Car le succès s'est fait encore longtemps attendre. L'invention, géniale, ne pouvait métamorphoser d'un trait l'indifférence chronologique de l'époque. Les documents des VIIIe-Xe siècles montrent une demande en datation chronologique des plus limitées, malgré la disponibilité d'un système si performant. Même l'Église ne se presse pas de l'adopter : 816 en Angleterre, 969 à Rome. Les chancelleries royales non plus, comme le montre le cas franc. En 742 apparaît le premier document officiel daté en ère chrétienne sur le continent, des canons des premiers conciles francs de 742, 743 et 744. On y note l'influence anglo-saxonne, mais surtout le fait que le trône était alors vacant, ce qui privait les Francs du système classique de la datation en années de règne. Dès l'avènement de Pépin le Bref, la Cour délaisse cette pratique[38], elle la retrouvera en 967, deux intervalles mis à part. En 800-814, Charlemagne se met à dater en an de l'Incarnation, le sacre n'étant pas étranger à cette décision. En 876-898 (sous Charles le Chauve et Eudes), par une importation d'outre-Rhin,

876 étant aussi la date de l'entrée de l'an de l'Incarnation dans la chancellerie de Louis le Germanique, frère de Charles.

« Au Xe siècle, écrit Gibbon, l'usage de l'ère chrétienne est devenu légal et populaire[39]. » Peu fondé, ce constat a pourtant raison sur un point : à partir de 960 environ se multiplient les documents datés. Pas uniquement en ère chrétienne. Celle-ci cohabite toujours avec d'autres systèmes, en premierlieu avec l'Indiction et les années régnales, et même avec la Passion au XIIIe siècle encore. Gervais de Canterbury (1145-1210) se plaint de l'anarchie chronologique en plein XIIe siècle[40]. L'ère est toujours réservée aux cours, aux monastères et aux historiens. Très tard encore des gens instruits ignorent en quelle année ils sont. Cependant, le Xe siècle marque un tournant dans la diffusion de l'ère chrétienne. Pourquoi ?

La pacification de l'Europe, après les dernières invasions sarrasines, hongroises, normandes pourrait servir d'explication. Le calme signifiait une réglementation légale des biens. Pour défendre leurs droits, les monastères compilent des cartulaires à partir du Xe et surtout du XIe siècle ; du coup, les historiens-moines revendiquent l'usage des documents originaux[41]. Ce sont donc les archives des monastères et des cathédrales qui commandent les histoires, qui les rendent possibles. Les historiens se mettent à rédiger des histoires de leur ordre, monastère, abbé ; et même lorsqu'ils « visent plus haut », ils restent tributaires de ces archives, donc des annales/tables pascales.

L'explication est partielle, car elle ignore que le phénomène dépassait alors le cadre de la chrétienté occidentale, donc de « notre » ère chrétienne. La fin du Xe siècle a en effet vu la cristallisation, autour de la Méditerranée, non pas d'une, mais de quatre ères : l'Incarnation, l'*era mundi* byzantine, l'*era mundi* juive, l'Hégire.

En Orient chrétien, on l'a vu, les calculs de l'*anno mundi* remontaient au IIe siècle ; mais, écrit Grumel, « on peut dire que la prédominance et la généralisation définitives de l'ère byzantine se situent vers la fin du Xe siècle [...] il faut descendre jusque dans la deuxième moitié du Xe siècle pour rencontrer des documents patriarcaux partant d'années du monde » ; les autres types de documents ont suivi : les documents impériaux dès 988, les chroniques à partir du XIe siècle[42]. Quant à l'ère de la Création juive, si elle est attestée pour la première fois en 822 et en 827, au sud de l'Italie, son emploi systématique date du Xe siècle, en Italie et en Espagne[43].

Ces dates et ces lieux renvoient bien évidemment à l'Islam. Celui-ci est alors maître de l'Espagne, de l'Afrique du Nord et de la Sicile ; il a aussi une suprématie intellectuelle non contestée, avant tout en mathématiques et en astronomie[44]. Or l'Islam est alors la seule religion-civilisation qui applique une chronologie canonique et unifiée, l'ère de l'Hégire : « Selon les autorités les plus fiables, ce fut 'Umar Ier, le second calife (634-644), qui introduisit l'ère en usage dans le monde musulman. Quand on attira son attention sur le fait que ses lettres n'étaient pas datées, il consulta les hommes de Médine puis ordonna que l'année de l'Hégire, la fuite du Prophète de La Mecque à Médine, servirait d'ère pour l'État et la communauté musulmans[45]. »

Il se peut donc que l'interférence culturelle — terme plus adéquat qu'« influence » — soit à l'origine de cette conquête simultanée de la chronologie[46]. S'il en était ainsi — je suis conscient du statut uniquement suggestif de l'hypothèse — l'ère chrétienne serait le « vecteur » de deux forces, l'anglaise et l'arabe, qui s'ignoraient apparemment — le hasard, dit Cournot, est la rencontre de deux chaînes causales indépendantes...[47]. Ainsi, l'ère ayant le point axial le plus tardif (622) aurait servi de « locomotive » aux ères aux points de départ reculés (la Création et l'Incarnation) ; mais la dernière venue, l'ère chrétienne, s'est assurée un quasi-monopole chronologique : la Turquie, héritière de la culture byzantine puis arabe, n'emploie que l'Incarnation ; des pays musulmans, seuls ceux de la Péninsule arabe restent fidèles à 'Umar, alors que les autres, tels l'Égypte, le Maroc, la Syrie, emploient ère chrétienne et ère de l'Hégire ; plus compliquée encore est la situation en Israël, où on vit et on date en ère chrétienne, tout en rendant un hommage appuyé mais marginal à la Création et à l'Hégire.

À quoi sert l'ère Bèdienne ?

L'Histoire passe par la chronologie — et cette chronologie est couchée en ère chrétienne. En quoi sert-elle à mieux appréhender le Temps ? Selon moi, l'emploi qu'en fait Bède annonce déjà la plupart des atouts de son invention.

— *Orientation.* L'ère est de nos jours indispensable à répondre à la question « en quelle année suis-je maintenant ? ». Qui se la posait au VIIIe siècle trouvait l'année du règne de pâle secours, *a fortiori* les systèmes relatifs telle l'indiction[48].

— *Linéarité, continuité, régularité.* Dans la chronologie en ère chrétienne, une année, 680 par exemple, cesse d'être le fragment d'un collage, dont la construction dépend uniquement de l'art de l'historien, elle devient un morceau d'un puzzle prédessiné par le système même de la numérotation. Chaque année ne vaut *a priori* qu'une unité dans ce système : on peut évoquer, une fois de plus, la célèbre définition que Roman Jakobson donne de la fonction poétique : « Projeter le principe de l'équivalence de l'axe syntagmatique sur l'axe paradigmatique. »[49] En d'autres termes, il existe une équivalence de principe — Jakobson va jusqu'à parler d'équation — entre 680, 679, 681 — et aussi 1789 ou 1917. La chronologie renvoie à une continuité à cadence régulière du type 1787=1788=1789=1790. Et plus exactement, à une causalité du type 1787=>1788=>1789=>1790.

— *L'art de la mémoire.* La chronologie unifiée présente des avantages *pédagogiques* incontestables. Dans la mémorisation du passé, les dates, avec les noms, sont les points de repère de loin les plus efficaces. L'*Histoire ecclésiastique* illustre parfaitement et la simplification que la chronologie unifiée implique, et les possibilités pédagogiques qu'elle offre. Soit la lettre envoyée par le pape Honorius Ier à Honorius, archevêque de Canterbury, qui porte la date : « Donnée le 11 juin de la 24e année du règne de notre très religieux empereur Heraclius et la 23e année de son consulat, la 23e année de son fils Constantin et la 3e après son consulat ; la 3e année de l'illustre César son fils Heraclius, 7e indiction — que Bède peut « traduire » en « DCXXXIIII » (634 ; II, 18). Simplification, donc, et récapitulation : « Afin d'assister la mémoire, j'ai pensé qu'il serait utile de récapituler les événements déjà traités, chacun sous sa date particulière » — c'est ainsi que Bède explique le *Sommaire des événements et des dates* qui clôt l'*Histoire* (V, 24). Qu'on essaie d'en établir de similaire avec une succession de datations « à l'ancienne », telle la lettre d'Honorius à Honorius...On peut, sans hésiter, affirmer que l'enseignement de l'Histoire est profondément marqué par l'invention de Bède le Vénérable, l'échec de la récente croisade antichronologique dans le système scolaire français en témoigne.

— *Périodisation.* « Dans la soixantième année avant l'Incarnation du seigneur, Caius Julius Caesar fut le premier Romain à faire la guerre aux Britanniques » (V, 25) : par ces mots, Bède invente la césure entre l'avant-et-l'après J.-C. Il s'agit d'une innovation d'autant plus étonnante qu'on ne la trouve nulle part ailleurs. Toutes les ères sont unidirectionnelles, elles n'enregistrent que les événements postérieurs au « moment axial », selon le langage de Benveniste. L'ère musulmane n'a jamais connu d'« avant l'Hégire ». Les Juifs ont failli développer un système bidirectionnel, celui de l'avant-et-l'après la destruction du Temple (an 70) ; mais cette supputation ne s'est jamais imposée comme ère. Innovation tellement étonnante, donc qu'elle n'a été reprise par l'historiographie que bien des siècles plus tard — pas plus tôt qu'au XVIIe siècle, par Petau, voire à la fin du XVIIIe siècle[30].

— *Unification de l'objet raconté.* J'irai jusqu'à dire que sans la chronologie unifiée et *neutre*, qui n'est pas ancrée dans un lieu, une dynastie ou une pratique religieuse, une histoire du *« peuple anglais »* — clairement distincte d'une histoire des peuples vivant sur le sol anglais — aurait été inconcevable, vu les documents disponibles. Citons un autre texte de Bède : « Au nom du Seigneur Jésus-Christ notre Sauveur, et au règne de nos très religieux seigneurs, à savoir Ecgfrith, roi des Northumbriens, dans la 10e année de son règne — 17 septembre et 8e indiction ; dans la 6e année du règne de Aethelbred, roi des Merciens ; et dans la 17e année de Ealdwulf, roi des Est-Angliens ; et dans la 7e année du règne de Hlothere, roi de Kent » (IV, 17), qui devient « 680 : un synode est tenu à Hatfield » (V, 24).

— *Indifférence contextuelle.* En datant « 7e année de Hlothere, roi de Kent », on est doublement conditionné quant aux informations pertinentes au récit. Pour employer le jargon linguistique, cette proposition renvoie à une synchronie et à une diachronie extrêmement limitées, spatiales (royaume de Kent), temporelles (règne de Hlothere, tout au plus de sa dynastie). « 680 », en revanche, parce que très peu marquée, est une proposition d'une ouverture *a priori* vertigineuse, qui inscrit le synode de Hatfield dans une contemporanéité indéfinie : ce qui s'est passé en Angleterre, en Europe, dans l'Univers, en cette année-là ; et dans la succession des années qui va de... à... Cela nous mène à un autre aspect de l'ère :

— *Causalité.* La narratologie distingue deux types de récits, l'additif (A + B) et le causal (A → B). L'écriture de l'histoire sans ère *tend* vers le premier type, aux termes clés tels « après », « cependant », « à cette époque », etc. L'écriture de l'histoire avec ère tend vers le deuxième, 680 étant la somme *et* le résultat des années qui lui succèdent. L'*Histoire ecclésiastique du peuple anglais*, par son caractère sciemment téléologique, nous en fournit l'illustration éclatante.

Récapitulons : *La chronologie unifiée permet à l'historien et à qui pratique le passé de voyager dans le Temps avec moins de risques de se perdre.* Il peut aller et venir, faire des « sauts » en arrière *(flash-back)*, en avant *(flash forward)*, sur les côtés (dans l'espace), des digressions de tout ordre, avec beaucoup plus d'aisance et de sûreté que son collègue sans ère. L'historien à ère, ayant ce garde-fou, peut plus facilement construire un sujet — l'ordre du texte —, où des considérations philosophiques, analytiques, esthétiques n'entravent pas si automatiquement la cohérence et l'intelligibilité.

Écartons tout malentendu. Un bon nombre d'historiens après Bède, disposant de la chronologie unifiée, n'ont pas pour autant excellé dans la cohérence. Alors que des historiens sans ère, Flavius Josèphe et Tacite, par exemple, ont eu une grande maîtrise de leur matériau. L'ère, toute ère, n'offre pas la garantie d'une écriture historique foncièrement mieux contrôlée que celle qui la précède. Il est pourtant plus facile de maîtriser le Temps — et l'espace — avec l'ère (chrétienne) que sans elle.

* * *

La première partie de cet ouvrage a vu se manifester une conviction centrale : l'existence *brute* d'un phénomène ne prouve en rien son existence *pertinente*. Dans tous les cas étudiés, j'ai insisté sur le décalage, allant de deux cents ans (l'ère chrétienne, l'An Mil) à mille ans (la césure de l'avant-et-après J.-C.) entre la première apparition matérielle de l'instrument temporel et son véritable acte de naissance. Pour parler génétique, il s'agissait d'instruments *latents*, jusqu'à ce qu'une configuration bien particulière vienne les (ré)activer.

C'est à travers une démarche qu'on appelle « déductive » faute de mieux que je suis arrivé à ces conclusions. Selon celle-ci, un phénomène aussi *étrange* que le découpage arithmétique du Temps ne pouvait pas germer puis lentement se développer — l'évolution régulière et téléologique aurait contredit son caractère « aberrant ». Décidément, l'ère, le siècle, l'An Mil devaient *émerger*, dans le sens de la *Entstehung* de Nietzsche revue par Foucault : « L'Émergence, c'est l'entrée en scène des forces ; c'est leur irruption, le bond par lequel elles sautent de la coulisse sur le théâtre, chacune avec la vigueur, la juvénilité qui est la sienne[51]. » Ils ont fait irruption grâce à une conjoncture unique qui rendait subitement fonctionnelles, presque nécessaires, ces possibilités qui étaient jusqu'alors contingentes, à peine visibles.

Un cas échappe en partie à ce scénario : l'ère chrétienne. On a certes démontré le moment miraculeux où un homme, Bède le Vénérable, transforme, en l'espace de trois ouvrages et de vingt ans, des techniques floues et contradictoires en une méthode sophistiquée. Mais on a aussi insisté sur le caractère éphémère de ce moment — les diverses leçons de Bède ont pris entre trois et dix siècles pour être comprises et retenues. Contrairement au siècle et à l'An Mil, je n'ai pas discerné de véritable émergence de l'ère chrétienne, mais une introduction millénaire. Ce constat a trois implications qui s'excluent : 1. J'ai mal cherché. 2. Le modèle d'« émergence » n'est pas universel. 3. L'absence d'irruption spectaculaire de la datation en ère fixe a eu des conséquences fâcheuses sur son emploi. Je pencherais plutôt vers cette dernière hypothèse. Tout se passe comme si le fait que l'ère chrétienne ait « sournoisement » glissé dans les mœurs historiques, dans les mœurs temporelles tout court, l'avait rendue « naturelle », intermédiaire incontournable pour penser et dire le temps. Or pour mêler le langage des Formalistes russes et celui de Foucault, ce qui est naturel, automatique, n'est jamais problématisé ; il devient de ce fait un écran opaque qui nous empêche de voir le monde, d'autant plus opaque qu'il est invisible !

La datation en ère consensuelle s'avéra incontournable dans l'écriture de l'histoire, ses avantages étant trop flagrants pour ne pas l'imposer partout. Un doute, là aussi, ne tarde pas à se glisser dans ce bilan si positif. Et si « maîtriser le Temps » n'impliquait pas forcément « mieux le saisir » ? Et si les avantages indiscutables fournis par la chronologie unifiée : orientation, mémorisation, périodisation, contextualisation, causalité, continuité, régularité —, constituaient autant d'obstacles dans l'appréhension du Temps ? En d'autres termes, il se peut que « voyager dans le Temps sans trop de risques de se perdre » ne soit pas la meilleure façon de le rendre intelligible. C'est la suspicion qu'on développera dans la deuxième partie, expérimentale, de l'ouvrage. Mais d'abord séparons-nous — dans la partie bilan — de notre protagoniste le siècle, à travers son plus flagrant rejeton, la fin de siècle.

CHAPITRE 6

La fin de siècle n'aura pas lieu

> *« Ce siècle qui nous intéresse surtout du fait qu'il renferme en lui la date de notre mort, ne m'a apporté qu'un stupide compte rendu dans le Zeit »*
>
> (Freud à Fliess, 8 janvier 1900[1])

Le 22 février 1300, le pape Boniface VIII publie la bulle *Antiquorum habet*, qui instaure le Jubilé — l'Année sainte — pour la même année (et à fêter tous les cent ans). Sans que l'« opinion publique » y soit préparée, les fidèles partent massivement pour Rome : « C'était la plus merveilleuse chose donnée à voir, car 200 000 pèlerins ont passé à Rome toute l'année, sans compter ceux qui sont arrivés et repartis. Et j'en témoigne, car j'y étais et l'ai vu. » Giovanni Villani, qui était alors à Rome pour affaires, en a été tellement bouleversé qu'il s'est mis à rédiger en 1300 sa grande *Chronique florentine.* Tout comme un autre pèlerin, Dante Alighieri, effectue en cette année de Grâce la descente en Enfer. « Au milieu de chemin de notre vie » (*Enfer*, I, 1) — né en 1265, il atteint en 1300 la moitié de la vie humaine (Isaïe).

Imagine-t-on, de nos jours, une telle spontanéité ? Des manifestations aussi grandioses sont préparées de longues années à l'avance : voir la vie politique américaine, qui respire au rythme quadriannuel, ou la française, qui ne jure que par le septennat, voir les Jeux olympiques et la Coupe du Monde de football. De même, on ne trouvera pas d'exemples médiévaux, ou même modernes, de commémorations longtemps anticipées tels le bicentenaire de la Révolution française ou le quadricentenaire de la « Découverte » des Amériques. Dans un autre registre, citons 1999, date clé de la vie à Hong Kong depuis des années déjà ; et surtout 1992 !

Ce n'est qu'un paradoxe de plus, dans une époque qui en connaît de plus spectaculaires : l'ère moderne, qui frappe les acteurs et les observateurs par l'« accélération de l'Histoire » (Cournot, Michelet, Daniel Halévy) — « Il est dit qu'il y a plus de différence entre nos jours et ceux de Napoléon qu'entre les jours de Napoléon et ceux de Jules César. Un siècle contre dix-huit[2] ! » —, se fixent des échéances « réalistes » de plus en plus éloignées. J'insiste sur « réaliste », car des six techniques de (pré)dire l'avenir énumérées par André-Clément Decouflé[3] : divination, prophétie, utopie, science-fiction, futurologie, prospective, ce sont les trois dernières qui ont de nos jours la cote, et parmi elles, la prospective, activité hautement rationnelle ; les énormes budgets qu'États et autres institutions lui octroient en témoignent. Économie, démographie, écologie, évolution (biologique !), peu ou point de domaine qui échappe à la furie prospective.

Dans ces activités florissantes, l'« horizon 2000 » occupe une place de choix. Depuis un siècle déjà : Hillel Schwartz[4] a ainsi recensé une dizaine de spéculations plus ou moins utopiques sur l'an 2000 écrites dans les années 1880-1900, dont l'interrogation englobe « notre religion en 1999 » (Florence Nightingale, 1873), la ferme végétarienne, la coopérative, la révolution socialiste (William Morris, 1890), l'espace, la cuisine, la chimie (Charles Richet, *Dans cent ans*, 1892) ; et même le *Golf in the year 2000 or, What Are We Coming To* (Londres, 1892). Depuis une quarantaine d'années, nos planificateurs assurent à ces rêveries un relais scientifiquement respectable, en s'acharnant massivement sur la même date magique, tout y passe : « *Raw Material Outlook for 2000* », *The Year 2000 and Mental Retardation*, *Le cheval à la fin du XXe siècle* (Michel Jussiaux, 1968) — et Schwartz d'inventorier des dizaines de spécimens, tous scientifiques, qui nous parviennent du Japon, de l'Indonésie, de l'Italie, du Portugal, de la Pologne, de l'Argentine, d'Hawaï, de la Hongrie, de l'Égypte, du Pérou, de partout.

« Bien que nous en soyons à trente ans, l'an 2000 hante les esprits (...) témoins en soient les concours, les articles, les expositions, les dessins dont le deuxième millénaire de notre ère est le sujet ou le prétexte. Les écoliers même s'y mettent (...) Pour 1900, une frénésie semblable s'était emparée du monde occidental (images, romans, jeux, dessins humoristiques, etc.), mais l'« esprit fin de siècle » n'avait pas commencé à la fin du second Empire et n'avait pas atteint de telles proportions[5] ». Un exemple anodin parmi des milliers (qui le sont aussi ?) : la revue *2000* est lancée dès 1966, une autre, *2001*, en 1971, alors que la première revue intitulée *XX*e *siècle* paraît en 1880 (la *Revue du XIX*e *siècle* ne paraît qu'en 1836). Est-ce à dire que nous sommes en train de surpasser notre modèle, à savoir la fin du siècle dernier ? Ou est-ce que, partis de trop loin, nous ne risquons pas d'arriver au but essoufflés, ratant ainsi la Grande Attente ?

Pour mieux préjuger des chances de succès d'un *remake*, il n'est pas inutile de sonder l'original. Dans son beau et contestable livre Hillel Schwartz annonce dès le titre la couleur : *Century's End. A Cultural History of the Fin de Siècle from the 990s through the 1990s.* Pour lui, guère de doute : la tradition, vieille de dix fins de siècle, n'est pas proche de disparaître, il s'en faut, car elle repose sur un substrat de civilisation, dont l'origine remonte bien évidemment à l'An Mil.

Or les terreurs de l'An Mil n'ont pas eu lieu. C'est la notion même de *remake* qui est sévèrement mise en difficulté. Selon les alarmistes de tous poils, l'an 2000 est censé rejouer 1000. Or que signifie la répétition d'une scène originelle fictive ? Pour Freud, ce serait un faux problème. Et pour l'historien ?

Car si l'An Mil n'a jamais existé comme fait historique, il a bel et bien existé — il *existe* — comme fait historiographique, il existe même comme fait » imaginaire » massif. La « preuve » : depuis la réfutation des terreurs universelles, qui remonte aux années 1870, l'An Mil n'a pas perdu un pouce dans notre vision du Moyen Âge, bien au contraire. Chassé par la porte de l'érudition, il revient par la fenêtre du fantasme. Eliminé comme moment apocalyptique, il ressuscite comme marqueur historique. La « fin du monde » a été ainsi remplacée par la « mutation de l'an mil[6] », *la crédulité des contemporains, par la rhétorique des historiens.*

L'équation « fin de siècle/millénaire = fin d'un monde », devenue dans l'historiographie française « fin de siècle = fin d'un monde = aube d'un autre monde » (FdS/ Mil=FDM=AdM), fait partie de notre bagage. Elle trouve sa source dans un faux An Mil. Pourquoi n'irait-il pas de même en 2000 ?

Dans ce livre, nous avons commencé par éliminer, de la liste des candidats à l'antécédence, la scène originelle de l'an 1000. Dans la foulée, ont été allègrement écartées les fins des sept siècles suivants, XIe-XVIIe. Avec plus d'effort on s'est débarrassé d'un candidat de taille, 1800, pour cause de rétrospectivité. Nous voici enfin dans le face-à-face pressenti dès le départ, entre notre fin de siècle, qui n'est pour l'instant qu'arithmétique, et *la* Fin de Siècle : les années 1880-1900. Pour réussir notre pari, prouver l'échec d'un *remake*, il nous faut démontrer soit que 1890 était unique : « On ne peut entrer deux fois dans le même fleuve » ; soit qu'on n'y a pas plus connu d'authentique « Fin de siècle » que les autres xx90 : « On ne peut entrer *une* fois dans le même fleuve ». Ou comme disent les Russes, pour préparer une soupe de lapin, il faut un lapin.

« Que le mot en lui-même soit tout à fait niais, c'est ce qu'il est inutile de démontrer. Seul le cerveau d'un enfant ou d'un sauvage a pu concevoir la grossière idée que le siècle est une sorte d'être vivant né à la façon d'un animal ou d'un homme ; qu'il parcourt toutes les phases de l'existence, enfance, jeunesse, âge mûr, puis vieillit et dépérit peu à peu, pour mourir à l'expiration de la centième année, après avoir subi dans les dix derniers ans les infirmités d'une pitoyable sénilité ». L'auteur de ces sages propos : Max Nordau (1849-1923). Lieu : début d'un des trois livres phares de la Fin de Siècle (avec *A rebours* et *Le portrait de Dorian Gray*) : *Dégénérescence* (1892-1893)[7]. Car la suite n'est pas de la même facture : « Mais si idiot que puisse être le mot “fin de siècle”, l'état d'esprit qu'il est destiné à définir existe en fait dans les groupes dirigeants. La disposition d'âme actuelle est étrangement confuse, faite à la fois d'agitation fiévreuse et de morne découragement, de crainte de l'avenir et de gaieté désespérée qui se résigne... » Puis l'inévitable modèle : « Ce n'est pas la première fois dans le cours de l'histoire que la terreur de la fin du monde saisit les esprits. A l'approche de l'an mille, un sentiment semblable s'empara des peuples chrétiens ». Médecin, Max Nordau se propose de traiter le « mal du siècle » en homme de science. On lira, entre autres, dans la première partie intitulée « Fin de siècle », des titres tels « Symptômes », « Diagnostic », « Etiologie » ; alors que la dernière, « Le vingtième siècle », s'achève par « Pronostic » et « Thérapeutique ».

Le livre a soulevé les passions. Traduit immédiatement en de nombreuses langues, il a rencontré d'innombrables réactions en France, en Italie, en Allemagne, en Angleterre et aux États-Unis. Citons Cesare Lombroso, qui en fait une critique plutôt élogieuse en 1895 (le livre lui est dédié...), citons Georges Bernard Shaw, qui prend la peine d'écrire un contre-Nordau : *The Sanity of Art* (1895)[8]. Il est d'autant plus mal-aisé de diagnostiquer le mal dont il est le symptôme, si mal il y a. On l'a toujours lu d'une façon littérale, à savoir comme un constat, pour les uns délirant, pour les autres judicieux, de l'état de l'Occident vers 1890. Nordau lui-même nous met en garde dans une note : « On a cru y lire que tous les Français étaient dégénérés et leur race en train de périr. Les derniers paragraphes de ce chapitre témoignent cependant de façon bien nette que je n'ai en vu que “les dix mille supérieurs”. La population des campagnes, une partie des ouvriers et de la bourgeoisie, sont sains. Ce sont les riches habitants des grandes villes, ceux qui s'intitulent eux-mêmes “la société”, dont j'établis la décomposition. Ce sont *eux* qui ont trouvé la “fin de siècle”, et à *eux* aussi s'applique le “fin de race” ».

Mais outre cette limitation radicale : en l'an mille, la « fin du monde » concerna « les peuples chrétiens », en 1890, « dix mille supérieurs » —, il faudrait insister sur le « eux » qui sans cesse revient sous la plume de Nordau. Le virus du siècle, ce bourgeois juif de Budapest ne l'a pas attrapé, alors qu'il y était constamment exposé. Or dans la tradition juive, précisément, qui dit « vous — et pas moi » ? Le méchant, celui qui, s'il était en Égypte, n'en serait pas sorti...[9] Pour le dire plus simplement, Max Nordau, tout comme Raoul Glaber, ne fournit pas un témoignage intime de l'angoisse « fin de siècle », mais un écho qui en vaut un autre, dont le nôtre. Un soupçon s'empare de nous : *et si la Fin de Siècle n'avait de tous temps existé qu'en méta-Fin de Siècle ?* C'est à douter si l'on dispose d'un quelconque témoignage de la part d'un authentique angoissé de la fin du siècle *parce que* l'an 1900/2000 s'approche, et qui résisterait à la critique vicieuse. Pour paraphraser un titre célèbre, a-t-on cru à la Fin de Siècle, y croit-on aujourd'hui ?

Mais qu'est-ce que croire ? Une autre histoire juive en propose une clé. Un rabbin dit à un autre rabbin : « Je t'observe depuis longtemps, c'est à se demander si tu crois en Dieu ? — L'autre : je te donnerai la réponse demain. — Le lendemain : Non, je ne crois pas en Dieu. — Et pourquoi m'as tu dis « je te répondrai demain » ? Parce qu'hier c'était Shabbat. »

Il en irait de même de la Fin de Siècle : dans les années 1890, on n'y croyait peut-être pas, mais on la pratiquait ! Pas seulement les « dix mille supérieurs », mais aussi, surtout, Max Nordau. Entre 1885 et 1895 on la pratiquait avec tant de dévotion inflationniste que l'auteur du *Musée de la conversation* qui, en 1891 encore, se plaignait : « Tout ce qui est tant soit peu excentrique, tout ce qui tient la tête du mouvement, est aujourd'hui “fin de siècle”, peut en 1897 noter : « Après avoir longtemps sévi, cette calamité littéraire est aujourd'hui en voie de décroissance, et il nous est permis d'entrevoir le moment où nous en serons radicalement délivrés[10] ».

Reste l'essentiel : le « pourquoi » de ce mouvement « fin de siècle » ? Dans cette quête, l'*instrumentalisme* offre une piste possible, selon lequel la décadence deviendrait un moyen d'autoproclamation de certains groupes, une façon de se faire remarquer et de se démarquer des autres, bref, de se construire une niche à l'intérieur du champ culturel à cette époque si encombré (on aura reconnu le regard de Pierre Bourdieu). Rien, en effet, n'était aussi rentable en cette décennie que le champ sémantique composé de « déclin », « décadence », « dégénérescence », « décomposition ». Ceci était vrai dans les belles-lettres : voir Nordau, Huysmans, Oscar Wilde, Barrès, Bourget, et à bien des égards Verlaine et Mallarmé, *a fortiori* les seconds couteaux comme Anatole Baju, fondateur de la revue *Le Décadent* en 1886 ; vrai aussi en pensée sociale, politique, économique, démographique, morale[11].

C'est déplacer le problème. Car même s'il ne s'agissait que d'une formule d'emblée vide, presque immédiatement devenue tic de civilisation, il faut expliquer son émergence massive à un moment particulier de l'histoire. L'hypothèse « numérologique » — il s'agissait de la première « fin de siècle » disponible depuis la cristallisation de la notion moderne de « siècle » vers 1800, il était impossible de la « rater » —, certes valable, paraît peu satisfaisante. Une autre fait cruellement défaut — sauf si l'on revendique, contre Marx et Braudel, mais avec Simmel et Wittgenstein, la primauté de l'« écume » en histoire ; autrement dit, la surface est plus « profonde » que le substrat, car *vraie.* Il s'ensuivrait qu'il ne nous revient pas d'« expliquer » l'irruption de la Fin de Siècle sur la scène vers 1885, mais son gigantesque et éphémère succès — éphémère parce que gigantesque. Or celui-ci est dû à une miraculeuse rencontre entre le vide des maux et la magie des mots[12]. Les contemporains n'étaient pas dupes :

> « Fin de Siècle » Partout, partout,
> Leur sens, athée ou bien mystique,
> Est en tout cas fort élastique
> Car il sert à désigner tout » (1891)[13] !

Mais si les protagonistes se sont rapidement épuisés, leurs chroniqueurs et analystes ne montrent guère de signe de fatigue. La littérature sur la Fin de Siècle ne cesse de s'accroître, et avec elle l'improbabilité de s'en débarrasser un jour. Tout comme l'An Mil, évacuée par l'érudition et le soupçon, la fin de siècle reviendra par la représentation et la dérision. Et quand même toute autre ruse pour la préserver comme « tournant » s'évaporera, on saura en trouver de nouvelle pour qu'elle reste parmi nous, « moment » trop beau pour s'en séparer pour si peu. Une anecdote éloquente : André Maurois, citant en 1949 la préface d'Anatole France aux *Plaisirs et les jours* de Proust (1896), ajoute une phrase qui n'y est point : « C'est bien le climat décadent et fin de siècle que l'on respire ici[14]. »

Et notre fin de siècle/millénaire ? On peut sans risque lui prédire une toute aussi brillante carrière posthume. A ceci près qu'elle sera plus difficilement étayée par les traces : nous ne laissons pas assez de « sources » de notre attente/angoisse à nos futurs historiens. Du moins aurons-nous le tact de leur laisser des signaux aussi tangibles que la mort de Nietzsche (1900), d'Oscar Wilde (1900), de l'innocence (l'*Interprétation des rêves* porte la date de 1900). Quoi qu'il advienne, ils sont prédestinés à faire de l'an 2000, comme des décennies qui l'ont précédé, voire du XXe tout entier — « Ce que la dernière décennie est pour le siècle, le dernier siècle est pour un millénaire[15] » —, un « moment » historique privilégié. Comme le suggère Jean Giraudoux, la Guerre de Troie est d'autant plus inéluctable qu'elle est fictive (n'en déplaise à Schliemann).

II

PERSPECTIVES EXPÉRIMENTALES

A. Du côté de chez les observateurs

CHAPITRE 7

Le siècle, projet expérimental avorté

> *« L'auteur est convaincu que tout sujet littéraire est fondé sur une fausse hypothèse, sinon il ne pourrait pas être fermé et se fondrait dans la vie même qui n'a ni limites, ni thèmes, ni destin, ni rien de structuré. »*
>
> (Andrei Bitov, *La Maison Pouchkine*[1])

Dans la première partie du livre, dans « ... et la Révolution "créa" le siècle » en particulier, je me suis retrouvé dans la position de Bil'am. Parti d'un réquisitoire féroce, j'ai abouti à une sorte d'éloge du siècle. Et pourtant, de ce bilan si positif semblait manquer l'essentiel : le pourquoi de l'insatisfaction générale vis-à-vis du siècle. La preuve : tous mes interlocuteurs, depuis quatre ans que je suis à ses trousses, se défendent d'y croire ou de le pratiquer. Tout se passe comme si les mérites que j'attribue au siècle passaient entièrement inaperçus.

Ma recherche a été comme paralysée par cette contradiction, avant de complètement basculer grâce à la miraculeuse rencontre de mes deux passions, le siècle et l'expérimentalisme. Après avoir longtemps rôdé autour du siècle, j'ai enfin compris. Le découpage de l'Histoire en siècles est une expérimentation historique — une des plus hardies, une des plus gâchées.

Pour rendre vraisemblable cette insolite affirmation, arrêtons-nous un moment sur la question : Qu'est-ce qu'une expérience scientifique ? C'est un procédé qui soumet l'objet étudié à des épreuves que la « nature » lui a épargnées, qui lui sont *a priori* étrangères et ce, pour mieux, ou autrement comprendre objet et épreuve. Expérimenter, c'est *faire violence à l'objet.* Expérimenter, c'est laisser une grande liberté à l'*arbitraire* du chercheur — et que les résultats tranchent. Un état d'esprit expérimental signifie qu'on ne se laisse pas intimider par la réalité étudiée, qu'on ne cherche pas à tout prix à motiver réalistiquement les questions qu'on lui pose. La grille séculaire, car a-référentielle, correspond parfaitement à cette définition.

Des citations de Le Goff et de Bloch ressort un syllogisme : le siècle est arbitraire, donc étranger à la réalité historique → « on le tient naturellement fort mal » → il faut chercher mieux/ailleurs. Mais vu sous l'angle expérimental, cet enchaînement est en fait un illogisme... Car si l'on admet que l'aspect expérimental du siècle réside dans son arbitraire, il faut *assumer* cet arbitraire pour en connaître les effets ! En d'autres mots, on ne peut fort mal tenir une expérimentation, puis la délaisser car non rentable. En d'autres mots encore, l'expérimentation séculaire n'a pas produit les résultats escomptés parce qu'on ne l'a pas comprise, donc on l'a mal gérée — du coup, on était incapable d'évaluer les résultats qu'elle a quand même produits.

« La division de l'histoire en périodes n'est pas un fait, mais une nécessaire hypothèse ou un outil de pensée[2]. » De cette définition de E.H. Carr, retenons l'idée que *la périodisation est une hypothèse.* Mais hypothèse de quoi ? Selon moi, périodiser, c'est à la fois postuler et vérifier une association à première vue triviale, mais qui ne l'est guère, celle *du collectif et du temps.* Diviser l'Histoire en périodes implique qu'un « esprit du temps » (*Zeitgeist*) — soit toute forme d'homogénéité collective : économique, littéraire, agricole — a une durée limitée. Tout historien, même celui qui n'adhère pas aux thèses historicistes, accepte une quelconque version de cette idée.

Les formes habituelles de périodisation — Haut Moyen Age, Lumières — permettent de s'interroger sur la réalité de cette homogénéité, sur les champs de son applicabilité, sur ceux qui lui échappe. Elles permettent aussi d'interroger, quoique beaucoup plus difficilement, car elles la postulent trop, l'étendue temporelle de cette homogénéité.

La division expérimentale de l'Histoire en siècles présente, à ce titre, un double avantage. L'un a déjà été discuté plus haut : la neutralité réaliste du siècle ouvre la recherche sur de nouveaux territoires capables de mieux définir la durée collective.

L'autre avantage est d'ordre théorique. Étudier les siècles, un par un, « distribuer, selon un *rigoureux rythme pendulaire*, arbitrairement choisi, des réalités auxquelles cette régularité est tout à fait étrangère », devraient permettre une meilleure évalutation de l'idée même d'une durée collective, et ce à travers la question : qu'est-ce qui dure cent ans ? Mieux : elle pourrait servir de *test case* à tout découpage du temps, qu'il soit en décennies, en générations de vingt-cinq ans ou de trente-trois ans, toutes unités implicitement constamment utilisées en histoire. Notons que c'est au nom d'un découpage naturel que Cournot propose l'unité de cent ans : « Un siècle représente à peu près, suivant l'opinion des plus vieux auteurs, comme d'après les observations modernes, trois générations civiles mise bout à bout[3] » (Cournot était allé jusqu'à intituler son autobiographie *Souvenirs (1760-1860)*[4]. Mais pour que l'expérimentation soit utile, pour que ses résultats soient appréciables, il faut la faire *rigoureusement*. Que 100 ans durent cent ans, et pas 130 ou 70. Que le point de départ de chaque siècle soit respecté : 1701, et non 1715, 801 et non 814 ; que le point d'arrivée le soit aussi : 1500, et non 1492, 1800, et non 1789 — imagine-t-on une expérimentation en physique qui change ses seuils *ad hoc* (par exemple fixer le point d'ébullition « sur mesure ») ? Quitte à jouer, après, avec d'autres unités, et avec d'autres points de départ et d'arrivée (notre « ère de la Passion », par exemple).

Or en « expérimentation séculaire », le *ad hoc* et le *ad hominem* sont la norme — à chacun son siècle. C'est ce qu'on a appelé l'« accordéonisation des siècles » : « ce siècle [Lumières/XVIIIe], qu'on peut avec quelque souplesse situer entre 1680 et 1785 (d'aucuns, plus sensibles aux points de repère historiques, diront entre 1715 et 1815)..[5] » ; « Il est bien connu que le dix-huitième siècle commence en 1715 et s'achève en 1789[6] » ; *Le Portugal, le Brésil et l'Atlantique au XVIIe siècle (1570-1670)*[7]. Mais aussi *Chemins de terre et voies d'eau : réseaux de transports et organisation de l'espace en France 1740-1840*[8] — les exemples abondent[9]. Les historiens semblent donc accorder à cette durée de cent ans une importance non négligeable — mais se privent du seul instrument qui aurait permis de vérifier sa réalité.

Paradoxalement, l'hypothèse du rythme pendulaire cohabite avec l'hypothèse opposée : L'*accélération de l'Histoire.* Jules Michelet écrit en 1872 : « Un des faits les plus graves, les moins remarqués, c'est que l'allure du temps a tout à fait changé. Il a doublé le pas d'une manière étrange. Dans une simple vie d'homme (ordinaire de soixante-douze ans), j'ai vu deux grandes révolutions qui autrefois auraient peut-être mis entre elles deux mille ans d'intervalle[10]. » Comme Michelet, plus encore, les hommes du XXe siècle ne cessent de dire leur étonnement face à la cadence effrénée de l'Histoire. Les unités choisies pour la pratique « bilanesque » en sont un symptôme parlant. En 1804, Napoléon Bonaparte décrète les prix décennaux, d'ailleurs jamais décernés *(supra)* ; en 1864, Napoléon III invente le prix quinquennal, attribué une seule fois, en 1869, à Duc, l'architecte du Palais de Justice[11]. Depuis le début de notre siècle, le prix qui compte — le Nobel — est annuel ; en attendant des prix mensuels, voire quotidiens...

Comme dans le cas de l'hypothèse pendulaire, la succession arithmétique et rigoureuse de tranches de cent ans aurait pu servir de formidable instrument pour palper ce phénomène qui reste en l'état actuel dans l'intuitif (et bergsonien avant la lettre). Si l'intuition est juste, plus on avancera dans le temps, du Ier au XXe siècle, plus difficile deviendra leur mise en cohérence, plus haut sera le prix en termes d'exclusion et de manipulation du matériau. Pour le dire brutalement, l'hypothèse de l'accélération de l'histoire rend le XIIIe siècle plus *vraisemblable* que le XIXe. Elle met aussi en évidence le paradoxe qui voulait que vers 1800, soit quand le Temps s'est mis à « courir » dix fois plus vite, on préféra aux unités courtes — les règnes — des unités trois fois plus longues — les siècles. L'unité invariable de découpage s'allongeait quand les unités réelles se raccourcissaient... C'est à ce paradoxe que répond la périodisation en décennies : les années vingt, les années soixante — en anglais, les *Twenties,* les *Sixties* — ont été fortement substantivées. Suivant cette logique, devrait-on plus facilement être « spécialiste » du XVe siècle que du XXe, de la France de Richelieu que de la Monarchie de Juillet ?

L'expérimentation séculaire permettrait de dépasser l'opposition « pendule-accélération ». Ces deux métaphores sont basées sur l'image d'un temps neutre, régulier, homogène, alors que le temps social — comme le temps individuel — est extrêmement plus complexe. Implacablement accomplie, elle aboutirait à une géométrie variable du temps (drôle de métaphore), en questionnant, voire en rendant acceptables des équations de type « 100 ans médiévaux = 30 ans modernes », ou « 100 ans démographiques = 30 ans littéraires ». La division du travail historien confirme la réalité de cette arithmétique particulière, à défaut de prouver son bien-fondé. Exemples : le « médiéviste » se promène le plus naturellement du monde du IXe au XVe siècle ; mais un « moderniste » qui va au-delà de Waterloo ou en deçà de Gutenberg est un aventurier, pire, un dilettante. De même, le domaine d'expertise de l'historien des attitudes devant la mort paraît *a priori* plus étendu que celui de l'historien de la peinture (100 ans anthropologiques = 1 an esthétique). En dernière analyse, le siècle expérimental permettrait de sonder autrement, et crûment, les fondements de la spécialisation historienne.

CHAPITRE 8

Périodes sans dates : les métaphores de *Surveiller et punir*[1]

> « *Tous mes livres, que ce soit l'*Histoire de la folie *ou* Surveiller et punir, *sont, si vous voulez, des petites boîtes à outils. Si les gens veulent bien les ouvrir, se servir de telle phrase, de telle idée, telle analyse comme d'un tournevis ou d'un desserre-boulon, pour court-circuiter, disqualifier les systèmes de pouvoir, y compris éventuellement ceux-là mêmes dont mes livres sont issus... eh bien, c'est tant mieux*[2].»

Le Tout n'est pas appréhendable, il faut le décomposer pour l'étudier. Par un processus souvent analysé, les morceaux ainsi créés sont investis d'une existence — voire d'une essence — dont on aura le plus grand mal à se débarrasser. De même en histoire un quelconque découpage du Temps est inévitable, en périodes notamment. Il a été démontré plus haut que même la période la plus arbitraire, le siècle, est vite réifiée — sa réification a précédé presque son invention. Simple outil de travail, la période finit par nous être extrêmement précieuse — car elle produit de la *cohérence.*

Trop. Ses usagers, que ce soit le spécialiste de la Renaissance ou celui du XVIIIe siècle, sont constamment confrontés aux trop nombreuses données qui échappent à la cohérence de la tranche de temps par eux isolée. Pour la sauver, on utilise toute une gamme de techniques qui ont pour but soit d'intégrer ces brebis égarées coûte que coûte, soit carrément de les éliminer. Ces manipulations répétées expliquent la très mauvaise réputation de la périodisation depuis quelques dizaines d'années, comme les divers efforts pour la contourner, à travers l'histoire de la longue durée entre autres.

Dans l'épilogue (« L'historème »), on attribue le malaise à la façon dont l'historien construit son *contexte*. Le contexte historique légitime, la Méditerranée à l'époque de Philippe II, par exemple, est toujours basé sur la métonymie, c'est-à-dire sur la proximité dans l'espace et dans le temps. On y propose alors un remède radical, qui consiste à assumer pleinement la primauté du problématique dans la construction d'un objet historique pertinent. Ici, on restera encore en terre orthodoxe, où l'on ne reconnaît que le découpage spatio-temporel (la France au XVIIIe siècle, par exemple). La périodisation est donc tributaire de la chronologie en ère chrétienne. De ce fait, les frontières entre périodes ne peuvent être dites qu'en dates (d'où les débats cocasses comme « Est-ce que les Temps Modernes commencent en 1453 ou en 1492 ? »). Cette technique s'avère trop coûteuse ; mais d'alternatives, point.

« Le problème du continu et du discontinu est un problème fondamental, qui se pose au début et au terme des sciences mathématiques et physiques, et qui, sous une forme ou sous une autre, se pose ou se posera à toutes les autres disciplines humaines, naturelles ou morales[3]. » Or les historiens, parmi les premiers concernés, semblent pourtant l'éviter. Pas Michel Foucault. Il ne sera pas trop abusif de lire l'ensemble de son œuvre aussi à travers cette grille. Dès l'*Histoire de la folie,* Foucault a clairement posé les ruptures entre deux âges au centre de sa réflexion historique. *L'Archéologie du savoir* est même une sorte de « manifeste discontinuiste » : « En somme l'histoire de la pensée, des connaissances, de la philosophie, de la littérature semble multiplier les ruptures et chercher tous les hérissements de la discontinuité, alors que l'histoire proprement dite, l'histoire tout court, semble effacer, au profit des structures sans labilité, l'irruption des événements[4]. » Et Foucault d'importer la discontinuité en « histoire tout court » : « La discontinuité, c'était ce stigmate de l'éparpillement temporel que l'historien avait à charge de supprimer de l'histoire. Elle est devenue maintenant un des éléments fondamentaux de l'analyse historique[5]. » Ce qui est dit ici dans le descriptif, il faudrait évidemment le lire dans le prescriptif.

La discontinuité est constitutive du programme généalogique de Foucault, tel qu'il est défini dans « Nietzsche, la généalogie, l'histoire »[6] : « Il faut mettre en morceaux ce qui permettait le jeu consolant des reconnaissances. Savoir, même dans l'ordre historique, ne signifie pas "retrouver", et surtout pas "nous retrouver". L'histoire sera "effective" dans la mesure où elle introduira le discontinu dans notre être même. » Contrairement à l'histoire « antiquaire »[7], qui cherche à « reconnaître les continuités dans lesquelles s'enracine notre présent : continuités du sol, de la langue, de la cité » —, « l'histoire, généalogiquement dirigée [...] entreprend de faire apparaître toutes les discontinuités qui nous traversent » (p.169).

Selon *Surveiller et punir*, les années 1760-1840 ont vu l'émergence — l'*Entstehung* nietzschéen — d'une constellation fondamentalement nouvelle dans l'histoire de l'« économie du pouvoir ». Mais comment dire cette émergence sans faire appel aux découpages classiques ? L'absence de la Révolution française du scénario écrit par Foucault est révélatrice. Elle annonce ce qui est selon moi la contribution de Foucault dans l'art de découper le Temps : construire les unités non pas à l'intérieur de limites chronologiques, mais autour d'un champ magnético-sémantique. Autour d'une, ou de plusieurs métaphores.

Une lecture biaisée de *Surveiller et punir*

L'ordre de ma découverte de *Surveiller et punir*, de ses problèmes surtout, étant significatif ici, on le respectera dans le compte rendu qui suit.

Lecture flâneuse de *Surveiller et punir : Naissance de la prison*[8]. Mais le livre m'a vite envoûté, puis, le tiers lu, inquiété. Depuis quelques dizaines de pages, ce ne sont pas seulement les « épistémès »[9] — les choses — qui ont changé, mais aussi les concepts chargés de les décrire — les mots. Comme si au changement dans le « style pénal » (p.13) devait répondre un changement dans le style historiographique. Le champ sémantique qui évoque la deuxième phase de l'histoire disciplinaire qui va, *grosso modo*, des années 1760 à nos jours, est totalement différent de celui qui décrit l'Ancien Régime : un langage économique et technologique s'est substitué à un langage liturgique et cérémoniel.

Cette impression m'a incité à reprendre le livre depuis le début, pour souligner les occurrences de l'un ou de l'autre champ. Ce travail fastidieux a amplement confirmé la mutation stylistique qui s'opère vers la page 75 (Foucault parle de « mutation technique », p. 261). Plusieurs passages l'annoncent très tôt (cf. pp. 15-16), d'autres la rappellent : « Les *cérémonies*, les *rituels*, les *marques* par lesquels le plus-de-pouvoir est manifesté chez le souverain [Phase A] sont inutiles. Il y a une *machinerie* [Phase B] qui assure la dissymétrie, le déséquilibre, la différence. Peu importe, par conséquent, qui exerce le pouvoir. Un individu quelconque, presque pris au hasard, peut faire fonctionner la *machine* » (203, c'est moi qui souligne ; et aussi p. 117-118).

Les énoncés tels « cérémonial de la peine » (p. 14), « économie politique » du corps (p. 30), « liturgie pénale » (p. 51), « théâtre punitif » (p. 118), « machinerie carcérale » (p. 251), sont des métaphores (terme qui couvre ici toute forme de langage figuré). Jusqu'à une date récente, la métaphore avait mauvaise presse dans les sciences, à cause de son aspect ornemental et impressionniste. Elle était accusée de réintroduire la rhétorique, pire, l'éloquence dans le discours scientifique, alors même qu'il se voulait affranchi d'un héritage trop littéraire. Mais depuis une trentaine d'années, l'accent a été complètement déplacé, le jugement normatif, inversé. Des philosophes de la langue et de la science comme Max Black, Mary B. Hesse, Stephen Toulmin, Douglas Berggren ont démontré le rôle déterminant de la métaphore dans toutes les aventures de l'esprit, y compris dans les sciences « dures » ; approche qui a trouvé une synthèse magistrale dans *La métaphore vive* de Paul Ricœur[10].

Le dossier de la métaphore en histoire, qui reste à instuire, s'articulera autour de deux oppositions. L'une tient compte de la spécificité des sciences de l'homme, en distinguant les métaphores du chercheur et les métaphores des acteurs (métaphores pour penser et pour analyser la réalité vs. métaphores qui façonnent la réalité). La seconde opposition s'applique à tout domaine de connaissance, et disjoint les métaphores heuristiques (vives) et les métaphores paralysantes (mortes).

On peut déjà relever une certaine dissymétrie dans la façon d'appréhender la question. On privilégie les métaphores du chercheur au détriment de celles des acteurs, les qualités heuristiques en négligeant leurs pesanteurs. Des linguistes ont pourtant démontré le bien-fondé de l'idée proposée par Nietzsche, et déjà par Vico, que notre appropriation du réel, de nous-même, passe par un travail métaphorique ; que le sens « littéral » n'est qu'une métaphore usée. Il s'ensuit que la métaphore n'est pas seulement cette « redescription de la réalité » (Paul Ricœur), mais aussi, et beaucoup plus souvent, le figement de la réalité. En d'autres termes, la métaphore tend à devenir une sorte de forme matricielle *(gestalt)*, ne permettant pas de voir ce qui la déborde[11]. Chercheurs et acteurs, nous sommes tous piégés par des métaphores figées, comme « corps social » ou « time is money » ; pour s'en libérer, il nous faut les contourner, les déplacer, les pervertir, bref, il nous faut de nouvelles métaphores.

Pour observer comment les diverses métaphores ont façonné en Foucault la lecture de la réalité, il fallait quitter son texte et suivre ses traces dans les textes qu'il a disséqués. Autrement dit, on se proposait de vérifier l'hypothèse selon laquelle les choix métaphoriques, si puissants créateurs de sens, réduisent parfois radicalement le réel. Ma lecture de Foucault et des auteurs violentés par lui a alors complètement changé ; d'un farouche réquisitoire contre l'irrespect des témoins du passé, elle s'est transformée en une interrogation sur la notion même de *respect*.

L'éloge de la métaphore conduit à évacuer ce qui la rendait si suspecte pour le langage scientifique, son caractère « rhétorique ». Comme dit Ricœur, la métaphore incarnait, pour beaucoup, le glissement du « dire vrai » au « bien dire ». Et si on s'accorde à présent sur l'utilité de la métaphore dans la découverte du vrai, on préfère ne pas trop s'attarder sur son rôle dans la communication de « ce » (?) vrai. C'est la question qu'on devra alors poser : quelle est la fonction rhétorique du travail métaphorique, intense, dans *Surveiller et punir ?* Pour anticiper, je dirais que les métaphores de Foucault sont là pour faire passer le (son) *vrai improuvable.*

De la liturgie des supplices à la technologie disciplinaire

Dans *Surveiller et punir*, comme dans l'*Histoire de la folie*, comme dans *Naissance de la clinique*, l'argumentation repose sur une cascade d'oppositions qui ne cessent d'en reproduire Une. Les premières pages annoncent déjà le ton (la couleur...), en mettant en regard en 1757, le supplice de Damiens, en 1838, l'emploi du temps quasi militaire d'une maison de jeunes détenus à Paris. Tout le livre peut être lu comme une variation sur l'opposition entre la Phase A, rituelle, et la Phase B, technologique.

PHASE A : RITUEL	PHASE B : MACHINE
Rituel/rite	Économie/gestion/distribution/ accumulation/fabrication
Liturgie	Tactique/stratégie/projet/ programme/calcul
Fête	Technologie/technique/techniciens
Carnaval	Sémio-technologie
Cérémonie/cérémonial	Mécanique/mécanismes
Spectacle/spectateur	Machine/machinerie
(Mise en) scène	Instrument/appareil/pièce/ rouages/ressorts/ Ingénieur
Théâtre	Orthopédie/anatomie politique/ observatoire/laboratoire
Corps humain	Corps social/cité
	Contrat/pacte
Art	Pratique
	Beaux-Arts
	Arsenal

Il était d'ailleurs intéressant de relever les endroits où Foucault met ces termes entre guillemets, pour marquer leur statut métaphorique. On s'aperçoit alors que ces guillemets sont d'une extrême rareté : j'en ai repéré quatorze en tout, sur des centaines d'occurrences (à comparer avec l'inflation des guillemets chez Max Weber, par exemple). On comprend que ces métaphores soient passées inaperçues. Foucault fait tout pour qu'elles soient lues littéralement. Il y a plus : sur ces quatorze cas, pas un seul ne concerne la Phase A. On en tire l'impression que ce ne sont pas des métaphores mais des métonymies, voire des index. De même, sur ces quatorze, six touchent « économie » (pp. 30, 83, 94, 220, 277, 310), pourtant la plus neutre des métaphores de la Phase B, la plus usée aussi[12].

Si les affirmations binaires abondent dans le livre, cela n'empêche pas Foucault de discerner trois phases punitives (pp. 133-134) : Phase A rituelle et cérémonielle, Phase B scénique, Phase C technique[13].

Le statut de ces trois phases, si on en admet l'existence, n'est pourtant pas équivalent : selon Foucault, le théâtral (B) et le technique (C) ont prétendu supplanter le rituel (A), mais seul C s'est traduit dans les faits, B n'ayant jamais dépassé le stade utopique. Mais surtout, l'ensemble du livre dément ce passage — et ce dès le début (1757 vs. 1838). De même, il est aisé de démontrer l'interchangeabilité, dans le livre, entre termes cérémoniaux (A) et termes théâtraux (supposé B) (cf. pp. 17, 53, 61, 67, 117). Et si l'intention affichée est parfois ternaire, l'ordre du discours est toujours binaire.

Il ne s'agit pas d'une opposition strictement chronologique. La fin de la première phase et le début de la seconde ne sont pas datables. Et surtout, les deux phases ont longtemps coexisté plus ou moins pacifiquement, vu le retard de la pratique sur la théorie (l'« utopie » — c'est ainsi que Foucault qualifie le *Panopticon* de Jeremy Bentham), vu aussi le retard d'un champ disciplinaire sur un autre (de la prison sur la caserne, par exemple). C'est ce que montrent les pages inoubliables que Foucault consacre à la chaîne des forçats (261-267), dernière (?) survivance de la Phase A dans une société déjà dominée, écrasée par la Phase B. De ce morceau d'anthologie, on retiendra ici l'arsenal métaphorique par lequel Foucault *marque* cette « anomalie ». En sept pages, Foucault utilise « spectacle/spectateurs » 7 fois, « rite/rituel(s) » 4 fois, « fête » 4 fois, « cérémonial/cérémonie » 3 fois, « scène » 3 fois, « sabbat » 2 fois, ainsi que « jeu des mascarades et des marionnettes », « foire ambulante du crime », « défilé », « ronde », « noces », « saturnales », « danse », « farandole », « théâtre », « comédie », « fastes ». Et il est tout a fait symptomatique que c'est la voiture des forçats qui sert d'emblème pour la fin de ce « spectacle », — voiture que Foucault tient à appeler « machine » par deux fois (267, 268).

L'opposition n'est ni chronologique, ni puriste. L'interpénétration — rare — des deux phases existe. Il existe même une pratique où les deux registres, le rituel et le technologique, sont forgés en une synthèse : *l'examen* (186-196) On y reviendra.

Métaphores du chercheur ou métaphores des acteurs ?

On a souvent souligné l'importance de la mécanique dans le discours de Foucault. Jacques Léonard a même fondé là-dessus sa critique[14], où il dénonce le caractère kafkaïen du livre, d'« une machine sans machiniste ». A cette critique, Foucault répond :

> « L'automaticité du pouvoir, le caractère mécanique des dispositifs où il prend corps n'est absolument pas la *thèse* du livre. Mais *c'est l'idée du XVIIIe siècle* qu'un tel pouvoir serait possible et souhaitable, c'est la recherche théorique et pratique de tels mécanismes, c'est la volonté, sans cesse manifestée alors, d'organiser de pareils dispositifs, qui constitue l'*objet* de l'analyse. Etudier la manière dont on a voulu rationaliser le pouvoir, dont on a conçu, au XVIIIe siècle, une nouvelle « économie » des relations de pouvoir, montrer le rôle important qu'y a occupé le thème de la machine, du regard, de la surveillance, de la transparence, etc., ce n'est dire ni que le pouvoir est une machine, ni qu'une

telle idée est née machinalement. C'est étudier le développement d'un thème technologique que je crois important dans l'histoire de la grande réévaluation des mécanismes de pouvoir au XVIIIe siècle, dans l'histoire générale des techniques de pouvoir...[15] »

Les droits d'auteur des métaphores mécanistes reviendraient donc aux contemporains, selon une reconstitution faite à partir des textes de l'époque (on remarquera, en passant, qu'il n'attribue pas le vocabulaire rituel aux contemporains antérieurs).

Cette réponse n'est guère satisfaisante, pour deux raisons, intrinsèquement liées :

Comment Foucault le *structuraliste* (de surface, de surcroît) peut-il accorder aux grilles des autochtones (les *native speakers*) le statut de critère décisif, d'expérience cruciale ? qui plus est dans un livre qui pousse très loin la *neutralisation de l'intentionnalité* ?

Et s'il s'avérait que la métaphore mécaniste : a. n'a pas dominé la pensée des contemporains, et/ou b. n'était pas moins présente dans la pensée des générations précédentes — la démonstration de Foucault serait-elle réfutée pour autant ? NON. Car la réponse de Foucault implique l'adhésion à une logique de preuve que toute son œuvre récuse.

Un indice permet de pencher plutôt vers une réponse inverse. Je veux parler de l'usage que Foucault fait du « discours mixte », plus connu sous le terme style indirect libre. Il s'agit d'énoncés dont l'attribution est partagée ou ambiguë. Le cas classique est le discours indirect qui comporte des propriétés du discours direct ; exemple : « il a dit que *tu dois* rentrer tout de suite ! Sinon... » Songeons aussi à la citation où interviennent des éléments plus plausiblement imputables à celui qui cite ; exemple : « et le gamin dit à sa mère : "j'aurais tant aimé que tu ne m'*embêtasses* point" »[16]. Or chez Foucault, l'ambiguïté de l'attribution est un stratagème rhétorique de choix[17]. En voici deux exemples :

1. « Cette critique monotone de la prison, il faut noter qu'elle s'est faite constamment dans deux directions : contre le fait que la prison n'était pas effectivement corrective, *que* la *tech-*

> *nique pénitentiaire* y restait à l'état de rudiment ; contre le fait qu'en voulant être corrective, qu'elle y perd sa force de punition, *que la vraie technique pénitentiaire*, c'est la rigueur... » (273 ; c'est moi qui souligne).

Ici, le style indirect libre laisse entendre que la terminologie employée après les « que » est à attribuer au critique cité, Charles Lucas en l'occurrence. Il n'en est rien : le terme « technologie pénitentiaire » ne fait guère partie de son langage.

> 2. « Or à toute cette campagne les réponses données par le gouvernement et l'administration sont très constantes. Le travail pénal ne peut pas être critiqué en raison d'un chômage qu'il provoquerait [...] Ce n'est pas comme activité de production qu'il est intrinsèquement utile, mais par les effets qu'il prend dans la *mécanique humaine* » (245 ; c'est moi qui souligne).

Là aussi, le lecteur a tendance à attribuer le terme « mécanique humaine » au gouvernement et à l'administration. Et pourtant, rien, dans le texte, n'appuie cette lecture que tout, dans le texte, invite à faire.

On pourrait multiplier les exemples ; toute demi-citation où figure des termes liturgiques, économiques, technologiques, est à lire avec précaution. Or si Foucault avait repéré des textes contemporains contenant ces termes, il les aurait tout simplement cités.

Un procédé proche est employé dans les commentaires des citations, comme celle qui est tirée des *Motifs du Code d'instruction criminelle* du juriste impérial Jean-Baptiste Treilhard (pour différencier les deux langages, celui du témoin est en italique) :

> « Prison-châtiment, prison-appareil : *"L'ordre qui doit régner dans les maisons de force peut contribuer puissamment à régénérer les condamnés ; les vices de l'éducation, la contagion, des mauvais exemples, l'oisiveté... ont enfanté les crimes. Eh bien, essayons de fermer toutes ces sources de corruption ; que les règles d'une* morale saine *soient pratiquées dans les maisons de force ; qu'obligés à un travail qu'ils finiront par aimer, quand ils en recueilleront le fruit, les condamnés y contractent l'habitude, le goût et le be-*

soin de l'occupation ; qu'ils se donnent respectivement l'exemple d'une vie laborieuse ; elle deviendra bientôt une vie pure ; bientôt ils commenceront à connaître le regret *du passé, premier signe avant-coureur de l'*amour *des devoirs".* Les *techniques* correctrices font tout de suite partie de l'*armature* institutionnelle de la détention pénale » (236 ; c'est moi qui souligne).

Parler dans ce cas de « résumé » n'est possible qu'en termes structuralistes : Foucault formule, voire formalise ce que Treilhard tait, ce dont il est inconscient ou honteux.

La métaphore comme forme matricielle (Respect I)

La métaphore gestaltienne implique deux hypothèses : 1. la grille économico-technologique, même si elle apparaît dans les textes des contemporains, doit son omniprésence dans le livre au seul choix de Michel Foucault — il ne voit qu'au travers de cette grille ; 2. cette grille donne, certes, du sens à ces textes, mais elle réduit radicalement le champ de vision du Foucault-lecteur — il ne voit pas ce qui échappe à cette grille. Pour le vérifier, il était urgent d'aller sur les traces de Foucault, de revisiter les ouvrages cités par lui si abondamment. Dans ce chapitre, on examinera la première hypothèse, de la « redescription du réel » par le *Gestalt*, plus tard (« Respect III »), la deuxième, les laissés-pour-compte du *Gestalt*.

Deux noms, Léon Faucher et Charles Lucas, auteurs chacun d'un *De la Réforme des prisons* (en 1838), n'ont cessé de retenir mon attention, tant leurs textes cités étayaient les arguments de Foucault. On doit à Faucher entre autres le *Règlement pour une Maison de jeunes détenus à Paris* (12-13) ; à Lucas, quelques morceaux de choix *(infra)*. Avec L.-M. Moreau-Christophe, auteur lui aussi d'un *De la réforme des prisons en France* en cette même année 1838, ils cristallisent la logique dégagée par Foucault[18]. Pour l'économie de la démonstration, je la limiterai à ces deux figures.

Léon Faucher. Par goût de la recherche latérale, on a commencé par consulter sa *Correspondance* et sa *Vie parlementaire,* publiées en 1867, et précédées d'une longue notice biographique. Ces ouvrages nous réservent une triple surprise : sa « pensée pénitentiaire » n'occupe que trois phrases (p. xx) dans la notice qui contient 163 pages ; une seule lettre parle des prisons, en 1838, en des termes très plats[19] ; une seule intervention au parlement, en tant que ministre de l'Intérieur (le 20 mai 1851), touche ce thème — sans la moindre métaphore économico-technologico-orthopédique.

Toujours par goût du détour, je me suis penché sur son article de 1844 : « Du Projet de loi sur la réforme des prisons »[20]. C'est une analyse critique du projet gouvernemental, en particulier des propositions de Tocqueville. Homme de son temps, il se soucie surtout de l'isolement cellulaire. De métaphorique économique et technologique en ce texte, point.

Cet article est intéressant à plus d'un titre. J'ai été intrigué par le passage suivant, sachant que son auteur est aussi celui du célèbre Règlement :

> « Le projet de loi laisse entièrement de côté la question si grave du personnel de la surveillance dans les prisons. Cependant la bonne discipline d'un pénitentiaire et la réforme des condamnés dépendent surtout du choix des hommes préposés à la direction. *Le personnel est tout dans un établissement pénal : la règle est secondaire.* L'on ne réforme pas les hommes en écrivant des chartes disciplinaires ou des arrêtés ministériels ; il faut incarner la règle dans la personne d'un chef, la rendre vivante et agissante, pour être entendu et obéi[21] » (c'est moi qui souligne).

Les propositions de Faucher m'ont plus frappé encore. Pour le dire vite, elles sont imprégnées d'un rousseauisme élémentaire. La ville corrompt l'homme avec ses usines, ses ateliers, ses cadences inhumaines — trente ans plus tard il aurait parlé d'aliénation. Il faut renverser le mouvement des campagnes vers la ville. Une solution s'impose, pour les détenus du moins : le pénitentiaire agricole.

C'est donc avec curiosité que j'ai entrepris la lecture de *La réforme des prisons* de Léon Faucher. Premier contact, première trouvaille : Foucault a omis de signaler que le livre « se vend au profit des jeunes libérés ». Geste hypocrite ? peut-être ; mais pas dépourvu de signification.

Mais venons-en au Règlement[22]. Là aussi, on rencontre une omission qui ne saurait être gratuite. Dans une note en bas de page, non reproduite par Foucault, Faucher écrit : « Ce travail n'est point l'application libre et entière de mes idées sur la question ; il avait fallu proposer non point ce qui valait le mieux, mais ce qui avait le plus de chances de réussir » ; et il est aisé de comprendre que ce texte est écrit conformément à l'attente de son commanditaire, « M. L'Inspecteur des prisons ». Et si ce destinataire était Moreau-Christophe, pour qui « les crimes sont les maladies morales dans le corps social[23] », des maladies incurables qui plus est ? Quoi qu'il en soit, cette note reflète parfaitement l'esprit du livre. *Tout*, dans la pensée de Faucher telle qu'elle est exprimée ici, comme dans l'article qu'on vient de citer, va à l'encontre de ce Règlement ! Cette pensée a en effet pour point de départ la conviction qu'il faut imaginer « un système pénitentiaire positif »[24]. Son modèle : un pénitentiaire agricole sur l'île de Wight tout récemment fondé, qui conjugue un régime cellulaire la nuit avec un travail commun dans les champs le jour. Rien à voir, donc, avec cette prison-caserne citadine dont Foucault fait l'idéal de Faucher.

Faucher réapparaît deux fois dans *Surveiller et punir*. Et, n'hésitons pas à employer ce terme, dans les deux cas Foucault trahit sa pensée. Page 247, en note, Foucault, pour appuyer son analyse de la « machinerie humaine », fait un rapprochement entre une description de l'atelier des femmes à Clairvaux et un passage de Faucher décrivant une filature. De ce passage, Foucault cite : « Y a-t-il au monde un contraste plus affligeant que la régularité et la prévision de ces mouvements mécaniques, comparées aux désordres d'idées et de mœurs, que produit le contact de tant d'hommes, de femmes et d'enfants ? » Mais c'est le début de ce passage, non cité par Foucault, qui définit clairement le fond de la pensée de Faucher :

> « De nos jours, et au point où l'on a poussé la division du travail dans ces immenses ateliers où chaque ouvrier, n'étant qu'une pièce du grand rouage, reçoit une éducation tout à fait spéciale qui l'isole de ses chefs et de ses camarades, la nécessité d'une loi commune se fait sentir plus impérieusement pour former un faisceau de tant d'atomes épars. »

Le procédé est le même aux pages 245-246, où se lit une

longue citation du livre de Faucher, qui se termine par ces phrases : « Le travail devait être la religion des prisons. A une société-machine, il fallait des moyens de réforme purement mécaniques. » Or la suite de ce passage, toujours non citée par Foucault, indique que Faucher reproduit ici un discours qu'il critique férocement :

> « ...mécaniques ; on occupe le pauvre, on a cru qu'il suffisait d'occuper le malfaiteur : "Donnez-lui du travail, apprenez-lui un métier, a dit le législateur dans sa pensée, et il sera sauvé. C'est l'oisiveté qui engendre le vice ; pourquoi le travail ne produirait-il pas la vertu ?" Ce langage n'est point une fiction, et il n'est pas seulement l'esprit de la loi ; les réformateurs eux-mêmes n'en savent pas d'autre : voici des textes étranges, mais formels [suivent trois brèves citations de Howard, Julius et Livingston]. On a donc installé de nombreux ateliers dans les maisons de détention, l'on a exigé des condamnés une tâche quotidienne [...] Les récidives cependant n'ont pas cessé de s'accroître[25]. »

On avancera, on aura raison, que tous ces exemples ne mettent pas en cause les grandes thèses de Foucault. Ce qu'il attribue à Faucher, Faucher l'attribue aux autres, et, significativement, aux « mentalités » de l'époque. Un malaise, néanmoins, subsiste. Comment échapper à l'impression que le non-dit n'est pas fortuit (la « machinerie » du texte...) ?

Impression renforcée par la lecture de *La réforme des prisons* de Charles Lucas. C'est de cet ouvrage (tome II, pp. 123-124) que Michel Foucault a tiré un passage à première vue décisif, qu'il faudrait donc reproduire ici (là aussi, le « témoin » est en italique) :

> « Il faut qu'elle [la prison] soit la *machinerie* la plus puissante pour imposer une nouvelle forme à l'individu perverti ; son mode d'action, c'est la contrainte d'une éducation totale : "*En prison le gouvernement peut disposer de la liberté de la personne et du temps du détenu ; dès lors, on conçoit la puissance de l'éducation qui, non seulement dans un jour, mais dans la succession des jours et même des années peut régler pour l'homme le temps de veille et de sommeil, de l'activité et du repos, le nombre et la durée des repas, la qualité et la ration des aliments, la na-*

ture et le produit du travail, le temps de la prière, l'usage de la parole et pour ainsi dire jusqu'à celui de la pensée, cette éducation qui, dans les simples et courts trajets du réfectoire à l'atelier, de l'atelier à la cellule, règle les mouvements du corps et jusque dans les moments de repos détermine l'emploi du temps, cette éducation, en un mot qui se met en possession de l'homme tout entier, de toutes les facultés physiques et morales qui sont en lui et du temps où il est lui-même". Ce « réformatoire » intégral *prescrit* un recodage de l'existence bien différent de la pure privation juridique de la liberté et bien différent aussi de la simple *mécanique* des représentations à laquelle songeaient les réformateurs à l'époque de l'Idéologie » (pp. 238-239).

On aura remarqué l'orientation particulière du résumé que Foucault donne des propos de Lucas. Il y a plus. Ce long passage, présenté comme prescriptif, est en réalité farouchement critique. Voici la suite, toujours non citée :

> « Si grande est cette puissance, quand on en mesure toute l'étendue, qu'on sent le besoin d'être rassuré par son bon usage ; car il y aurait dans son abus un système de tortures morales cent fois plus épouvantables que tout le cortège des tortures physiques inventées par le génie de l'inquisition et abolies par celui de la civilisation ; il y aurait pour l'homme, dans ce despotisme de la liberté morale, dans cette destruction de sa personnalité, dans ce bâillonnement de sa parole, dans cet esclavage de sa pensée, un raffinement de cruauté qui dépasserait toutes les barbaries du Moyen Âge, de *tout l'intervalle qui sépare les souffrances de l'âme des souffrances du corps.* Nous avions donc raison de dire que, loin d'être dépouillée des pouvoirs d'intimider, la discipline pénitentiaire était armée au contraire d'un levier dont elle avait plutôt à limiter qu'à épuiser la force, et qu'elle avait ainsi moins à craindre de manquer de puissance, que de prudence et de circonspection » (c'est moi qui souligne).

Tout comme pour Faucher, on peut concilier les propos de Lucas avec les thèses de Foucault. Avec ce handicap de taille : de coupables, les réformateurs du XIXe siècle deviennent « co-accusateurs » ; ce qui laisserait le banc des « accusés » étrangement vide, ayant, pour seul occupant, le « système ». Or même un structuraliste préfère attribuer la logique par lui dégagée à des sujets conscients et volontaires plutôt qu'à sa seule perspicacité (par la suite, on prétendra qu'il en va de la force performative des métaphores choisies par Foucault). De même, insister sur le caractère polémique des passages de Faucher et de Lucas rendrait suspecte la valeur documentaire de leurs témoignages.

« Du bon usage de la "trahison"[26] (Respect II)

> « L'historien dit ce qui a lieu, le poète, ce qui pourrait avoir lieu, c'est-à-dire le possible » (Aristote, *Poétique*[9]).

Il ne fait pas de doute que Foucault trahit les acteurs historiques ; mais peut-on lui trouver des circonstances atténuantes ? C'est en ces termes quasi juridiques que j'ai d'abord statué sur l'« affaire *Surveiller et punir*[27] », avant de me rendre compte de l'idée bien curieuse de la fidélité (du respect) qu'ils impliquent.

D'abord, parce qu'elle postule une utopie de la haute fidélité. Tout compte rendu est une « trahison », qui résulte de la double opération de tri et d'interprétation ; toute traduction est « trahison », qui obéit à deux séries de normes incompatibles, de vénération de la source et d'accommodation au système d'accueil[28] ; déjà toute citation est « trahison » : après la magistrale démonstration de Borgès, « Pierre Ménard, auteur de Don Quichotte », nous en savons plus sur la prétendue innocence du discours direct. Les juristes refusent ainsi fort justement l'opposition binaire entre fidélité et trahison, et proposent une typologie du décalage par rapport au texte original : *extra-legem, contra-legem,* etc.

Mais à imaginer la possibilité d'une fidélité totale, on voit mal son intérêt pour l'historien. Ce n'est pas en parlant à la place des acteurs que celui-ci remplirait son contrat, mais en dessinant les contours des possibilités de discours et d'action que ces acteurs ont en partie actualisées.

Jochen Hoock propose une belle définition de l'histoire : dire ce qu'on ne peut pas dire ou faire dans un moment historique donné. Celui-ci se définit par ses impossibles (comment ne pas songer au *Rabelais* de Lucien Febvre).

L'historien, n'en déplaise au popperianisme commun, ne

saurait pourtant se confiner à la seule élimination, il se hasarde aussi dans le possible. Pour revenir à Foucault, on doit interroger ses champs métaphoriques dans le cadre du jeu subtil entre possible et impossible. Question possibiliste : la condensation de la Phase A autour du pôle rituel et cérémoniel, de la Phase B autour du pôle technologique et économique, entre-t-elle dans l'ordre des possibles contemporains ? Je répondrai par l'affirmative. Questions impossibilistes : serait-il aberrant d'inverser les champs et parler rituel pour la Phase B, de technologique pour la Phase A ? et de Phase rituelle *et* technologique ?

Y répondre est moins aisé. Pour le faire, on peut soit plonger dans les sources, ce qui n'est pas mon ambition, soit dans *Surveiller et punir*, qui l'est bel et bien. On l'a dit, la métaphorisation n'y est pas puriste. Il arrive à Foucault de parler de la première phase en utilisant l'économique (39, 62 ; p. 81, il précise qu'il s'agit d'une « mauvaise économie du pouvoir »), et la mécanique (43, 45, 60) — mais pas, sauf erreur, à la technologie. Il lui arrive surtout de parler « rituellement », « théâtralement » de la deuxième phase, tout en se corrigeant souvent par un « mais ». Si « la punition publique est la cérémonie du recodage immédiat » (p. 112), la page suivante nuance « que les châtiments soient une école plutôt qu'une fête ; un livre toujours ouvert plutôt qu'une cérémonie ». Autres exemples : « Non plus le grand rituel terrifiant des supplices, mais au fil des jours et des rues, ce théâtre *sérieux*, avec ses scènes multiples et persuasives » (p. 115) ; « Le petit tribunal qui semble siéger en permanence dans les édifices de la discipline, et qui parfois prend la forme théâtrale du grand appareil judiciaire, *ne doit pas faire illusion* : il ne reconduit pas, sauf par quelques continuités formelles, les mécanismes de la justice criminelle jusqu'à la trame de l'existence quotidienne » (p. 185) ; « L'opération pénitentiaire, si elle veut être une vraie rééducation, doit totaliser l'existence du délinquant, faire de la prison une sorte de théâtre *artificiel et coercitif* où il faut la reprendre de fond en comble (p. 255) ; et voir aussi p. 180, où une situation annoncée comme « un cérémonial » est résumée comme « un petit mécanisme pénal ».

Ainsi, l'hypothétique *interchangeabilité* des deux champs est plutôt unidirectionnelle : il parle volontiers de « rituel » pour la Phase B, beaucoup plus difficilement de « technologie » pour la Phase A. Ce qui nous incite à parler d'une éventuelle loi de conservation de la métaphore : il est pratiquement impossible de se débarrasser d'une couche métaphoprique ancienne, elle continue à investir les nouvelles couches.

Expérimentation : On a pris un passage de *Surveiller et punir* riche en double métaphorisation. Puis on a « traduit » les termes *rituels* en terme *technologiques* et vice versa (faute de mieux, on a soit supprimé des termes marqués, soit on les a réécrits en des termes plus neutres, signalés par les **caractères gras**). Soit le passage sur le *Panopticon* de Bentham, pp. 203-204 :

Version originale

« *Dispositif* important, car il *automatise* et désindividualise le pouvoir. Celui-ci a son principe moins dans une personne que dans une certaine *distribution* concertée des corps, des surfaces, des lumières, des regards ; dans un *appareillage* dont les *mécanismes* internes *produisent* le rapport dans lequel les individus *sont pris*. Les ***cérémonies***, les ***rituels***, les ***marques*** par lesquels le plus-de-pouvoir est manifesté chez le souverain sont inutiles. Il y a une *machinerie* qui assure la dissymétrie, le déséquilibre, la différence. Peu importe, par conséquent, qui exerce le pouvoir. Un individu quelconque, presque pris au hasard, peut faire *fonctionner* la *machine* : à défaut du *directeur*, sa famille, son entourage, ses amis, ses visiteurs, ses domestiques mêmes. »

Version « inversée »

« **Système** important, car il désindividualise le pouvoir. Celui-ci a son principe moins dans une personne que dans une certaine **articulation** concertée des corps, des surfaces, des lumières, des regards ; dans un ***rituel*** dont les **processus** *internes sont* **à l'origine** du rapport dans lequel les individus **évoluent.** Les *technologies*, les *mécanismes*, les *signes* par lesquels le plus-de-pouvoir est manifesté chez le souverain sont inutiles. Il y a une ***mise en scène*** qui assure la dissymétrie, le déséquilibre, la différence. Peu importe, par conséquent, qui exerce le pouvoir. Un individu quelconque, presque pris au hasard, peut ***assurer l'office*** ; à défaut du ***prêtre***, sa famille, son entourage, ses amis, ses visiteurs, ses domestiques mêmes. »

Cet exercice périlleux confirme la double dissymétrie entre les deux champs : gamme limitée d'un côté (que seul le chapitre consacré à la chaîne des forçats élargit *ad hoc*), extrêmement variée de l'autre ; transplantation aisée de A sur B, tirée par les cheveux de B sur A. Car si les termes répertoriés dans la Phase rituelle sont transposables dans la nôtre, il serait tout à fait inapproprié de parler, pour la Phase A, de projet/ programme/rouages/ ingénierie... Ceci ne manquera pas d'avoir des conséquences.

Cette non-transivité relative rappelle l'*anachronisme*, « Confusion de dates, entre ce qui appartient à une époque et ce qui appartient à une autre » *(Robert)*. L'anachronisme est donc interchangeable en théorie. Mais dans la pratique il est unidirectionnel : il n'est vécu — pour être combattu — que par le viol du passé par le présent. Le présent envahi par le passé est plutôt qualifié d'« archaïsme » ; il ne s'agit alors plus d'une opération intellectuelle de projection, mais de mélange réel.

La machine(rie) métaphorique : faire passer l'improuvable

On connaît la définition de Platon : *« la rhétorique est ouvrière de la persuasion » (Gorgias,* 453a). Convaincre, non pas se convaincre. Car à Athènes, la rhétorique fut en premier lieu une technique juridique. Et la croyance en l'innocence du client n'a jamais fait partie du contrat d'un homme de loi, cette profession « où plus on ment plus on a de succès »[29]. C'est probablement cette conception péjorative de la rhétorique qui explique l'absence de la persuasion dans les débats actuels sur la métaphore en science. On semble toujours admettre la tension, voire l'incompatibilité entre le « bien dire » et le « dire vrai ». En langage platonicien, le Vrai étant le Beau en soi, il doit s'imposer sans l'aide d'artifices en tous genres. Ce qui donne le syllogisme suivant : pour dire le vrai, nul besoin de rhétorique ; qui fait appel à la rhétorique, essaie de convaincre sans y croire (/sans s'y connaître/sans que le destinataire s'y connaisse...). La métaphore, arme rhétorique s'il en fût, cache donc, en l'imposant, la tromperie ou l'ignorance.

Nous savons à présent « mieux ». Le Vrai n'est pas si transparent que cela ; il ne se suffit pas, et pas seulement à cause de l'ignorance ou de la mauvaise foi du destinateur. Nous sommes hélas le plus souvent dans l'impossibilité de trancher entre deux « vrais » ou plus, chacun étant cohérent avec ses prémices, comme dans l'impossibilité de prouver un « vrai ». Faire dans ces cas appel à la rhétorique, « ouvrière de la persuasion », afin d'imposer « son » vrai, n'implique ni ignorance, ni, surtout, duplicité. Bien au contraire : plus on y croit, moins on lésine sur les moyens rhétoriques, et donc sur les métaphores.

Revenons à Michel Foucault et à ce en quoi il croyait jusqu'à en devenir rhéteur. Je pense ne pas trahir sa vision de l'histoire en la qualifiant de *discontinuiste.* Si les historiens évitent d'affronter ce thème, c'est que « le problème du continu et du discontinu demeure avant tout, et au premier chef, un problème philosophique[30] », métaphysique — le *fragwürdig* de Heidegger. Il est improuvable, ou, pour reprendre Karl Popper, irréfutable[31]. L'historiographie de la Révolution française, de toute révolution confirme ce constat. La rupture entre l'Avant et l'Après n'est pas plus démontrable que leur continuité. On opte alors pour la solution « molle », triviale (trop vraie) : dans chaque moment historique singulier il y a de l'ancien et du nouveau, du « déjà vu » et du « jamais vu ». Comme l'écrit Louis de Broglie, à qui on doit la définition de la lumière comme synthèse des ondes (continuité) et des corpuscules (discontinuité) : « L'évolution des doctrines dans toutes les régions de l'activité intellectuelle [...] montre que les concepts du continu et du discontinu poussés à l'extrême et opposés l'un à l'autre sont impuissants à traduire la réalité, et que celle-ci exige toujours une fusion subtile et presque indéfinissable des deux termes de cette antinomie[32]. » Autant qu'en science, plus encore peut-être, le dosage, en histoire, est déterminé par ce qu'il ne faut pas hésiter d'appeler la vision du monde, continuiste ou discontinuiste, de l'historien. Cette métaphysique relèvera donc toujours du domaine de l'improuvable, du non-dit — de la rhétorique.

Selon Michel Foucault, les années 1760-1840 ont vu l'émergence d'une constellation fondamentalement nouvelle dans l'histoire de l'« économie du pouvoir ». Que le supplice de Damiens et l'ordre du jour de la Maison des jeunes détenus à Paris renvoient à deux « économies du châtiment » complètement différentes, et même opposées, nous serons tous (?) enclins à l'admettre. Il est moins facile de faire passer des pratiques que tout rapproche comme appartenant à des structures fort différentes, de convaincre qu'entre « théâtre » et « théâtre sérieux » il y ait une opposition tranchée. Et le plus difficile serait d'imposer sa propre lecture des sources, qui veut que l'emploi des mêmes termes, de ce côté et de l'autre de la « cassure », obéisse à des logiques antinomiques. Ce qui est admis en linguistique fonctionnaliste depuis Saussure et Jakobson, à savoir qu'il n'y a pas de sémantique intrinsèque, paraît en argumentation historique comme de la manipulation opportuniste des sources, ou de l'arbitraire herméneutique de l'historien. Foucault dit lui-même que l'enjeu de la domination, en histoire, est le monopole de l'interprétation : « Si interpréter, c'était mettre lentement en lumière une signification enfouie dans l'origine, seule la métaphysique pourrait interpréter le devenir de l'humanité. Mais si interpréter, c'est s'emparer, par violence ou subreption, d'un système de règles qui n'a pas en soi de signification essentielle, et lui imposer une direction, le ployer à une volonté nouvelle, le faire entrer dans un autre jeu et le soumettre à des règles secondes, alors le devenir de l'humanité est une série d'interprétations[33]. » Quel beau résumé de la démarche interprétative-rhétorique de Foucault lui-même, illustrée par sa lecture de Charles Lucas, qu'il « ploie à une volonté nouvelle, qu'il fait entrer dans un autre jeu et soumet à des règles secondes ».

Revenons à la « machine(rie) métaphorique » de *Surveiller et punir*, construite autour de l'opposition entre le rituel-théâtral et le techno-économique. L'opposition est maintes fois explicitée : ainsi « théâtre » est opposé à « mécanique/rouages » (p. 15), « art » à « économie » (p. 16), « rituel » à « économie » (pp. 46, 96), « Fête/cérémonie » à « école/livre » (p. 113), « rituel terrifiant » à « théâtre sérieux » (p. 115), « théâtre/rituel » à « architecture/édifice » (p. 117), « théâtre » à « appareil » (p. 118), « cérémonies/rituels » à « machinerie » (p. 203), « spectacle » à « surveillance » (p. 218), « traditionnel/rituel » à « technologie/calculer/gérer » (p. 222).

Ainsi, la rupture entre la Phase A et la Phase B, ne pouvant être démontrée que très partiellement, est véhiculée à travers des choix linguistiques. Ce faisant, Foucault obéit à la première maxime d'Aristote concernant le changement, à savoir que « la différence en jeu dans le changement est celle entre des oppositions logiques, contraires ou contradictoires[34]. » Profondément philosophe, Foucault historicise des possibilités logiques, pourtant a-temporelles par définition ; pour paraphraser la célèbre définition de la poésie de Roman Jakobson : « projeter le principe de l'équivalence de l'axe paradigmatique sur l'axe syntagmatique », Foucault projette le principe de l'« équivalence » — qui n'en est pas une — de l'axe (pseudo)-logique sur l'axe historique. La construction du livre est l'historicisation de deux oppositions-enchaînements, *« organisme → machine »* et *« synthèse → analyse »* ; une troisième, *« chaud → froid »*, fédère implicitement les deux autres.

Faire du couple *« synthèse-analyse »* un opérateur d'histoire sociale et politique est d'une grande nouveauté. Renvoyons au chapitre consacré à l'emploi du temps dans les systèmes disciplinaires (pp. 151-154). Le couple *« organisme-machine »* a en revanche déjà été placé sur l'axe historique. Ici, l'apport de Michel Foucault est neuf, certes, mais discutable. Selon sa thèse, la phase machiniste a succédé à son opposé, la phase organiste. Or d'autres recherches proposent des scénarios différents. Pour Karl W. Deutsch, auteur de l'étude pionnière sur ce thème[35], c'est exactement l'inverse qui s'est passé. Il affirme que le concept d'« organisme » a supplanté vers 1770-1800 le concept de « mécanisme » dans la pensée scientifique et socio-politique ; c'était une conséquence de l'accent mis alors sur la plénitude, l'interrelationalité, la croissance et l'évolution de l'être biologique, humain et social. Citons aussi l'excellent ouvrage de Judith E. Schlanger, *Les métaphores de l'organisme*[36], dont un chapitre : « Organisme, mécanisme et langage de l'harmonie », démontre qu'il s'agit en réalité d'une « fausse antithèse », d'une « opposition stéréotypée » mais intenable. Schlanger voit toutefois une prégnance des métaphores organiques dans la pensée romantique et post-romantique — ce qui va plutôt dans le sens de Deutsch.

A cette réserve se superpose le problème de l'emploi de la notion de « corps ». Selon Foucault, la Phase A avait pour objet privilégié, le *corps humain*, la « scène » du « théâtre des supplices ». Ce n'est donc pratiquement qu'à propos de la Phase B qu'il emploie le terme, pourtant pluriséculaire, de *« corps social »* (pp. 84, 92, 101, 133, 134, 145, 233, 305, 308, 310, etc. ; un contre-exemple : p. 117, et encore...). Les besoins de la construction par oppositions mènent Foucault à réserver le terme « corps social » à l'époque où, selon lui, le corps physique a été plus ou moins évacué de l'économie disciplinaire. Faut-il insister sur la partialité de ce choix ? ou sur son incompatibilité avec le scénario « organisme → machine » ?

* * *

Le parti pris « aristotélicien » de Foucault, de dire le changement à travers une série d'oppositions tranchées, mutuellement exclusives, s'il comporte bien des risques, dont on vient d'offrir un échantillon, a aussi des avantages indéniables. Et en premier lieu celui de l'heuristique. Imposer à la réalité son hypothèse antinomique et chronologique permet à Foucault la découverte d'autres hypothèses qui compliquent son scénario. En effet, l'analyse ne s'arrête pas au triomphe de la machine. Les technologies disciplinaires, pour être véritablement efficaces, doivent être parfaitement intériorisées par les individus qui en sont les victimes — c'est-à-dire tout le monde ; le résultat final est une « société-machine » : « Le pouvoir disciplinaire a pour corrélatif une individualité non seulement analytique et « cellulaire » mais naturelle et « organique » (p. 158) — ce qui rappelle le modèle désormais classique de Norbert Elias.

Dire la discontinuité à travers des oppositions quasi logiques a surtout l'avantage de la clarté argumentative, donc de l'efficacité persuasive. Si l'on adhère à la thèse selon laquelle l'histoire disciplinaire a subit une mutation dans les années

1760-1840, il faut trouver un moyen de la marquer. Car les critiques locales faites et considérées, il reste que les choix globaux de Foucault de marquer le passage d'une ère d'impossibilité à l'autre par le passage d'un champ métaphorique à un autre se trouvent amplement justifiés.

Paul Feyerabend, dans une analyse iconoclaste de la stratégie démonstrative de Galilée[37], démontre que celui-ci, tout en croyant dur comme fer en la théorie copernicienne, la savait à l'époque improuvable, pour des raisons technologiques, théoriques, épistémologiques, métaphysiques. Ce cas est spectaculaire, mais non unique. Car il y a rarement coïncidence entre les intuitions, les convictions, les techniques, et les habitudes scientifiques. Le décalage est même la règle. *Contre la méthode* soulève donc un problème plus général, qui recoupe la distinction heideggerienne entre *fraglich* et *fragwürdig*: est-ce qu'on ne doit poser à la réalité que des questions que l'appareil théorique et technologique permet ? Doit-on s'abstenir de toute question dont on sait les réponses improuvables ou impossibles à réfuter ? Ou doit-on plutôt partir des questions, et l'appareil suivra — ou ne suivra pas ? Là aussi, l'enseignement de Michel Foucault est précieux.

Une des conséquences de la théorie de Feyerabend est que pour imposer une hypothèse dissonante, on est condamné à faire appel à la rhétorique. Dans le cas de Galilée, la « rhétorique » signifiait l'intimidation et la ridiculisation des adversaires, l'humour, les jeux de mots, les artifices, les spectacles. Dans le cas de Michel Foucault, la « rhétorique » implique, entre autres stratagèmes, l'imposante machine(rie) métaphorique. Mais existe-t-il d'autres moyens pour penser, pour faire passer la discontinuité, dans son acception forte, qui est celle de Foucault ? Selon moi, la réponse est négative, encore plus que dans l'affaire Galilée. Pour imposer des convictions de ce genre, il faut le plus souvent brutaliser, manipuler la réalité. Ne lésinons pas sur les termes : il faut tricher.

De la liberté, ou : Comment devient-on Foucault ? (Respect III)

« Le fou est un homme libre », dit Lacan[38]. Foucault, s'il met fou entre guillemets en le généalogisant, n'est pourtant pas insensible à ce genre de provocation. Mais d'où vient l'impression de liberté si *lucide* qu'il donne lui-même ? Et comment concilier ses analyses, où les acteurs semblent irrémédiablement prisonniers de l'ordre mis à jour par Foucault, et la possibilité d'y échapper, du moins partiellement, qui fut la sienne ? Voici posée la question qui pèse sur les plus ardents lecteurs de Foucault — et plus généralement, sur les pratiquants de tout système global. Foucault ne définit pas les opérateurs (dans le sens mathématique du terme) qui permettent de se décaler par rapport à l'ordre autrement que par la folie. Je verrais trois issues à cette angoisse : le Vouloir nietzschéen, l'éclatement de l'idée d'ordre, l'estrangement.

Vouloir. Un silence : dans *Surveiller et punir,* Foucault ne fait aucune allusion à l'histoire pénale que Nietzsche propose dans *La Généalogie de la morale,* II. Ce silence est d'autant plus surprenant qu'il s'agit d'une leçon magistrale en généalogie, justement amplement citée (cinq fois) par Foucault dans « Nietzsche, la généalogie, l'histoire ». La confrontation des deux généalogies aurait fait apparaître bon nombre d'accords — et quelques désaccords fondamentaux[39]. Surtout cette confrontation aurait pu *problématiser* le modèle, évidemment beaucoup plus achevé, mais aussi plus oppressant, de Foucault. Relevons une divergence essentielle : la démonstration de Nietzsche est dominée par la possibilité de s'en sortir. C'est par la volonté de puissance, qu'il me semble plus approprié d'appeler la *« puissance du Vouloir »* que Nietzsche commence l'analyse :

> « Cette tâche d'élever et de discipliner un animal qui puisse faire des promesses a pour condition préalable, ainsi que nous l'avons déjà vu, une autre tâche : celle de *rendre* d'abord l'homme déterminé et uniforme jusqu'à un certain point, semblable parmi les semblabes, régulier et, par conséquent, appréciable [...] Plaçons-nous par contre au bout de l'énorme processus, à l'endroit où l'arbre mûrit enfin ses fruits, où la

> société et sa moralité des mœurs présentent enfin au jour ce pour quoi elles n'étaient que moyens : et nous trouverons que le fruit le plus mûr de l'arbre est l'*individu souverain*, l'individu qui n'est semblable qu'à lui-même, l'individu affranchi de la moralité des mœurs, l'individu autonome et supermoral (car "autonome" et "moral" s'excluent), bref l'homme à la volonté propre, indépendante et persistante, l'homme qui peut promettre — celui qui possède en lui-même la conscience fière et vibrante de ce qu'il a enfin atteint par là, de ce qui s'est incorporé en lui, une véritable conscience de la liberté et de la puissance, enfin le sentiment d'être arrivé à la perfection de l'homme. Cet homme affranchi qui peut vraiment promettre, ce maître du libre arbitre, ce souverain — comment ne saurait-il pas quelle supériorité lui est ainsi assurée sur tout ce qui ne peut pas promettre et répondre de soi, quelle confiance, quelle crainte, quel respect il inspire — il « mérite » tout cela — et qu'avec ce pouvoir sur lui-même, le pouvoir sur les circonstances, sur la nature et sur toutes les créatures de volonté plus bornée et de relations moins sûres, lui est nécessairement remis entre les mains[40]. »

Ordre. L'ordre, tel qu'il émerge des écrits de Foucault, qu'il l'intitule épistémè ou non, a toujours quelque chose de monolithique : une époque égale un ordre. Cette position, on l'a vu, ne laisse point de place à la liberté autre que celle du fou-artiste. Trois idées, dont deux ont déjà été discutées ici, permettent d'ébranler l'édifice :

— un moment est caractérisé par ses impossibilités, pas par un possible cohérent ;

— la discontinuité est d'origine synchronique, voire logique, avant qu'elle investisse la diachronie ;

— la réalité est un « archipel » constitué d'ilôts de cohérence — d'ordre — qui sont logiquement, ou pseudo-logiquement en contradiction les uns avec les autres ; la liberté serait dans la possibilité, rarement complètement consciente, de l'homme de sautiller d'un ilôt à l'autre, quand un ordre ne correspond (plus) aux intérêts, idéologies, besoins, humeurs qui sont les siens[41].

Ce qui nous ramène à la métaphore de la forme matricielle. En taisant les critiques de Lucas et de Faucher, Foucault individualise le « machinisme » — et le rend crédible. Mais à quel prix ? Autrement dit, qu'est-ce que ses options métaphoriques l'empêchent de voir dans les textes qu'il lit ? Il ne s'agit pas de proposer une contre-métaphore, mais d'indiquer un domaine que la grille économico-technologique laisse plus ou moins de côté : *la religion.* (Disons tout de suite que cette exclusion n'est point inévitable, comme l'a montré Max Weber). Restons avec les réformateurs de l'an 1838.

L'article de Faucher dans la *Revue des Deux Mondes* a déjà attiré mon attention. Voici sa description des détenues de Fontevrault :

> « Vous verrez sur les joues des larmes silencieuses, seuls indices qui trahissent dans cette retraite le trouble de leur cœur [...] Le repentir ou tout au moins la réflexion a laissé des traces profondes sur toutes ces figures [...] Et quel tort ne ferait pas aux détenues de Fontevrault l'emprisonnement solitaire, qui leur enlèverait le spectacle édifiant qu'elles se donnent les unes aux autres, de leurs progrès journaliers vers le bien » (p. 403).

On retrouve ce même spiritualisme dans *De la Réforme des prisons.* Dans une analyse foucaldienne avant la lettre, Faucher propose le catholicisme comme modèle global du social :

> « Le catholicisme est la dernière forme religieuse et politique qui ait eu la prétention d'embraser l'homme tout entier, et de ne laisser aucune partie de la société en dehors du gouvernement. Dans cette admirable organisation, le système répressif ne tient pas moins de place que le système préventif. Au point de vue religieux, la pénitence est un sacrement, comme le baptême et l'eucharistie ; au point de vue politique, nous voyons s'ouvrir presque en même temps les écoles, les hôpitaux, les asiles et les monastères ; la chaire et la cellule sont, à un égal degré, les symboles de l'institution. » (Introduction, p. 5).

L'idéal, selon Faucher, serait une version laïque de ce modèle : « Aux Etats-Unis, par exemple, la religion joue un grand rôle dans le système pénitentiaire [...] Mais la population des prisons en France a d'autres mœurs ; elle appartient à la nation la plus sociable à la fois et la moins religieuse des deux continents. L'action de l'homme s'y doit faire d'autant plus sentir, que l'on y révère moins le nom de Dieu » (p. 6).

Pour Charles Lucas, en revanche, la religion n'appartient point au passé, la réforme du système pénitentiaire devrait même passer par la religion pour aboutir. Le chapitre intitulé « De l'action comparée du catholicisme et du protestantisme sur l'éducation pénitentiaire » (pp. 410-415) arrive à la conclusion suivante : « Qu'une société soit catholique ou protestante, méthodiste ou calviniste, le système pénitentiaire y prospérera, partout où il trouvera l'abri et l'appui des sentiments religieux ; ce n'est que sous l'atmosphère du scepticisme et de l'athéisme qu'il ne saurait s'acclimater » (p. 415). Suit alors un chapitre intitulé « De l'éducation individuelle — de son but — de ses principes », où Lucas établit le parallèle entre « législateur pénitentiaire » et « législateur religieux », les deux fonctionnant selon les mêmes principes : crainte et intimidation — rémunération et espérance. Observons la lecture qu'en fait Foucault. Selon lui, il s'agirait ni plus ni moins de la « Déclaration d'indépendance carcérale » (250-251). D'une pensée imprégnée d'humanisme catholique, pleine de bonne volonté, Foucault ne voit qu'un projet quasi machiavélique ; et dans la page qu'il consacre à cette « Déclaration », le terme « religion » n'apparaît pas une seule fois[42].

Les choix métaphoriques de *Surveiller et punir* créent des points aveugles hautement significatifs. Insister sur l'élément chrétien dans la pensée pénitentiaire du XIXe siècle aurait exigé, de la part de Foucault, un effort argumentatif supplémentaire (une litote). Certes, comme tous les cas déjà évoqués, celui-ci était, lui aussi, récupérable par les thèses de Foucault. Mais le prix en aurait été une pollution certaine de la démonstration.

Or ce faisant, et c'est là le reproche majeur qu'on devrait faire à Foucault, le seul que, pour ma part, je lui ferai, il n'accorde aucun *droit à la liberté* à Faucher et à Lucas ! Alors que s'il avait admis que le réel est un « conglomérat » de micro-ordres, il aurait aussi toléré une dose de liberté aux deux réformateurs qui ont pensé leurs projets à travers deux ordres discursifs à beaucoup d'égards incompatibles. La perspicacité qu'on ne pourrait leur refuser est née de cette rencontre.

Estrangement. C'est dans cette notion que Hayden White,

dans une importante analyse de Foucault, propose de voir la clef de la liberté foucaldienne (mes termes) :

> « Contrairement à l'historien conventionnel, qui est concerné par la clarification et de ce fait par la *refamiliarisation* de ses lecteurs avec les artefacts des cultures passées, Foucault cherche à *défamiliariser* les phénomènes humains, sociaux et culturels rendus trop transparents par un siècle d'étude, d'interprétation et d'une surdétermination conceptuelle. Foucault s'insère dans une tradition d'une pensée historique née du romantisme et relevée [...] par Nietzsche[43]. »

Dans cette tradition, les Formalistes russes, et en premier lieu Victor Chklovsky, théoricien de l'*ostranenie*, occupent une place de choix.

La performativité des métaphores : périodiser le présent

Défamiliariser le passé, mais surtout rendre le présent (insupportablement) étrange ! C'est à partir de l'année 1975, en effet, qu'il faudrait lire *Surveiller et punir*, de loin l'ouvrage le plus « performatif » de Foucault *(How to do things with words)*. C'est lui qui l'autorise :

> « Que les punitions en général et que la prison relèvent d'une technologie politique du corps, c'est peut-être moins l'histoire qui me l'a enseigné que le présent [...] C'est de cette prison, avec tous les investissements politiques du corps qu'elle rassemble dans son architecture fermée que je voudrais faire l'histoire. Par un pur anachronisme ? Non, si on entend par là faire l'histoire du passé dans les termes du présent. Oui, si on entend par là faire l'histoire du présent » (p. 35).

Hubert Dreyfus et Paul Rabinow partent justement de ce passage pour expliquer l'ancrage dans le présent qui constitue une des originalités de Foucault : « Cette approche commence, de manière explicite et autoréflexive, par un diagnostic de la situation présente. L'orientation choisie est, sans équivoque ni hésitation, contemporaine[4] . » En faisant intervenir une analyse du passé dans les enjeux du présent, Foucault répond une fois de plus au défi lancé par Nietzsche dans sa Seconde considération intempestive : *De l'utilité et de l'inconvénient des études historiques pour la vie* (1874) — Nietzsche qui dit ailleurs : « A force de vouloir rechercher les origines, on devient écrevisse. L'historien voit en arrière, il finit par croire en arrière[45]. »

Revenons, une dernière fois, aux choix métaphoriques de l'ouvrage. Ils sont normativement marqués : l'organique, quand il est opposé au mécanique, a d'emblée des connotations positives, comme en ont les autres termes de la colonne « rituelle » face à ceux de la colonne « technico-économique » ; tout comme le chaud opposé au froid (le dionysiaque vs. l'apollinien).

Surveiller et Punir, et à bien des égards *L'histoire de la folie* et *Naissance de la clinique*, semblent ainsi s'inscrire dans une longue tradition de voir l'Autre comme plus organique que le Soi. En mythologie comme en anthropologie et en histoire, on tend à raconter l'histoire humaine comme un long, inévitable processus d'aliénation (de désharmonisation avec la nature, Dieu(x), la société, soi-même). La dissymétrie conceptuelle confirme ce constat. Tout se passe comme si la relative pauvreté du champ rituel, et la grande richesse du champ techno-économique, reflétaient respectivement les besoins d'une situation simple et d'une situation complexe ; cela confirme l'impression d'un champ rituel métonymique, donc organique au réel, opposé à un champ technologique, métaphorique, qui lui est complètement plaqué. La vision discontinuiste de Foucault rend ce jeu plus problématique encore. J'en relèverai deux signes. 1. L'emploi du terme « nouveau » sans qu'il y ait d'« ancien » ; exemples : « nouvelle technique/gestion », p. 162 ; « nouvelle technique », p. 159, « nouvelle mécanique », p. 179, « nouvelle économie », pp. 83, 149). 2. L'absence d'antonyme de la notion de « rationalité » (cf. p. 276), si capitale pour l'analyse de la Phase B.

Foucault ne serait-il pas piégé lui-même par cette charge émotive par lui créée ? Cela expliquerait le caractère autre du chapitre sur l'examen (pp. 186-196), îlot cérémonial dans une mare technico-économique. En dix pages consacrées à l'examen, Foucault fait dix-sept fois appel à « rituel » et à « cérémonie » — contre dix-huit emplois de « technologie », « mécanisme », « rouages », « calculable », « investissement » ; alors que dans les cent pages qui précèdent, la Phase B est presque exclusivement décrite à travers la terminologie économico-technologique. Du coup, la charge « positive » de la Phase A investit la Phase B, ce qui donne la conclusion suivante :

> « Il faut cesser de toujours décrire les effets du pouvoir en termes négatifs : il "exclut", il "réprime", il "refoule", il "censure", il "abstrait", il "masque", il "cache". En fait le pouvoir produit ; il produit du réel ; il produit des domaines d'objets et des rituels de vérité. L'individu et la connaissance qu'on peut en prendre relèvent de cette production. » (p. 196)

Une bonne partie de l'ambiguïté du livre réside, selon moi, dans la charge de ses métaphores. Il ne fait pas de doute qu'une positivité marque l'organisme, une négativité, la machine (surtout dans l'après-1968). La déshumanisation de la société, qui passe par l'oppression technologique (et économique), l'anonymat même de cette oppression, rendent presque sympathique — humaine — la Phase A, festive, rituelle, théâtrale. Et surtout, l'histoire a prouvé qu'on « pouvait s'en sortir »... ; au contraire, ce qui caractérise la Phase B, on l'a vu, est sa « tautologie » : elle se nourrit de tout, même de ses contestataires (ce qui rappelle le monstre dans le *Sous-marin jaune* des Beatles (George Dunning, 1968), qui, ayant tout avalé, s'avale lui-même[46].

Mais *Surveiller et punir* n'est pas adressé aux Français de 1757, ce n'est donc pas *leur* présent qu'il cherche à rendre étrange et insupportable, mais le *nôtre.* Il y a là une invitation à agir. Rappelons que l'expérience déterminante de Michel Foucault dans les débuts des années 1970 fut le G.I.P. (Groupe d'Informations Prisons), qui s'est éclipsé devant la parole des prisonniers (le C.A.P., Comité d'Action des Prisonniers), avant de s'autodissoudre en 1974[47] ; Le livre de 1975 pourrait être lu comme une interrogation rétrospective et cruelle sur la possibilité de l'action, même intellectuelle, face à une « machinerie sans machiniste », si paralysante, si désespérante ?

Se pose à nouveau le problème de la liberté nécessaire pour

sortir de l'ordre. J'en verrais l'issue dans un autre champ connotatif des métaphores de Foucault. Affectivement, on l'a dit, la positivité est du côté de l'organisme, la négativité, du côté de la machine. Mais éthiquement — selon une philosophie qui voit dans le Vouloir la valeur suprême —, la charge s'inverse, le « plus » passe du côté de la machine, le « moins », du côté de l'organisme. En relisant *Surveiller et punir*, on s'aperçoit en effet que non seulement la Phase A n'a pas d'auteur, elle ne peut pas en avoir ; parler de projet/programme/ tactique/ stratégie/calcul cérémonial du supplice n'aurait pas de sens. Cette phase remonte « à la nuit des temps », elle est pour ainsi dire « consubstantielle » à l'Homme (en cela, Foucault rejoint la thèse de Nietzsche, selon qui un stock de procédés de faire souffrir, relativement stable, aurait précédé leurs finalités : *Généalogie de la morale*, II, 12-13). Or même si Foucault, en bon structuraliste, se refuse d'attribuer la Phase B à une intentionnalité quelconque, le livre, en inventoriant discours et projets, donne quand même l'impression que nous évoluons, à présent, dans un système qui est l'œuvre de l'homme comme sujet voulant. On peut même dire qu'en ce domaine, on est passé, vers 1760, de l'ère anthropologique à l'ère historique — ce qui, en 1975, correspond à l'opposition entre immuable et changeable. En d'autres termes, comparés à l'« organique », au « rituel », au « liturgique » — le « machinique », le « technologique », l'« économique » laissent beaucoup plus entrevoir la main de l'homme. Ce que l'homme a fait, semble dire Foucault sans évidemment le dire, l'homme peut le défaire.

CHAPITRE 9

Neutraliser la chronologie : « Génération » comme paradigme scientifique

Les tenants de la notion de « génération » butent sur de très gros obstacles. Toute la littérature qui lui est consacrée, elle est immense, dit le désarroi qu'elle provoque. Car qui ne fait pas appel à cette catégorie, dans son discours de tous les jours, au moins ? Qui ne la sait pas extrêmement problématique ? Pour ne pas refaire, pour la énième fois, le bilan des efforts, souvent pathétiques, de surmonter ces obstacles, renvoyons d'un côté à la position, hautement hostile, de Lucien Febvre[1], de l'autre côté à celle, nuancée mais favorable, de Marc Bloch : « La notion de génération est donc souple, comme tout concept qui s'efforce d'exprimer, sans les déformer, les choses de l'homme. Mais elle répond aussi à des réalités que nous sentons très concrètes[2]. » « Génération » répond donc à nos intuitions, mais son usage s'avère presque impossible. Pour comprendre cette tension, je propose de partir de la maladie d'enfance du terme, c'est-à-dire du décalage, et souvent de l'incompatibilité entre le sens original de « génération », qui est individuel, et son emploi courant, qui est collectif, entre ses connotations continuistes, et sa pratique discontinuiste. Ces deux oppositions sont intimement liées, on les distinguera uniquement pour les besoins de la démonstration.

I. Individuel-collectif

Le premier à parler de génération semble être Héraclite. Plutarque : « [d'aucuns] fixent à l'âge de trente ans, comme Héraclite, la durée d'une génération : c'est l'espace de temps pendant lequel le père voit son fils devenir capable d'engendrer[3]. » Censorinus (IIIe siècle) : « C'est Héraclite qui a donné à cet espace de temps le nom de génération, parce que cet espace de temps comprend un cycle de vie humaine ; il l'appelle cycle de vie parce que c'est le temps que met la semence humaine pour produire une autre semence[4]. »

« Génération », le sens même du mot l'indique, les définitions antiques aussi, est donc un phénomène purement individuel, c'est pourtant un phénomène collectif qu'elle désigne. L'année de naissance et la généalogie, facteurs constitutifs du sens originel de « génération », sont impossibles à concilier avec le groupe. Exemple révélateur : le livre de Jacques Bainville, *L'Histoire de trois générations (1815-1918)* (1934), raconte l'histoire du fils, du père et du grand-père. C'est pourtant de la succession de trois générations de Français qu'il s'agit là. « Génération » est donc *métaphorique*. Cournot, pourtant grand adepte de « génération », écrit : « Dans la société, il est vrai, tous les âges sont mêlés, toutes les transitions sont continues, les générations ne se placent pas bout à bout comme un tableau généalogique. » Ce qui ne l'empêche point de poursuivre : « Aussi n'y a-t-il que l'observation des faits historiques qui puisse nous apprendre au juste comment le renouvellement graduel des idées résulte du remplacement des générations les unes par les autres, et quel temps il faut pour que le changement devienne sensible, au point de distinguer nettement une époque d'une autre[5]. »

L'éclatement de la notion va plus loin. Il touche la participation différentielle, et parfois décalée, au groupe : on ne fait pas partie d'une, mais de plusieurs générations (de la Guerre d'Algérie, de Mai 68, de la Nouvelle Vague, des Nouveaux Parents, du Micro-Ordinateur) ; entre plusieurs générations contemporaines, on fait plus, et plus souvent moins, partie d'une que d'autre (de la Guerre d'Algérie, de

1956) ; et souvent on ne fait pas partie de la génération à laquelle notre âge nous prédétermine (de la Guerre d'Algérie, de Mai 68). Ces virtualités, tous les jours concrétisées, sont dues à l'impossible glissement du temps individuel au temps collectif. Et même si on est conscient du piège, on en reste prisonnier, témoin, une fois encore, Cournot : « Ici, au contraire, ce n'est plus par siècles, c'est par vingtaines ou par dizaines d'années que comptent les connaisseurs, pour marquer des changements sensibles, des phases distinctes[6]... » Tout se passe comme si le raccourcissement de la durée résolvait quoi que ce soit.

II. Continu-discontinu

Hérodote (– Ve siècle) : « Trois cents générations en *lignée* masculine représentent 10 000 ans ; car trois de ces générations font 100 ans » (*Histoires*, Livre II, chapitre 142) ; ailleurs, Hérodote préfère 25 ans : « Ils [...] régnèrent l'espace de 22 générations en *ligne* masculine, pendant 505 ans, le fils recevant le pouvoir des mains du père » (*Histoires*, I, 7). Ainsi, l'origine de génération est continuiste — transmission génétique de père en fils. Mais son emploi dominant en sociologie, anthropologie, histoire, est discontinuiste — concurrence et conflit entre « père » et « fils ». La mise entre guillemets de « père » et « fils », résultat inéluctable du passage de l'individu au collectif, marque déjà le caractère métaphorique de cet emploi.

Si « génération » renvoie à la discontinuité, c'est qu'entre-temps elle est devenue un formidable instrument de *périodisation*. Certes, son origine généalogique, dynastique qui plus est, aurait pu faire de génération le corrélat exact des périodes-règnes successifs : la « génération Louis XIII », la « génération Louis XIV », etc. Il n'en fut rien, et pas à cause de l'irrégularité des durées règnales. La raison a été souvent débattue ici, c'est même un des arguments centraux du livre : la périodisation, dans le sens fort du terme, est un phénomène récent, né d'une rupture existentielle. Le besoin de découper l'Histoire en tranches clairement distinctes, en opposition l'une à l'autre, ne pouvait donc correspondre à la continuité dynastique. Et en effet, on a démontré plus haut (« ... Et la Révolution “créa” le siècle ») que ce besoin s'est pour la première fois fortement manifesté avec la Révolution française. Sans recherches empiriques, de la manière déductive qui est aussi une des constances du livre, je hasarderai l'hypothèse suivante : comme la notion de « siècle », celle de « génération » *devrait* être issue de 1789-1793. On en a déjà eu une illustration dans le sentiment de *dépaysement* éprouvé par Suard, prototype de ce qui est devenue la génération prérévolutionnaire, quand il fut projeté dans l'Empire ; et par Thierry, prototype de la nouvelle génération, lisant la biographie de ce même Suard : « Ces hommes sont presque contemporains, et il y a des siècles entre nous et eux. » Cette hypothèse rend aussi plausible l'affirmation de Thibaudet, selon laquelle « le terme génération s'impose avec Musset. Ce sont les premières pages de la *Confession d'un enfant du siècle* qui font entrer l'idée de génération dans le langage courant et les lieux communs de la littérature »[7]. La « génération romantique », dont Musset est représentatif, est au départ d'une longue tradition dont nous sommes les si dociles héritiers (ou dupes) : la « lutte des générations ».

(L'historique de « *dor* », équivalent hébreu de « génération », est édifiante. *Dor* signifie « chaînon dans l'histoire familiale », il sert pourtant à dire « âge ». Ainsi, la plupart des occurrences du mot dans le Talmud renvoient à un segment temporel marqué par un événement — le *dor* de Babel —, par une personnalité historique — le *dor* de Noé. Le plus courant est l'âge marqué par un rabbin prééminent — le *dor* d'Hilel et de Shamaï, le *dor* de Yehuda Hanassi. Par un léger glissement métaphorique, *dor* ne désigne plus la transmission génétique entre père et fils, mais la transmission du savoir entre maître et disciple (quelques autorités illustres, Yochanan ben Zakaï et Akkiva en premier lieu, n'ont commencé leurs études qu'à l'âge de 40 ans...). C'est donc une « fausse » périodisation, car fondamentalement continuiste, la suite des générations rabbiniques étant une « chaîne ininterrompue » dans laquelle chaque *dor* prétend n'être que le fidèle continuateur-exégète du *dor* précédent).

Expérience de pensée : « Génération » comme paradigme scientifique

La source des ambiguïtés est le fait que le sens métaphorique de « génération », qui est incompatible avec son sens littéral (ou plutôt originel), est devenu le sens dominant. La clarification passe donc par une décision arbitraire de faire de l'acceptation collective et discontinue de « génération » le sens littéral. Il s'agit donc de *couper « génération » de ses racines* ! Pour ce faire, on ignorera l'origine — étymologique et logique — de « génération », pour ne considérer que ses traits constitutifs actuels : disons qu'on adoptera une approche fonctionnaliste, voire behavioriste, de « génération ».

Le langage générationnel repose sur la *cohésion* (du groupe) et l'*opposition* (entre groupes) — ce qui n'est pas sans rappeler les deux piliers de l'art de la définition d'Aristote : *genus proximus* (cohésion) et *differentia specifiica* (opposition). Pour ne pas tomber dans le cercle vicieux où le facteur temporel décide de la cohésion et de l'opposition de collectivités, il faut étudier la génération dans le cadre général de la création de groupes soudés et antagonistes. C'est dans ce cadre qu'on verra le rôle de l'âge, ou de toute autre communauté datée (par exemple le fait d'avoir été marquée par le même événement). En d'autres termes, il s'agit ici de *neutraliser* ce facteur. Pour ce faire, j'ai cherché un modèle dans lequel cohésion du groupe et opposition entre groupes jouent un rôle primordial, le temps, un rôle secondaire. Soit le concept de *paradigme* scientifique. La pensée paradigmatique dans les sciences, esquissée par Ludwik Fleck dès 1935[8], est justement associée avec le nom de Thomas S. Kuhn[9]. Ici on s'appuiera sur ces deux textes classiques, ainsi que sur la contribution de Mario Biagioli[10].

A première vue, le choix paraît surprenant. Le modèle paradigmatique n'évacue nullement le facteur temps — voir les titres des ouvrages de Kuhn et de Fleck : « révolution », « genèse », « développement »[11]. Il se justifie, selon moi, par deux constats :

1. Contrairement à leur ambition affichée, c'est dans l'explication de la *coexistence* des paradigmes, l'un à côté, voire face

à l'autre, plutôt que dans celle de la *succession* des paradigmes, l'un après l'autre, que ces thèses sont novatrices. La résistance, incarnée par Karl Popper, l'a été justement au nom de ce principe, à savoir qu'on n'y fournit pas de critères de préférence pour une théorie plutôt qu'une autre. Pour pousser le relativisme jusqu'au bout, si toutes les théories se valaient — ce que Kuhn et Fleck sont évidemment loin de penser — leur cohabitation serait plus probable que l'élimination de l'une par l'autre. Pour employer le jargon darwiniste, on dira que Kuhn *et al.* n'expliquent pas l'émergence, et encore moins l'extinction des espèces, mais très bien la répartition des ressources disponibles et la création de nouvelles ressources. 2. Même si l'axe temporel joue un rôle dans cette pensée, la cohésion et la résistance d'un paradigme ne dépendent point de son inscription dans un temps spécifique, ni dans une durée pré-limitée du type générationnel. Autrement dit, la communauté biologique n'est jamais un élément d'explication chez Kuhn et Fleck, car l'histoire des sciences a connu, et dans bien des disciplines connaît toujours, des paradigmes séculaires, voire millénaires !

A partir d'ici, le lecteur est invité à s'essayer dans l'exercice suivant : traduire « paradigme », « communauté », « collectivité de pensée », « espèce scientifique », par « génération », voire par une génération particulière, « Mai 68 » ou « les désenchantés de 1956 «, par exemple. La possible interchangeabilité des termes servira de test à la thèse ici avancée.

Selon Kuhn, la science repose sur une *communauté* de savoir, de définitions, d'objectifs (d'autres ajouteront des aspects plus sociologiques et institutionnels de cette communauté). L'activité scientifique, que notre imaginaire veut iconoclaste, ennemie jurée de tous préjugés, ne serait en effet possible que grâce à un *consensus* fort. Pour avancer, le scientifique ne peut pas être cartésien à plein temps. Le doute, certes nécessaire, est en réalité appliqué à une infime partie de son champ ; le « reste » : méthodes, connaissances « préliminaires », questions légitimes et questions qu'on ne peut pas poser — doit « aller de soi » ; ou, pour le dire moins brutalement, ce « reste » n'est remis en cause que quand le paradigme cesse d'être rentable. Tant que ce besoin ne se fait pas sentir, ce qui est le cas dans 99,99 % de la science, la science « *normale* », comme l'appelle Kuhn — terme qui a littéralement scandalisé Popper, Lakatos, Feyerabend[12] —, repose sur un grand conservatisme.

Curieusement, les sciences « pures » sont bien plus conservatrices que les sciences sociales, *a fortiori* les arts. Le paradoxe n'est qu'apparent. Plus une activité intellectuelle est paradigmatique, plus tranchées y seront les frontières entre « normal » et « a-normal », entre légitime et illégitime. Exemple bête, sauvage, éloquent : depuis le XVIIe siècle, la science a décrété une antinomie définitive entre astronomie et astrologie ; et à l'intérieur de l'astronomie, entre Copernic et Ptolémée. Du coup, évoluer dans un système exclut toute possibilité de « faire des sauts » dans l'autre, la stricte obéissance au paradigme étant la condition *sine qua non* de son existence, donc de sa fécondité. Rien de tel en histoire ou en peinture, pour ne citer qu'elles. L'école dite des *Annales* n'exclut nullement l'école dite « positiviste » qu'elle a pourtant proclamée caduque — ceci explique qu'on préfère qualifier de « proto-paradigmes » les tendances en sciences sociales ; à plus forte raison, on ne peut raisonnablement parler d'exclusion mutuelle entre Réalisme et Impressionnisme ; les styles artistiques sont franchement a-paradigmatiques (d'autres les qualifient de « modes »).

Une thèse centrale — et choquante à bien des égards — de Kuhn concerne les procédés qui forgent la cohésion d'une communauté scientifique. Choquante, car elle apparente celle-ci aux corporations de métier, dans les deux cas le groupe est formé par l'apprentissage d'un bagage commun et de techniques qui ont maintes fois fait leur preuve. Pire. Selon Kuhn, la formation des futurs chercheurs passe par une radicale simplification du réel et de la discipline ; les compagnons ne sont exposés qu'aux thèses finies ; on leur fait grâce des balbutiements et des incertitudes. L'histoire du champ est présentée comme une longue *success story* ; sa philosophie est perçue comme un corps étranger à la « vraie recherche » — tout au plus y revient-on à soixante ans ; alors que toute considération sociologique est bannie.

Formés ainsi, les scientifiques ont une tendance prononcée à percevoir le réel à travers ce que Kuhn appelle, exagérément sans doute, un *Gestalt.* Le paradigme devient une grille de vision et de lecture : ce qui le dépasse est au mieux non intéressant, au pire inexistant. Ce phénomène a surtout des bienfaits : le fait de ne pas remettre constamment en cause les acquis assure une grande économie d'énergie, donc des résultats. Il est inutile d'insister sur ses méfaits, les contradicteurs de Kuhn l'ont souvent fait : pratique non critique, aveuglement partiel, obstination à intégrer, coûte que coûte, les données dans le paradigme. Il n'empêche, la science normale fonctionne grâce à la non-problématisation des bases. Jusqu'à ce que l'investissement dans l'adaptation des données au paradigme soit trop important, et le rende de ce fait non rentable ; une « révolution scientifique » naît.

La collectivité de pensée (*Denkkollektiv*), dit Ludwik Fleck, est un groupe social dont les membres partagent un style de pensée (*Denkstil*) stabilisé. « Style de pensée » : ce qui délimite le possible et l'impossible, le pertinent et le non-pertinent, l'intéressant et l'inintéressant : et même le visible et l'invisible. La communauté dont parle Fleck repose sur l'exclusion, à la fois formelle, sociale, et de contenu, à travers des statuts, des coutumes, un langage, ou du moins une terminologie qui lui sont propres.

Ce qui nous mène à un concept occupant une place stratégique dans la pensée de Kuhn : *l'incommensurabilité.* Deux paradigmes concurrents, i.e. qui prétendent expliquer *grosso modo* les mêmes phénomènes, ne partagent pas le même *langage.* Cela crée une impossibilité de dialogue entre les deux — une incommunicabilité, si l'on veut, Kuhn va parfois jusqu'à parler d'intraduisibilité. Cette position est foncièrement relativiste, qui postule le caractère indécidable de la science. Cela explique son rejet catégorique dans le camp popperien. Celui-ci semble affirmer : comme il y a une *seule* rationalité, se dire incommensurable ne peut être qu'un jeu rhétorique ; bien sûr qu'ils peuvent communiquer, mais ils ne le désirent pas.

On peut imaginer une troisième voie. Appelons-la fonctionnaliste-dynamique. Selon cette approche, l'incommensurabilité ne sera plus à prendre à la lettre, à savoir que Descartes, pour prendre un exemple célèbre, n'a vraiment pas pu traduire Aristote. Par une telle prouesse, on suspend la question de la sincérité, voire de la réalité du phénomène, pour se limiter à l'observation de son rôle dans l'émergence, et encore plus dans la cristallisation des nouveaux paradigmes.

Dans l'analyse de Fleck, plus une communauté de pensée est stylisée, moins elle est disposée à communiquer avec d'autres communautés. Mais quel sens y aurait-il de trancher, dans cette configuration, entre « réalisme » et « rhétorique » ? Prenons le cas de Galilée. Dans ses débats farouches avec les aristotéliciens, étudiés par Biagioli, Galilée ne cesse d'insister sur le fait que lui et eux appartiennent à deux « *Denkstile* » incompatibles. Est-ce que Galilée ne pouvait vraiment pas parler avec ces concurrents ? Certainement pas. L'analyse de leurs travaux respectifs, le sens commun aussi, prouvent que, statistiquement parlant, le commun dépassait largement le différend. C'est pourtant sur la partie non compatible que les uns et les autres ont construit leur « dialogue » ! Pour des raisons socio-anthropologiques, certes, mais aussi pour des raisons purement intellectuelles, il leur était pour tous plus rentable de mettre l'accent sur l'impossibilité de communiquer. Ainsi le célèbre *Dialogue* de Galilée, dont le but déclaré est de convaincre ses opposants, fait tout pour les éloigner. En réalité, c'est aux adhérents de *son* paradigme que ce texte est adressé, l'objectif de Galilée étant de renforcer la cohésion de son propre groupe à travers l'impossible dialogue avec l'Autre. L'incommensurabilité devient, selon ce schéma, une étape indispensable dans la construction d'une identité collective. Biagioli va beaucoup plus loin, en avançant que ce qui n'était qu'une stratégie finit par devenir réalité : passé un certain seuil, les paradigmes-« espèces » ne peuvent réellement plus communiquer entre eux (i.e. se reproduire). On ne l'y suivra pas.

Pour casser l'image trop bétonnée du paradigme kuhnien, je fais appel à l'analyse de Ludwik Fleck. Selon lui, la collectivité de pensée est une sorte de conglomérat plutôt hétéroclite au centre magnétique fort. En d'autres termes, l'adhésion s'y fait d'une façon souvent partielle. Pour rendre compte de l'adhésion différentielle, Fleck propose une distinction extrêmement féconde entre *cercle ésotérique* et *cercle exotérique*. Ce passage mérite d'être cité *in extenso* :

> « La structure générale d'une collectivité de pensée consiste en un petit cercle ésotérique et un plus large cercle exotérique ; chaque cercle est constitué de membres appartenant à cette collectivité et formés autour d'une œuvre de l'esprit (*Denkgebilde*), tel un dogme religieux, une idée scientifique, une rêverie artistique. Une collectivité de pensée est faite de nombreux cercles qui s'entrecroisent. *Chaque individu peut appartenir à plusieurs cercles exotériques, mais probablement à peu, et même à aucun cercle ésotérique.* Il y a une hiérarchie graduée des initiés, et divers fils qui relient les grades ainsi que les cercles. Il n'y a pas de relation directe entre le cercle exotérique et la création, mais uniquement de relation médiane. Ainsi la plupart des membres de la collectivité de pensée ne sont reliés aux œuvres produites par le style de pensée qu'en se fiant aux initiés. Mais les initiés ne sont pas indépendants pour autant. Ils sont plus ou moins dépendants, consciemment ou inconsciemment, de l'"opinion publique", donc du cercle exotérique[13]. »

Ainsi, le noyau dur d'un collectif a le monopole de la créativité ; mais les limites de leur liberté créatrice sont rigoureusement dessinées par les adhérents « passifs ». L'exemple de la mode est probant : Yves Saint-Laurent, Christian Dior, Pierre Cardin sont maîtres du jeu tant qu'ils n'en violent pas les règles, qu'ils ont certes fixées, mais qui appartiennent plus aux femmes et hommes ayant adhéré au jeu et qui sauront les faire respecter.

Plus on est proche du centre, plus on est engagé — et vice versa. Il s'ensuit que les membres des cercles exotériques ont des liens souples avec le style de pensée du collectif, ce qui leur permet de faire partie, sans trop de contradiction, d'autres collectifs que rien ne paraît pourtant rapprocher. En règle générale, dit Fleck, « une même personne participe plus souvent à des collectivités de pensée éloignées qu'à des collectivités proches. Des physiciens, par exemple, professent, de nos jours encore, le style de pensée religieux ou spirituel, mais peu d'entre eux se sont intéressés à la biologie dès que celle-ci est devenue discipline indépendante »[14]. Les combats fratricides sont de loin les plus féroces, ainsi entre trotskistes et maoïstes-léninistes.

* * *

Nous approchons la fin de l'expérimentation. Elle aura atteint son objectif si le lecteur a vu la vraisemblance de la traduction de « génération » par « paradigme », « communauté », « espèce scientifique », « collectivité de pensée ». Elle aura été décisive s'il a vu dans cette vraisemblance la preuve que le facteur temps n'est pas indispensable pour rendre compte du phénomène générationnel.

Comme dans toute expérience de pensée, l'intérêt de celle-ci réside dans la poursuite d'une idée jusqu'au bout, *ad absurdum*, si l'on veut. Il convient donc de revenir, en fin de parcours, à une position plus réaliste. Force est à présent de constater que le facteur temps, s'il n'est pas constitutif à l'existence d'une génération, lui est *instrumental* : vu sous un autre angle, il est *probable*. Un groupe quel qu'il soit trouve souvent sa cohésion, comme son opposition à d'autres groupes, dans des points de repère temporels : avoir autour de 22 ans en 1968, avoir plus de 15 ans en 1944, avoir connu l'Israël d'avant 1967. Ces paramètres ont servi, et servent toujours, de techniques d'inclusion et d'exclusion. Chacun de nous pratique, avec les uns et contre les autres, ces signalements si commodes, si efficaces. Mais pour employer la terminologie de Fleck, il ne s'agit, là aussi, que de la condition minimale pour appartenir aux cercles exotériques, et encore. Décrire le cercle ésotérique à travers ces clés contingentes, comme c'est le cas dans le maniement de la notion de génération, serait aberrant.

Il reste à s'interroger sur le pourquoi de l'appel constant, et qu'on a dit en grande partie trompeur, au facteur biologique dans la formation d'un groupe. Le recours au modèle paradigmatique dans la compréhension du phénomène de « génération » pourrait mener, en dernière analyse, à une remise en question profonde de son « être » face à son « paraître ». On est parti de l'incompatibilité entre les « racines » de génération : individuel et transmission, et son emploi actuel : collectif (cohésion) et discontinuité (opposition).

Kuhn, Fleck et Biagioli ont illustré la complémentarité de ces deux processus, à savoir que la cohésion du collectif passe par l'opposition radicale : « On n'a rien à se dire ! », voire « On ne parle pas la même langue ! » Si l'on accepte que l'incommensurabilité est construite sur une partie infime de la communication, et qu'elle ne concerne que le cercle ésotérique, on s'explique mieux ce qu'on ne cesse de constater : la *continuité* entre les générations ; on s'explique aussi ce que les relativistes se refusent bien évidemment à admettre : le caractère cumulatif de la science — disons-le : le *progrès*. Ce qui nous ramène au sens originel de « génération », qui est celui de la *transmission génétique entre père et fils* ! La psychologie et la sociologie nous apprennent à voir, derrière l'apparence conflictuelle de ces deux protagonistes, une force de répétition, d'imitation et de reproduction. C'est à se demander si le modèle paradigmatique en histoire des sciences n'aurait pas à gagner à faire un détour du côté de la génération.

(*Dérive*. Le statut de l'intellectuel dans cet édifice est paradoxal. Le topos de la génération romantique, et déjà les « couches » philosophiques grecques de Thalès à Aristote, montrent que génération tend à être associée aux intellectuels. Mais de quels côtés des oppositions « transmission-opposition » et « individuel-collectif » se situent-ils ? L'image de l'intellectuel idéal qu'ils se véhiculent : frondeur *et* individualiste, est à cet égard contradictoire, car elle ne laisse pas de place à la constitution d'un groupe. A la regarder de plus près, cette image de marque est bâtie sur quelques exceptions, Socrate, Diogène, Nietzsche, Foucault, mais ne correspond point à la masse de ceux qui se disent « intellectuels ». La gent intellectuelle manifeste en effet toutes les caractéristiques d'une corporation ; de plus, sa principale fonction sociale reste la transmission culturelle, pas sa problématisation. Pour être fidèle à sa mythologie, l'intellectuel devrait donc adopter une autre plate-forme, qui aboutira à l'incommensurabilité entre cohésion et véritable opposition. Et dire : il n'y a d'opposition qu'individuelle, il n'y a d'intellectuel qu'anarchiste. Quelle utopie.)

B. Du côté de chez les acteurs

CHAPITRE 10

Laboratoire temporel grandeur nature : le calendrier républicain

> « Pour des raisons suffisamment évidentes, chaque génération traite la vie qu'elle trouve à son arrivée dans le monde comme une donnée définitive, hors les quelques détails à la transformation desquels elle est intéressée. C'est une conception avantageuse, mais fausse. A tout instant, le monde pourrait être transformé dans toutes les directions, ou du moins dans n'importe laquelle ; il a ça, pour ainsi dire, dans le sang. C'est pourquoi il serait original d'essayer de se comporter non pas comme un homme défini dans un monde défini où il n'y a plus, pourrait-on dire, qu'un ou deux boutons à déplacer (ce qu'on appelle l'évolution), mais, dès le commencement, comme un homme né pour le changement dans un monde créé pour changer... » (Robert Musil, *L'Homme sans qualités*[1]).

Appelons cet état d'esprit « possibiliste ». Il a deux versants : « critique » et « utopique ». Ulrich, l'*Homme sans qualités*, n'est certes pas un révolutionnaire dans le sens de 1789, de 1793 ou de 1917. Il est pourtant difficile de mieux définir l'esprit qui animait les révolutionnaires de l'an II, à l'instar de Robespierre, qui leur dit solennellement : « Citoyens, c'est l'imagination qui pose ordinairement les bornes du possible et de l'impossible. Mais quand on la volonté de bien faire, il faut avoir le courage de franchir ces bornes[2] » — « L'imagination au pouvoir ! » ont crié les étudiants en 1968. Or s'il est acquis que, virtuellement, le monde a la transformation « dans le sang », c'est plutôt la reproduction — l'inertie — qui domine son histoire. Rares sont les moments historiques qui « se donnent les moyens » d'exploiter cette virtualité.

Encore plus rares sont les moments qui s'offrent au regard de l'historien dans un possibilisme à grande échelle — documents à l'appui. Les révolutions en général, la Révolution française en particulier, appartiennent à ces moments privilégiés.

Pour ne pas se cantonner dans la politique des « deux boutons », Robert Musil préconise (et les révolutionnaires pratiquent) un traitement de choc de la réalité existante, sa « suspension » même : « S'il y a un sens du réel, et personne ne doutera qu'il ait son droit à l'existence, il doit bien y avoir quelque chose que l'on pourrait appeler le sens du possible. L'homme qui en est doué, par exemple, ne dira pas : ici s'est produite, va se produire, doit se produire telle ou telle chose ; mais il imaginera : ici pourrait, devrait se produire telle ou telle chose ; et quand on lui dit d'une chose qu'elle est comme elle est, il pense qu'elle pourrait aussi bien être autre. Ainsi pourrait-on définir simplement le sens du possible comme la faculté de penser tout ce qui pourrait être « aussi bien », et de ne pas accorder plus d'importance à ce qui est qu'à ce qui n'est pas[3]. » Cette mise entre parenthèses de la réalité ne découle pas, ou pas uniquement, de la *licentia poetica* du romancier, mais surtout d'une autre idée du réalisme, possibiliste celle-là. Certes, son affirmation, selon laquelle il ne faut pas « accorder plus d'importance à ce qui est qu'à ce qui n'est pas [mais qui aurait pu être] », relève plutôt de la rhétorique, elle est surtout tout à fait inacceptable par l'historien. Pour qui voit comme moi dans les possibles une partie intégrante, constitutive même de la *réalité*, elle exprime néanmoins la critique de ce qu'on pourrait appeler l'« impérialisme du réalisé », processus qui consiste à accorder de l'importance *uniquement* à ce qui est. Ainsi, et pour limiter ce problème aux seuls « vainqueurs » et « vaincus », Ulrich dit à Arnheim : « La réalisation m'intéressait toujours beaucoup moins que l'irréalisé, et je ne pense pas seulement à l'avenir, mais au passé, aux occasions perdues[4]. » La « suspension » de la réalité est donc conçue ici comme un instrument de connaissance, si on veut, qui permet d'entrevoir, par-delà du réalisé, les possibles. Et, dans un deuxième temps (logique plus que chronologique), la « suspension » d'une réalité révèle, à celui qui l'effectue, la richesse et l'hétérogénéité des possibilités dans la mise en place d'une nouvelle réalité. Nous revoici devant le thème du *choix* — et aussi de son revers : l'impossibilité, intellectuelle ou affective, de choisir.

L'utopie révolutionnaire part du refus de l'ordre ancien ; le choix des hommes, relayé par leur détermination, devient alors le moyen d'ériger un nouvel ordre. Il est à cet égard significatif que le courant historiographique contre-révolutionnaire adopte la position inverse : Fustel de Coulanges : « Les institutions politiques ne sont jamais l'œuvre de la volonté d'un homme ; la volonté même de tout un peuple ne suffit pas à les créer[5]. » « Avec l'idée d'homme nouveau », écrit Mona Ozouf, « on touche à un rêve central de la Révolution française [...] Un rêve, mais pas seulement un rêve : vers lui ont convergé mille institutions et créations : écoles nouvelles, fêtes, espace nouveau des départements, temps nouveau du calendrier, noms de lieux rebaptisés. Sans compter ces dispositions plus modestes, à première vue plus indifférentes, comme le tutoiement ou le port de la cocarde[6]. »

Une des originalités marquantes de la Révolution française réside dans sa conception *systémique* de signification. Selon cette conception, un signe n'a pas de sens « en tant que tel », il ne le doit même pas à son « contexte », comme on le dit trop souvent, mais au système global auquel il appartient[7]. Si l'idée est loin d'être neuve, l'innovation de la Révolution réside dans son application volontariste, et à l'échelle d'une société entière — dans sa « sémiologie sociale ». Ce qu'on reproche aux signes remplacés par la Révolution : au « vous » (devenu « tu »), à la rue « Honoré-Chevalier » (devenue « Honoré-Égalité »), au mois de « février » (que partagent « Pluviôse » et « Ventôse »), à la province du « Dauphiné » (partagée entre les départements de l'Isère, de la Drôme et des Hautes-Alpes), au ci-devant « Leduc » (devenu citoyen « La-Montagne ») — n'est pas leurs qualités « intrinsèques » (une sorte de non-sens dans la pensée systémique), mais leur marquage par l'Ancien Régime. Ceci explique la méfiance des révolutionnaires même envers les « précurseurs »de la Révolution, Voltaire et Rousseau en premier, quasi absents, par exemple, du système dénominatif républicain des noms de rues et communes, tout comme des programmes scolaires[8]. Dans le cas du calendrier républicain, la défiance de l'Histoire, celle de la monarchie d'abord, mais aussi celle de la Révolution elle-même, s'est traduite par la préférence d'une nomenclature « naturelle » à toute référence à des hommes, événements, valeurs (!). On y reviendra.

Une philosophie systémique de l'imaginaire social semble exclure toute tentation « réformiste « ou « évolutionniste » (la politique des « deux boutons ») : « Toutes références balayées », écrit Mona Ozouf, « c'est donc une extraordinaire aventure que de faire un peuple neuf [...] On ne pourra pas réformer [...] A qui souhaite régénérer, il ne sufira pas de ravauder. Mais il faudra ouvrir un cahier neuf[9]... » Il est vrai qu'en théorie, du moins, la même logique aurait pu cautionner une pratique diamétralement opposée : un élément transposé d'un système à un autre n'étant plus le « même » (la reproduction existe-t-elle ?), pourquoi donc se priver de son réemploi ? C'est ainsi qu'on pourrait analyser, de façon quelque peu anachronique, les premiers rapports entre christianisme et judaïsme. Mais le réemploi est souvent source d'amalgame et d'ambiguïté, l'histoire de l'Église primitive en témoigne.

La politique révolutionnaire de la « table rase » du passé, du passé trop récent surtout, car marqué par l'Ancien Régime, avait évidemment des motivations philosophiques profondément différentes de la « suspension » de la réalité chez Robert Musil. Les conséquences « réelles » aussi n'étaient pas exactement les mêmes. Il n'empêche que pour qui s'intéresse à l' «*aussi bien* » en histoire les diverses *expérimentations* des Constituants, et à plus forte raison des Conventionnels, sont des morceaux de choix.

Prenons le nouveau découpage du territoire français : *la départementalisation*[10]. Il permet de découvrir les découpages latents de l'Ancien Régime, que les découpages dominants tendaient à occulter — la « table rase » comme instrument de connaissance[11]. Il permet d'observer les mécanismes non déterministes qui présidaient à l'adoption du nouveau découpage — la quasi-impossibilité de choisir, alors qu'*il faut choisir.* La départementalisation de la France était, à ce titre, une énorme entreprise, j'allais dire « laboratoire », possibiliste. Son étude pourrait l'être davantage.

Telle est aussi la mise en place du *système métrique.* Witold Kula l'a magistralement démontré dans *Les mesures et les hommes*[12] : la suppression des multiples systèmes de poids et mesures de l'Ancien Régime, au nom, précisément, de leur soi-disant caractère non systématique, permet à l'historien d'interroger ce « désordre », d'en dégager la logique.

Ce qui nous ramène au *choix* du cas « calendrier républicain ». Pour rester fidèle à l'esprit de l'« aussi bien » qui commande ce texte, disons tout de suite que les autres expérimentations révolutionnaires déjà citées auraient été tout aussi pertinentes. Mais le nouveau calendrier présentait des avantages indéniables pour le non-spécialiste de la Révolution que je suis. Il est excellemment documenté par James Guillaume dans ces chefs-d'œuvre d'érudition et de perspicacité que sont les six volumes des *Procès-verbaux du Comité d'instruction publique de la Convention nationale*[13] le vade-mecum de toute étude de l'imaginaire et de la symbolique de la Révolution. Sa genèse a été étudiée par Georges Villain[14] et George G. Andrews[15] ; alors qu'Eviatar Zerubavel[16], Bronislaw Baczko[17] et Mona Ozouf[18] en ont présenté des analyses fines et complémentaires. Je me suis appuyé sur ces travaux, y ai puisé informations et analyses, tout en me limitant à l'aspect « possibiliste » de l'histoire.

* * *

Au départ, ce chapitre a été conçu pour traiter du problème de la « *gestion du possible* » : comment, après avoir fait « table rase » du passé, se met-on à gérer le possibilisme apparemment total ? Dans la perspective d'une histoire possibiliste, c'est, de loin, la question majeure. Mais en travaillant, je me suis rendu compte qu'elle est extrêmement difficile à saisir. Ce n'est en effet que très rarement qu'on dispose de matériel nous renseignant sur le choix en train de se faire ; et encore, ce matériau est toujours sujet à grande précaution. C'est plutôt l'étape ultérieure, à savoir le compte rendu rétrospectif du processus de choix, que les sources nous permettent d'observer. Ceci ne nous dispense évidemment pas de poser et de reposer la question de la gestion du possible, si impalpable soit-elle. Ici, on a tout de même préféré se limiter à la « *gestion du choix* » : comment, après avoir fait un choix entre divers possibles, rend-on compte de ce processus ; ou, pour anticiper, comment on *réécrit* une situation possibiliste en des termes, sinon déterministes, du moins fortement probabilistes, voire nécessaires ? Ce seront les quatre notions qui sous-tendront notre démonstration. Celle-ci s'appuie forcément sur une analyse *textuelle* — en opposition avec « contextuelle »[19] — des rapports, projets de lois et textes de lois adoptés autour du calendrier républicain ; en premier lieu sur le document récapitulatif du 24 novembre 1793, intitulé « Des motifs qui ont déterminé le projet ». Ces textes étant quasi inaccessibles, on ne pouvait éviter de les citer assez longuement, analyse textuelle oblige.

La réforme calendaire : résumé d'un glissement[20]

L'idée que « à temps nouveaux, ère nouvelle », revient à Sylvain Maréchal, dont l'*Almanach des Honnêtes Gens* de 1788 date de « l'an premier de la Raison ». Dès 1790, divers organes de presse prennent l'initiative de dater leurs numéros en « années de la Liberté », le premier étant l'hebdomadaire de Prudhomme, *Les Révolutions de Paris,* dont le numéro du 2 janvier 1790 annonce en tête « Seconde année de la liberté française ». *Le Moniteur universel* franchit un nouveau pas dans son numéro du 14 juillet 1790, qui date aussi du « Ier jour de la 2de Année de la Liberté ». L'Assemblée législative ne suit qu'en partie, qui ordonne, le 2 janvier 1792, que tout texte officiel soit daté *aussi* en ère de la Liberté, mais qui préfère, pour des raisons pratiques, le 1er janvier au 14 juillet comme premier jour de l'année. Le 22 septembre 1792, la Convention nationale décide que depuis la veille, jour de l'abolition de la royauté, tout texte officiel sera daté en ère de la République française. La première année de la République française remplace donc la quatrième année de la Liberté. Le 20 décembre 1792, la Convention demande au Comité d'instruction publique d'examiner « les avantages que doit procurer à la France l'*accord* de son ère avec l'ère vulgaire ». Ce dernier désigne la Commission « Romme », car présidée par Charles-Gilbert Romme (1750-1795), mathématicien, pédagogue, Montagnard ; il est devenu le maître-d'œuvre de l'entreprise.

Jusqu'ici, il n'aura été question que d'ère et de commencement de l'année républicaine. Mais la « commande » du Comité va bien au-delà de celle que lui a faite la Convention, invitant Romme et ses collègues à proposer une « *réforme* du calendrier » (tout comme la Commission dite « Arbogast » est invitée, le même jour, à proposer une réforme des poids et mesures). Deux semaines plus tard, pourtant (2 janvier 1793), la Convention revient sur la décision du 22 septembre en décrétant que « la seconde année de la République datera du 1er janvier 1793 ». Pas pour longtemps. Le 18 septembre 1793, coup de théâtre, pour nous, du moins, qui ne disposons que des textes officiels. Ce jour-là, Romme prend la parole à la Convention et déclare : « Citoyens, vous avez chargé le Comité d'instruction publique de travailler à un calendrier *nouveau* qui convînt à une République [ce qui est complètement inexact, on vient de le voir] ; ce travail est fait. » Le décalage entre mission et réalisation n'a pas échappé aux conventionnels, comme en témoigne l'intervention de Bentabole, le 5 octobre, lors de la discussion sur le calendrier. « Bentabole », rapporte le *Journal des débats et des décrets,* « pense que la Convention nationale, en fixant l'ère française, a fait assez, et qu'elle doit s'arrêter. Il trouve inutile et même dangereux de changer les subdivisions du temps et leur dénomination » (L'argument de Bentabole n'est d'ailleurs pas dépourvu d'intérêt : « Lorsque Mahomet, conquérant et législateur, donna une autre ère aux peuples soumis à sa puissance, son but, dit-il, fut de les séparer du reste des hommes, et de leur inspirer un respect superstitieux pour le culte qu'il prescrivait. Notre but est contraire à celui de cet imposteur, nous voulons unir tous les peuples par la fraternité : ainsi, loin de rompre nos communications avec eux, nous devons, s'il se peut, les multiplier encore » ; p. 585)[21]. Mais « la Convention passe à l'ordre du jour ». La réforme a donc été adoptée le 5 octobre, sauf la nomenclature qui devait attendre le 24 octobre ; le décret unifié date du 5 frimaire an II (24 novembre 1793).

Pour (di)gérer un possible, il faut définir un impossible

De Prudhomme à Romme, le travail révolutionnaire sur le temps a changé de nature. D'une question quasi technique de datation, on est passé à la gestion quotidienne du temps ; d'un débat autour de l'ère et du commencement de l'année, à une refonte complète de toutes les unités temporelles ; de « deux boutons à déplacer » à la « table rase ». Bref, la Révolution a basculé d'un possibilisme timoré à un possibilisme téméraire.

Paradoxalement, l'élargissement radical du champ du possible a eu pour corrélat la création d'un impossible tout aussi tranché. Dans les premières étapes de la réforme, dates en ère chrétienne et dates en « ère de la Liberté » pouvaient cohabiter — il s'agissait même de les accorder. Avec la radicalisation de l'an II, cette option a disparu. On peut donc dire que le champ du possible de la Commission Romme était délimité par l'Ancien Régime : tout lui était *a priori* possible, sauf ce qui *était* déjà.

Dans une perspective possibiliste, il nous appartient de reconstituer, pour un moment historique donné, le jeu du possible et de l'impossible — impossible historique s'entend. Il existe en effet des impossibles qu'on peut qualifier d'« universels ». Dans le cas qui nous intéresse ici, ces impossibles (« invivables », « inconcevables ») sont deux : l'absence de tout découpage du temps et l'absence de consensus collectif sur un type de découpage. Toutes les sociétés humaines connues pratiquent un quelconque calendrier que tous les membres acceptent[22].

Il me paraît urgent, dans ce texte plus qu'ailleurs, d'enlever au scénario révolutionnaire toute connotation mécaniste. L'histoire nous fournit en effet de nombreux exemples de « cohabitation » entre types de découpage et d'organisation du temps qui paraissent, à première vue, totalement contradictoires. Ainsi, Nancy M. Farris affirme que la société Maya vivait le présent et pensait le passé à travers un mélange de temps linéaire et de temps cyclique : « La coexistence de conceptions linéaire et cyclique du temps et du passé n'est nullement confinée au Maya, elle pourrait même être la norme[23]. »

Autrement conflictuelle aurait dû être l'hétérogénéité de la datation du monde chrétien, telle qu'elle est attestée dans les chartes médiévales (voir *supra*, « Esquisse d'une histoire de l'ère chrétienne ») : s'y côtoyaient en effet années consulaires, années olympiques, années papales, années dynastiques, indiction, et plus tard l'ère de l'Incarnation. A la tension conceptuelle entre système linéaire (ère de l'Incarnation), système cyclique (indiction) et système mixte (Olympiades), aurait dû s'ajouter une tension idéologique entre pensée païenne et pensée chrétienne. Or il semble que les contemporains ne les ont jamais ressenties.

Plus proche de nous, la société israélienne vit depuis une soixantaine d'années au rythme à la fois du calendrier grégorien et du calendrier juif, de l'ère de l'Incarnation du Christ et de celle de la Création du monde, sans que cela pose de problèmes cognitifs ou idéologiques. Non problématique semble même être à cet égard la situation des citoyens musulmans d'Israël, dont le temps est triplement ordonné (Hégire, Création, Incarnation — Vendredi, Samedi, Dimanche) !

Contrairement à la société Maya, à la Chrétienté médiévale, et dans une moindre mesure à la société israélienne, la Révolution française obéissait à une logique volontariste. Quand, dans sa phase conventionnelle, elle conjuguait ce volontarisme avec la pensée systémique dans sa version radicale, la coexistence pacifique entre l'ancien et le nouveau est devenue l'impossible d'où découlait tout le reste.

Le possible aspire au nécessaire pour échapper à l'arbitraire

« A tout instant, le monde pourrait être transformé dans toutes les directions, ou du moins dans n'importe laquelle », *dixit* Musil. Il n'en est évidemment rien. Une situation possibiliste n'est praticable qu'à condition : a) qu'on en dessine les contours, c'est-à-dire qu'on en définisse un impossible ;

et b) qu'on en établisse la règle du jeu. C'est précisément ce qu'essaie de faire la Commission Romme dans un texte, significativement intitulé « Des motifs qui ont déterminé ce décret [du calendrier républicain] » : « La *raison* veut que nous suivions la *nature*, plutôt que de nous traîner *servilement* sur les *traces erronées de nos prédécesseurs* » (p. 880). Voici condensées, en une seule phrase, et en une opposition qui se veut tranchée, les catégories qui commandent le raisonnement révolutionnaire : d'un côté, la Raison et la Nature, de l'autre côté, la tradition récente, l'erreur, *l'arbitraire*. « Arbitraire » renvoie à deux significations qui se complètent : « qui n'est pas lié par l'observation des règles » ; « absolu, despotique, tyrannique ». C'est donc le désordre, l'incohérence du (non)-système ancien, résultats inéluctables du règne de l'idiosyncrasie, qui sont ici dénoncés. Pour employer une terminologie linguistique/littéraire, les divers éléments qui le constituent ne sont pas *motivés* par une logique d'ensemble[24].

Or jamais l'arbitraire n'est plus visible qu'après une opération de « table rase ». Une lecture attentive des textes sur le calendrier républicain nous apprend que la condition possibiliste est difficilement vivable à long terme. Vu sous l'angle de la motivation, l'objectif de ces textes peut être ainsi résumé : *tout possible choisi doit être ramené à la Raison et/ou à la Nature, tout possible écarté, à l'arbitraire* (dont les configurations, on le verra, sont diverses : tradition, superstition, religion, etc.). La gestion du choix, telle qu'elle s'exprime dans les textes de la Commission Romme, consiste en une sorte de mise en scène d'un possibilisme *a priori* ouvert, mais d'où un possible doit sortir nécessaire, les autres impossibles, ou du moins peu probables.

En cela, leur stratégie discursive n'est pas sans rappeler la pratique consacrée du roman policier d'énigme. Celui-ci obéit à une règle d'or établie par Edgar Allen Poe : on doit dire la vérité, et rien que la vérité. Un auteur qui fournit de faux indices se met *ipso facto* hors du genre. Rappelons le tollé qu'a soulevé le célèbre roman d'Agatha Christie, *The Murder of Roger Ackroyd* (1926), où l'assassin est le narrateur, ce qui fut considéré comme un abus de confiance par une grande partie des lecteurs. Pourtant, on ne peut ni ne doit évidemment dire *toute* la vérité, ce qui permet de faire de tout personnage le coupable potentiel. Jusqu'au dénouement, donc, le roman est d'une ouverture possibiliste pure. Mais c'est une pseudo-ouverture. Car le tour de force du dénouement consiste, précisément, à établir *et* l'inévitable culpabilité du véritable assassin, *et* l'impossible culpabilité de tous les autres suspects. C'est aussi la logique qui préside à de nombreux romans de science-fiction, ceux d'Isaac Asimov en particulier. Ici comme dans les textes de la Commission Romme, la réécriture de la situation possibiliste en termes nécessaires se fait à l'aide du *vraisemblable* et du *suggestif*.

« De la longueur de l'année »

Du calendrier ancien, la Commission ne garde qu'une unité : l'année solaire de 365 jours, 5 heures, 48 minutes et 49 secondes. Pour ce faire, elle invoque la Nature : « La révolution de la terre autour du soleil [...] *seule* règle les saisons et le rapport des jours aux nuits » (p. 878). Par « seule », il faut comprendre l'exclusion de l'année lunaire, de 354 jours, qui a pourtant été à la base de bon nombre de calendriers. Voici un premier rappel, timide, de la manipulabilité de la « raison naturelle » : tout se passe comme si l'année lunaire, pratiquée par les Musulmans jusqu'à nos jours, n'était pas naturelle, ou l'était moins.

Est-ce le signe qu'on peut tout dire au nom de la Nature ? Certes non. Le caractère extrêmement restreint du choix : année solaire ou (/et) année lunaire — en est une preuve ; le fait que la tendance des civilisations diverses et non communicantes soit au passage du calendrier lunaire au calendrier solaire et non (jamais ?) l'inverse en est une autre[25]. Si l'appel à la Nature est souvent instrumental, ici comme ailleurs, il n'en découle pas que cet appel soit forcément arbitraire. On y reviendra.

« De la division et de la sous-division de l'année »

L'année solaire, et donc la journée solaire, sont les invariants du calendrier républicain (comme du grégorien). Une organisation du temps ne peut évidemment pas s'arrêter là. « L'esprit a besoin de plusieurs unités intermédiaires qui lui servent à la fois d'échelle et de repos » (p. 881). Or si les deux unités extrêmes semblaient s'imposer, il en était tout autrement des unités intermédiaires. Comment diviser puis sous-diviser 365 jours (et 1/4) ? Ici, les enjeux du possible, de la hiérarchie de l'arbitraire, et de la motivation, prennent pleinement leur signification.

Selon sa propre logique, qui calquait l'année sur les relations entre soleil et *saisons*, la Commission aurait dû commencer par la division de l'année en quatre. C'est pourtant la division traditionnelle en douze mois qui l'a emporté — division calquée sur le mouvement de la *lune*. Rejetée dans un premier temps, celle-ci réintègre donc le système dans ce deuxième temps. La contradiction a été relevée par un Conventionnel anonyme qui « pense qu'il serait plus *simple* et plus *naturel* de suivre en *tout* la marche du soleil, et de diviser comme lui l'année en quatre parties égales. » Réplique de Romme : « Le Comité a bien cherché à prendre pour base les mouvements célestes ; mais ils ne peuvent désigner que la division et la successibilité (*sic*) des saisons et la longueur de l'année. Les subdivisions sont absolument abandonnées au calcul, et nous croyons avoir trouvé ce qu'il y a de plus exact » (p. 585). Il lui restait à mettre en scène l'hésitation entre ces deux possibles — notons, une fois encore, le choix restreint — voués l'un au nécessaire, l'autre à l'impossible.

Le caractère *a posteriori* de la démonstration est évidente. Dans le « Rapport sur l'ère de la République », du 20 septembre, la Commission s'est contentée d'un seul paragraphe, qui dit, en gros, que « tous les peuples connus, excepté peut-être les Romains, ont divisé l'année en 12 mois [...] Cette division est commode et ne peut être combattue solidement » (p. 441). Point de motivation donc. Deux mois plus tard, dans le décret définitif, la contradiction, relevée publiquement, ne pouvait plus être escamotée.

La première chose à faire était de ramener la lune aux débats : « La succession de la nuit et du jour [soleil], les phases de la lune et les saisons [soleil], présentent à l'homme des divisions *naturelles* du temps. Le retour d'une même phase de la lune marque une lunaison ou un mois lunaire ; le retour d'une même saison marque l'année naturelle » (p. 880).

Notre texte établit ainsi une équivalence dans l'ordre de

la Nature entre la saison et le mois. Il devait à présent prouver les avantages de celui-ci sur celle-là. Pour ce faire, il isole deux critères, et deux critères seulement, d'évaluation : *durée* et *égalité* : « Les quatre saisons, considérées comme divisions naturelles de l'année, présenteraient trop d'inconvénients pour les usages domestiques et civils, à raison de leur inégalité et de leur longueur » (p. 881). Or le paragraphe précédent a déjà insisté sur l'inégalité des saisons : le printemps et l'été durent 93 jours, l'automne, 90 jours et l'hiver, 89 jours, — alors que les phases lunaires se succèdent à une cadence régulière et trois fois plus rapide de 29 jours, 12 heures et demie. Mais même en admettant la seule pertinence de ces deux critères, le choix n'est pas évident pour autant, à cause de la compatibilité avec l'année : « Les douze lunaisons font 354 jours, c'est-à-dire onze jours de moins que l'année ordinaire [!]. La lune ne nous offre donc pas, par ses mouvements, une division exacte de l'année » (p. 881). Résultat : « match nul » entre saison et mois. Or *il faut choisir*[26]. On passe alors au suggestif : « [La lune] est trop utile au marin dont elle dirige souvent la marche, au voyageur, à l'homme laborieux des champs, et surtout à l'habitant du Nord, pour qui elle supplée au jour dans les longues nuits d'hiver, pour ne pas appeler toute leur attention sur ses mouvements. Le mois est donc une division *utile* : aussi *tous les peuples connus* l'ont-ils adopté » (p. 881). Ainsi, après un assez long détour, nous voici à la case départ, en quelque sorte, c'est-à-dire au rapport du 20 septembre. Il s'agit d'une tactique souvent utilisée dans la rhétorique révolutionnaire : quand la Raison et la Nature ne permettent pas de trancher, on fait appel à d'autres registres, ici la *tradition* et l'*utilité*, qui sont pourtant en contradiction flagrante, à première vue du moins, avec ces deux foyers principaux de légitimation. Cette division est commode et ne peut pas être combattue solidement » (p. 441) : or le « commode » — c'est-à-dire les habitudes, les traditions, bref, tout ce qui résiste à l'innovation, — doit être combattu au nom de la raison naturelle. Et en premier lieu le calendrier républicain car, tous les historiens s'accordent sur ce point, le calendrier ancien ne posait aucun problème de commodité à ses usagers, bien au contraire. (En cela il se distinguait d'ailleurs nettement des systèmes de poids et mesures prémétriques, dont les Cahiers de doléances de 1789 dénoncent à longueur de pages les abus[27].)

Le « Mois »

On est parti en soulignant l'originalité de la Révolution dans son application à grande échelle de la pensée systémique. On a aussi insisté sur son ambition de mettre de l'ordre, c'est-à-dire de la cohérence dans la sémiologie sociale. Or voici que les textes de la Commission Romme nous rappellent le caractère foncièrement hybride de tout ce qui est humain. L'homogénéité n'est en effet qu'un artefact, la cohérence, une réécriture. Qualifier de « pollution », d'« opportunisme » l'appel aux traditions pour combattre *La* tradition part d'un idéal théorique que l'observation dément. Car si on ne peut pas « jouer sur tous les tableaux », on peut jouer sur beaucoup, et contradictoires, et gagner...

Regardons, à ce titre, l'arsenal argumentaire justifiant la longueur des mois républicains. En optant pour la division « lunaire » de douze mois, notre texte n'a pas résolu le problème de la concordance année-mois pour autant. Avoir des mois de 29 jours, 12 heures et demie, voilà ce qui n'est pas concevable dans un système dont les fondements sont l'année solaire d'un côté, la journée, toujours solaire, de l'autre. Revenir à des mois qui vont de 28 à 31 jours serait en contradiction avec le critère de l'égalité, base de l'adoption de la division de douze : « Mais ce que la raison réprouve et doit faire enfin rejeter de notre calendrier, c'est l'inégalité bizarre des mois » (p. 443). Le texte final va plus loin : « Jusqu'à présent nos mois ont été *inégaux* entre eux, et *discordants avec les mouvements de la lune. L'esprit se fatigue* de chercher si un mois est de trente ou de trente et un jours » (881). La solution idéale devait aboutir à des mois égaux reflétant le mouvement de la lune sans pourtant attenter à l'unité de la journée solaire. Autant dire la quadrature du cercle.

Or *il faut choisir.* Et le choix s'est porté sur des mois de trente jours, pour des raisons qu'on discutera sous peu. Notre texte se devait alors de prouver que ce choix respectait *presque* les règles qu'il s'est fixées ; et, par un jeu rhétorique assez subtil, de compenser ce « presque » par des « surplus ». « Pour être commode, elle [la longueur du mois] doit être toujours la même, et se rapprocher d'une lunaison, autant que le permet l'unité du jour [le « presque » dont on parlait], qui est la plus petite qu'on puisse employer : or, 29 jours 12 heures et demie est plus près de 30 que de 29 [un faux « surplus »], et le *nombre décimal 30* promet beaucoup plus de facilité dans les calculs [un vrai « surplus »] (p. 881).

A regarder de plus près, ce raisonnement n'obéit à aucune cohérence logique. Car pourquoi insister sur les mouvements de la lune, quand de la division par trente résulte forcément un décalage toujours croissant entre le mois lunaire et le mois décimal ? Il y a plus. Pour justifier leur choix, les commissionnaires n'hésitaient pas à s'appuyer sur « les Egyptiens, les plus éclairés des peuples de la haute Antiquité, [qui] faisaient leurs mois égaux, chacun de trente jours, et complétaient l'année en la terminant par cinq jours épagomènes, qui n'appartenaient à aucun mois. Cette division est simple : c'est celle que la Convention a décrétée pour l'annuaire des Français » (p. 881). Or cinq lignes à peine plus loin, ces mêmes Égyptiens sont accusés de tous les maux, responsables qu'ils étaient de la sous-division du mois en semaines : « la semaine, à laquelle les astrologues et les mages de l'Égypte ont attaché toutes les erreurs, toutes les combinaisons cabalistiques dont elle était susceptible » (p. 881).

Il ne s'agit évidemment pas de dénoncer cette hétérogénéité, mais d'y chercher une logique (ne sommes-nous pas tous prisonniers de l'exigence de cohérence ?). Celle-ci réside avant tout dans le refus du trop récent, la primauté du rationnel, la recherche obstinée d'une quelconque motivation « naturelle »[28]. L'optimal serait évidemment de concilier ces trois directives ; et, on l'a vu, en jonglant avec les divers registres argumentaires, on y parvient tant bien que mal.

Contrairement aux apparences, il y a lieu de parler ici de cohérence ; mais elle n'est ni logique, ni thématique, elle est *fonctionnelle.* Dans une « cohérence fonctionnelle », tous les éléments (arguments), même contradictoires, sont subordonnés à un objectif. Il ne s'agit pourtant pas d'une version de la pensée structuraliste, selon laquelle *tous* les éléments participent à la structure, et ceux qu'on n'arrive par à intégrer dans ladite structure s'y intègrent sur un autre niveau[29]. Non, la stratégie du texte de Romme rappelle plutôt la procédure judiciaire du plaidoyer alternatif : a) « mon client n'était pas sur le lieu du crime ce jour-ci » et/ou b) « mon client a tiré par légitime défense » et/ou c) « mon client n'était pas maître

A

Procès-verbaux du Comité d'instruction publique de la Convention nationale, t. II, p. 893.

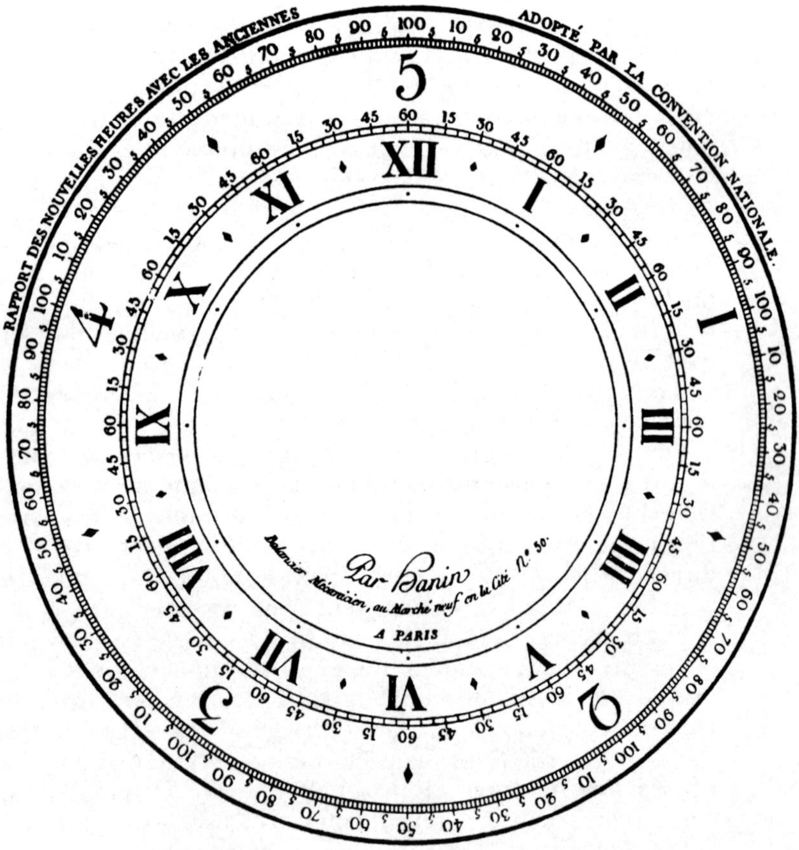

de son jugement pour les raisons X et/ou Y et/ou Z »... ce qui ne manque évidemment pas de décontenancer une audience peu avertie. Or *le « client » de la Commission Romme fut le système décimal.*

La décade : « Supprimer le dimanche »

Car le véritable enjeu de la réforme du calendrier était ce qu'une brochure anonyme, néo-jacobine de 1797 décrivait comme « le combat sanglant entre le dimanche et le décadi »[30]. James Guillaume l'a très bien vu, qui écrit : « La convention donnait à la France ce calendrier qui, d'après un mot célèbre de Romme, avait pour but de "supprimer le dimanche[31] ", et qui indiquait la volonté arrêtée, à la fois, de décimaliser la mesure du temps en la rattachant au système général des poids et mesures, et de lui donner un caractère purement civil » (p. LXXVII). Le sept fut la source du mal ; le dix en sera le remède ; et tout le reste est au plus instrumental, au moins, ornemental.

Le sept fut la source du mal : « La superstition a transmis jusqu'à nous, au grand scandale des siècles éclairés, cette fausse division du temps [la semaine] qui ne mesure exactement ni les lunaisons, ni les mois, ni l'année, et qui n'a pas peu servi dans tous les temps les vues ambitieuses de toutes les sectes. La fête du septième jour avait lieu chez les païens comme chez les juifs ; c'était un jour de prosélytisme et d'initiation » (p. 881).

Le dix en sera le remède : « La numérotation décimale, adoptée pour les poids et les mesures, ainsi que pour les monnaies de la République, à raison de ses grands avantages pour le commerce et les arts, vient s'appliquer *naturellement* à la division du mois. Les 30 jours qui le composent, divisés en trois parties égales, forment trois divisions de 10 jours, que nous appelons pour cette raison décade » (p. 882).

Le reste est, sinon de la littérature, du moins tout à fait instrumental. Car avancerait-on que la décade est aussi « fausse » comme division du temps que la semaine ? qu'elle ne mesure exactement ni les lunaisons, ni l'année, et que sa concordance avec le mois de 30 jours est tautologique ? Le raisonnement de notre texte est déjà ailleurs : « L'annuaire d'un peuple qui reconnaît la liberté des cultes doit être indépendant de toute opinion, de toute pratique religieuse, et doit présenter ce caractère de *simplicité* qui n'appartient qu'aux productions d'une *raison éclairée* » (pp. 881-882).

Voici énoncée, et superbement formulée, *la primauté du rationnel sur le naturel.* Car pour avoir un système à la fois neutre — c'est-à-dire religieusement non marqué — et simple, il faut faire appel à l'abstraction, bref, à ce que la Nature ne saurait fournir. Quitte à « naturaliser » l'abstrait dans un deuxième temps (ici comme ailleurs, il s'agit du temps logique, et pas forcément argumentaire ; de la *fabula*, pas du *sjuzet*) : « Dans les usages familiers, les cinq doigts de la main peuvent être affectés à désigner ordinairement les cinq jours de la demi-décade » (p. 882). Ce souci d'ancrer le système décimal dans la Nature frôle parfois le ridicule. Ainsi, pour « justifier » la division du jour par dix « et ainsi de suite, jusqu'à la plus petite portion commensurable de la durée » (p. 882 — une anticipation sur les mesures électroniques de nos jours...), le rapport du 20 septembre 1793 va jusqu'à annoncer : « On a construit quelques montres d'observation où le jour est divisé en parties décimales. Elles mesurent jusqu'au cent millième du jour [= 0.864 seconde ; D.M.], qui équivaut au battement du pouls d'un homme de taille moyenne, bien portant, et au pas redoublé militaire » (p. 444). La Commission a d'ailleurs jugé bon de supprimer ce passage dans le texte définitif du décret.

Est-ce le signe qu'on peut tout dire au nom de la Nature ? Cette question, déjà posée plus haut, mérite qu'on s'y attarde.

La mise en évidence du caractère conventionnel de toute représentation est un lieu de rencontre — devenu lieu commun — de la pensée contemporaine. La question du *réalisme* en art et en littérature en est le condensé, comme l'illustre le débat entre Nelson Goodman et Ernest H. Gombrich. Goodman pousse le conventionnalisme jusqu'au bout, affirmant qu'« un système littéraire ou réaliste ou naturaliste de représentation n'est que le système habituel (*customary*[32]). Tout en admettant le rôle de l'habitude dans *l'effet* réaliste, Gombrich refuse d'y voir un arbitraire total[33] car il existe ce que Menachem Brinker appelle le « noyau naïf du jugement réaliste »[34].

Revenons à la réforme calendaire. Dans plusieurs étapes de l'argument, j'ai insisté et sur la manipulation de la raison naturelle dans le choix, et sur le nombre restreint des alternatives. La bataille entre le 7 et le 10 en est l'illustration. Arbitraire, certes, celle-ci a été une sorte de *remake* d'une dispute déjà fort ancienne, qui remonte au Moyen Âge, lorsque la symbolique du dix, axée avant tout sur le décalogue, donc d'origine juive, s'est vue contestée par la symbolique du sept, représentée en premier lieu par les péchés cardinaux[35]. Si les dés étaient pipés, ce n'est pas sur le résultat connu d'avance, mais par le nombre extrêmement limité de possibilités : 7 contre 10, mais pas 9 contre 14. Loin du « n'importe quelle direction » de Musil, loin du conventionnalisme total de Goodman, le possible de la Commission Romme est hautement réglementé. Si on peut dire et faire beaucoup au nom de la Nature et de la Raison, on ne peut certainement pas dire et faire n'importe quoi. Une certaine concordance, forcément partielle et souvent truquée, avec ces deux principes heureusement suffisamment vagues est toujours recherchée, et, selon notre « noyau naïf de jugement réaliste », le plus souvent trouvée.

« **Du commencement de l'ère et de l'année** »

Cette question, on s'en souvient, était à l'origine de toute la réforme[36]. Reléguée au second plan, elle a toutefois commandé un des morceaux de bravoure de la Commission Romme. Rappelons que la Convention nationale décide de commencer l'ère, donc l'année républicaine le 21 septembre 1792, jour de l'abolition de la monarchie en France ; puis, sur motion individuelle, elle restaure le 1er janvier comme le point de départ de l'année. La Commission se permet alors de revenir à la première option, ou *presque*, qui propose le 22 septembre 1792. Pour justifier ce choix, elle fait appel à tous les registres déjà évoqués, à d'autres aussi.

Le premier constat établit le possibilisme : « Le commencement de l'année a parcouru successivement toutes les saisons » (p. 877). *A priori*, donc, tout choix est arbitraire.

Le deuxième constat sert alors à délimiter le champ, trop ouvert, du possible : « Quelques peuples ont fixé le premier jour de leur année aux solstices, d'autres aux équinoxes ; plusieurs, au lieu de le fixer sur une époque de saison, ont préféré de prendre dans leurs fastes une époque historique »[37] (p. 877). Le choix « normal » se limite donc à la Nature ou à l'Histoire.

Le troisième constat est celui de l'aberration du calendrier ancien par rapport à cette sage tradition : « La France, jusqu'en 1564, a commencé l'année à Pâques [c'est-à-dire une date ancrée et dans la Nature : l'équinoxe, — et dans l'Histoire : la Passion du Christ ; le texte préfère pourtant ne pas insister là-dessus]. Un roi imbécile et féroce, le même qui ordonna le massacre de la Saint-Barthélemy, Charles IX, fixa le commencement de l'année au 1er janvier, sans autre motif que de suivre l'exemple qui lui était donné. Cette époque ne s'accorde ni avec les saisons, ni avec les signes, ni avec l'histoire du temps [ce qui est faux, la circoncision du Christ étant fixée à cette date] » (p. 877). Ainsi, même sur une question *a priori* très ouverte, l'Ancien Régime a « dérapé ».

Voici donc que la Révolution se propose d'assumer un rôle qu'elle a en principe rejeté partout ailleurs, celui de la restauration d'un ordre originel. Comme dit Mona Ozouf, une des « impossibilités » de l'œuvre régénératrice de la Révolution est « qu'on ne pourra pas retourner à un point antérieur de l'évolution historique. L'idée de retrouvailles avec une constitution ancienne des Français, si présente pourtant dans la pensée du dix-huitième siècle, est très vite abandonnée[38]. » Les « retrouvailles » s'imposent pourtant : « Le cours des événements nombreux de la Révolution présente une époque frappante, et peut-être unique dans l'histoire, par son accord parfait avec les mouvements célestes, les saisons et les traditions anciennes » (p. 877). L'unicité de la Révolution n'en fait qu'une semi-restauration : on rétablit les liens millénaires entre commencement de l'année et Nature, mais on ne revient pas à Pâques. Ni au 21 septembre 1792, d'ailleurs, la Commission lui préférant le 22 septembre, car en ce jour :

a) l'abolition fut proclamée ; b) « le soleil arriva à l'équinoxe vrai de l'automne, en entrant dans le signe de la Balance » (p. 877).

Suivent trois courts paragraphes, trois images qui traduisent la miraculeuse rencontre entre l'Histoire et la Nature en ce 22 septembre 1792. Je les trouve irrésistibles :

> « Ainsi l'égalité des jours aux nuits était marquée dans le ciel, au moment même où l'égalité civile et morale était proclamée par les représentants du peuple français, comme le fondement sacré de son nouveau gouvernement.
> « Ainsi le soleil a éclairé à la fois les deux pôles et successivement le globe entier, le même jour où, pour la première fois, a brillé dans toute sa pureté, sur la nation française, le flambeau de la liberté qui doit un jour éclairer tout le genre humain.
> « Ainsi le soleil a passé d'un hémisphère à l'autre, le même jour où le peuple, triomphant de l'oppression des rois, a passé du gouvernement monarchique au gouvernement républicain. » (p. 877)

Comme si cela ne suffisait pas, voici les Égyptiens, redevenus alliés : « Les traditions sacrées de l'Égypte, qui devinrent celles de tout l'Orient, faisaient sortir la terre du chaos sous le même signe que notre République, et y fixaient les origines des choses et du temps » ; ainsi l'ère de Séleucus commençait à l'équinoxe de l'automne, « suivie par les peuples de l'Orient de toutes les croyances, les adorateurs du feu comme les descendants d'Abraham, les chrétiens comme les mahométans [...]. L'année ecclésiastique des Russes et l'année des Grecs modernes commencent encore au mois de septembre. » (p. 878)

Faut-il stigmatiser l'hétérogénéité de ce flux d'« arguments » qu'en d'autres lieux le Comité d'instruction publique n'aurait pas manqué de qualifier de « superstitieux », de « crédules » ? relever l'absence de tout appel au rationnel dans ce chapitre ? s'étonner de la substitution de l'Histoire à la Raison comme source de légitimation, alors que l'Histoire est partout ailleurs tenue à l'écart — dans le débat sur la nomenclature du calendrier, par exemple — car suspecte ? Nuançons : ce n'est pas l'Histoire en général qui est suspecte, mais celle, trop récente, de l'Ancien Régime. Il suffit d'évoquer le néo-classicisme révolutionnaire pour s'en convaincre. Cela dit, commencer l'année et l'ère à une date révolutionnaire contredit la position qu'adopte la Convention au sujet de la nomenclature du calendrier, qui récuse toute autoréférence aux hommes et aux événements de la Révolution. Ces passages sont, à n'en pas douter, totalement incompatibles avec l'ambition générique de la Commission Romme, celle de la primauté du rationnel. On est tenté d'attribuer à cette tension le glissement vers un langage religieux, qui ne tardera pas à investir l'ensemble du discours révolutionnaire : « Ce concours de tant de circonstances imprime un caractère *religieux et sacré* à cette époque » (p. 878). (Rappelons que la Fête de la Raison a lieu à Notre-Dame de Paris le 10 novembre 1793, c'est-à-dire entre la présentation du calendrier républicain et la rédaction du texte définitif[39]). Là ou le (heureux) hasard ne saurait être traduit en des termes rationnels, on fait appel au sacré qui servirait ainsi, après le nécessaire et le vraisemblable, de troisième moyen d'échapper à l'arbitraire (à l'aléatoire).

Une image arrêtée du possible (de l'impossibilité de choisir) : la nomenclature du calendrier

De tous les aspects de la révolution du calendrier, c'est la nomenclature qui a suscité le plus de débats en 1793 (et le plus d'études historiques depuis). Des seize articles que comportait le projet initial, quinze ont été adoptés pratiquement sans discussions le jour même, c'est-à-dire le 5 octobre ; alors que l'article dénominatif (N 9) monopolisait la grande partie de la séance, et sans qu'on atteigne à une résolution. Suivaient alors : une séance au Comité d'instruction publique (14 octobre) ; une autre à la Convention (18 octobre), qui nomme une sous-commission composée de Romme, Fabre d'Eglantine, David et Chénier ; et une dernière, toujours à la Convention (le 24 octobre), où Fabre présente la nomenclature définitive (pp. 697-713).

Marc de Vissac[40] a trouvé dans les papiers de Romme une pièce à la fois curieuse et précieuse, intitulée « Projets de nomenclature du calendrier de la République » (*voir tableau,* pp. 216-217). Y figurent les trois projets discutés le 5 octobre 1793 : l'« ordinal », le « révolutionnaire », et le « moral », ainsi que deux discutés le 18 octobre (quatrième et cinquième projets). Ni la Convention, ni le Comité d'instruction publique, ni même la Commission Romme n'ont, semble-t-il, discuté des deux derniers projets ; alors que manque, dans ce tableau, le projet qui fut en définitive adopté, dit de « Fabre d'Eglantine » (8e projet, ajouté par moi). Nous sommes donc en présence d'un cas paradigmatique de l'impossibilité de choisir. Et, fait plutôt rare, cette impossibilité a laissé des traces[41].

Pour faire bref, le thème étant largement et excellemment traité par d'autres[42], la discussion tourne essentiellement autour de l'opposition entre Histoire (de la Révolution) et Nature. Dès le 19 septembre, lors d'une séance au sein du Comité d'instruction publique, on rejette « la proposition de donner [au mois] les noms des hommes qui ont servi la liberté et qui ont fait les lois, parce qu'on craint les idoles » (p. 439). Le 20 septembre, Romme propose la nomenclature « révolutionnaire » (second projet). Les arguments de Pierre-Joseph Duhem semblent l'avoir écartée : « Qui peut répondre [aux législateurs] que ce qu'ils inscriront sera ce que la Révolution aura produit de plus grand ? [...] Je vous propose de vous en tenir à la dénomination ordinale [premier projet], qui est la plus simple. Il en résultera l'avantage que vous cherchez. Votre calendrier, qui n'eût été que celui de la nation française, deviendra celui de tous les peuples. Ils ne s'écarteront jamais de l'ordre numérique, qui est celui de la nature (!) » (p. 585).

C'est aussi au nom d'une sorte de « relativisme historique » que Duhem persuade la Convention de rejeter le système « moral » : « Mais êtes-vous sûrs que ce tableau [troisième projet] serait jugé tel par notre postérité, dont les idées seront plus saines et les mœurs seront plus pures que celles de la génération présente ? » (p. 586).

Après ces vifs débats, la Convention se détermine pour la nomenclature ordinale, tout en laissant en suspens une pro-

B

PROJETS DE NOMENCLATURE DU

	PREMIER PROJET.	SECOND PROJET.	TROISIÈME PROJET.	QUATRIÈME PROJET, pour tout L'HÉMISPHÈRE BORÉAL.
Noms des jours de la décade ou de la deçaine.	Premier.	Le Niveau.	Les Vertus.	Primile.
	Second.	Le Bonnet.	Les Époux.	Bisile.
	Troisième.	La Cocarde.	Les Mères.	Trisile.
	Quatrième.	La Pique.	Les Enfants.	Quatrile.
	Cinquième.	La Charrue.	La Charrue.	Quintile.
	Sixième.	Le Compas.	Le Commerce.	Sextile.
	Septième.	Le Faisceau.	L'Union.	Septile.
	Huitième.	Le Canon.	La Force.	Octile.
	Neuvième.	Le Chêne.	Le Chêne.	Novile.
	Dixième.	Le Repos.	Le Repos.	Décile.
Noms des mois.	Premier.	La République.	La Fondation.	De l'Automne.
	Second.	L'Unité.	L'Unité.	Des Semailles.
	Troisième.	La Fraternité.	La Fraternité.	Des Nuits.
	Quatrième.	La Liberté.	La Liberté.	De l'Hiver.
	Cinquième.	La Justice.	La Justice.	Des Frimats.
	Sixième.	L'Égalité.	L'Égalité.	Des Vents.
	Septième.	La Régénération.	La Régénération.	Du Printemps.
	Huitième.	La Réunion.	La Réunion.	Des Fleurs.
	Neuvième.	Le Jeu de Paume.	La Fermeté.	Des Jours.
	Dixième.	La Bastille.	La Vigueur.	De l'Été.
	Onzième.	Le Peuple.	Le Peuple.	Des Moissons.
	Douzième.	La Montagne.	La Fidélité.	Des Fruits.
Noms des épagomènes ou ultièmes.	Premier.	L'Adoption.	L'Adoption.	Premier.
	Second.	L'Industrie.	Les Arts.	Second.
	Troisième.	Les Récompenses.	Les Récompenses.	Troisième.
	Quatrième.	La Paternité.	La Paternité.	Quatrième.
	Cinquième.	La Vieillesse.	La Vieillesse.	Cinquième.
	Sixième.	L'Olympique.	L'Olympique.	Sixième.

CALENDRIER DE LA RÉPUBLIQUE.

CINQUIÈME PROJET, POUR TOUT LE GLOBE.	SIXIÈME PROJET.	SEPTIÈME PROJET.	CORRESPONDANCE DES JOURS et DES MOIS NOUVEAUX AVEC LES ANCIENS, 1793 et 1794.	PROJET DEFINITIF « FABRE »
Prime-di.	Soldi.	Revol-di.	Dimanche.	Primedi
Deux-di.	Lundi.	Libre-di.	Lundi.	Duodi
Tri-di.	Mardi.	Fédre-di.	Mardi.	Tridi
Quatre-di.	Mercredi.	Égal-di.	Mercredi.	Quartidi
Cinq-di.	Jeudi.	Républe-di.	Jeudi.	Quintidi
Six-di.	Vendredi.	Revol-di.	Vendredi.	Sextidi
Sept-di.	Samedi.	Libre-di.	Samedi.	Septidi
Huit-di.	Terredi.	Fédre-di.	Dimanche.	Octidi
Neuf-di.	Herscheldi.	Égal-di.	Lundi.	Nonidi
Dix-di.	Cieldi.	Réputle-di.	Mardi.	Décadi
La Balance.	L'Égalité.	De l'Égalité.	Du 22 septembre au 21 octobre.	Vendémiaire
Le Scorpion.	La Victoire.	Des Semailles.	Du 22 octobre au 20 novembre.	Brumaire
Le Sagittaire.	Les Belges.	Du Repos.	Du 21 novembre au 20 décembre.	Frimaire
Le Capricorne.	Le Jugement.	De la Glace.	Du 21 décembre au 19 janvier.	Nivôse
Le Verseau.	L'Exemple.	De la Justice.	Du 20 janvier au 18 février.	Pluviôse
Les Poissons.	L'Espérance.	De la Victoire.	Du 19 février au 20 mars.	Ventôse
Le Bélier.	La Régénération.	Des Fleurs.	Du 21 mars au 19 avril.	Germinal
Le Taureau.	Le Bonheur.	De la Réunion.	Du 20 avril au 19 mai.	Floréal
Les Jumeaux.	La Fraternité.	De Relâche.	Du 20 mai au 18 juin.	Prairial
Le Cancer.	La Révolution.	De la Liberté.	Du 19 juin au 18 juillet.	Messidor
Le Lion.	La Liberté.	De la Récolte.	Du 19 juillet au 17 août.	Thermidor
La Vierge.	La Souveraineté.	Des Fruits.	Du 18 août au 16 septembre.	Fructidor
				Les « Sans-culotides »

tes que produit alors la nature, et des animaux utiles » (p. 587). Autrement dit, elle ne se détermine pas vraiment. Or *il fallait choisir.* L'absence de choix est un luxe que la situation ne permet que très rarement. Et si, en cet an II, l'Histoire, même celle qui était en train de se faire, n'avait plus la cote, le système décimal, « simple », « naturel », et universel, selon Duhem, était, lui, tout à fait d'actualité. Le système des valeurs républicaines l'était aussi, comme en témoignent les dénominations des rues et des communes ; les rues et les villages rebaptisés Egalité, Unité, la Montagne, l'emportaient même nettement sur les noms empruntés à la nature[43]. Le 24 octobre 1793, pourtant, Fabre d'Eglantine présente, et la Convention l'adopte, une nomenclature « naturelle » (huitième projet)[44].

Que la Convention nationale ait opté ici pour la Nature relevait de la pure contingence. La « preuve » : une proposition analogue a été déjà faite dès le 19 septembre ; mais alors « on n'arrête rien sur cet objet et on passe à l'ordre du jour » (p. 439). Ajoutons que Duhem fait observer à Fabre « qu'il pourrait reproduire contre sa proposition les mêmes objections qu'il a faites contre le tableau moral ». L'assemblée passe à l'ordre du jour sur la proposition de Fabre (p. 587). Ce qui enlève à la suite une allure par trop déterministe, logique, thématique, fonctionnelle : le possible aspire, certes, au nécessaire, ou du moins au vraisemblable, mais il n'y parvient pas toujours...

Que dit l'échec ?

Mes compétences sont insuffisantes pour étudier sérieusement la désastreuse « carrière » du calendrier une fois instauré. Relevons toutefois quelques points de repère. Une première vague anti-calendrier a lieu dès l'an II[45]. Divers intervenants à la barre de la Convention au cours de thermidor an III affirment que le refus du calendrier est quasi unanime : « Un pétitionnaire [...] demande la suppression du nouveau calendrier, il motive sa demande sur ce que personne dans les campagnes ne veut l'employer » ; et Boissieu l'appuie : « Tôt ou tard, il faudra finir par jeter au feu un calendrier dont personne ne veut (murmures). J'ai parcouru plusieurs départements, et partout j'ai vu ce que je viens d'avancer tout à l'heure[46]. » Le jugement de Lanjuinais, pourtant auteur de l'« *Opinion de Lanjuinais sur l'introduction du calendrier des tyrans dans la constitution française* », est plus nuancé : « Les nouveaux noms des mois sont vérité dans le Nord, et perpétuel mensonge au Midi[47]. »

Une analyse fouillée des rapports des commissaires de la République puis des préfets devrait apporter une connaissance plus fine de la résistance au calendrier, forcément différentielle ; l'appréciation d'ensemble ne pourrait pas être mise en doute pour autant : le calendrier républicain a été un échec patent. A-t-il touché, a-t-il seulement effleuré l'imaginaire social ? N'est-il pas resté fermé sur lui-même, système de signes sans que lui soit liée une quelconque pratique ? « Songez, dit Boissy d'Anglas à ses pairs, que pour régler les destinées du monde, vous n'avez qu'à vouloir. Vous êtes les créateurs d'un monde nouveau, dites que la lumière soit et la lumière sera[48]. » Mais la société n'a pas suivi. Certes, il était faux de prétendre, comme l'a fait la section de Bonne-Nouvelle le 24 thermidor an III (11 août 1795) dans une pétition réclamant le rétablissement du calendrier ancien, que « ce n'est pas aux mots qu'est attachée la République[49] » — comme si mots et Révolution étaient séparables. Mais, pour paraphraser un titre archi-célèbre, le calendrier pourrait servir d'exemple de « *How to do Words with Words* » (« Quand dire, c'est dire... »). Un indice : les révolutionnaires n'ont jamais pris leur nouvelle ère suffisamment au sérieux pour redater l'Histoire, en créant un avant-et-après l'an I (Louis XIV n'est pas mort en moins 77...).

Le possibilisme de la Révolution française semble ainsi avoir atteint ses limites. En d'autres termes, son jeu du possible s'est heurté, dans le cas de la réforme du calendrier, à un impossible à lui extérieur, de lui plus puissant. Dans ce cas, mais pas ailleurs : d'autres réformes ont en effet connu un bien meilleur sort, en premier lieu la départementalisation[50]. Ce qui nous ramène inéluctablement au couple *temps-espace*. Est-ce que l'échec de l'un et le succès de l'autre permettent de dire que l'espace se prête plus facilement aux jeux du possible que le temps ? Affirmation trop rapide, car l'histoire compte de nombreuses réformes calendaires tout à fait réussies, dont l'une, gigantesque, s'est soldée, en notre XXe siècle, par l'adoption du calendrier grégorien par plus de cent cinquante pays.

N'écartons toutefois pas d'emblée l'appel à la différence entre ces deux catégories. Un indice historique montre que l'une et l'autre ne se prêtent pas avec une égale facilité aux jeux du possible. Il s'agit de l'utopie, qui s'est mise à voyager dans le temps bien après les voyages dans l'espace. De fait, le premier ouvrage qui s'aventure dans le temps est *2440* de Mercier (1771) : « Avec Mercier l'utopie cesse d'être un exercice mental sur un possible latéral pour se muer en un exercice mental sur un possible ultérieur[51]. » Par coïncidence, semble-t-il, l'abbé Galiani projette en cette même année 1771 d'écrire « Une histoire de l'année 1900 », ou « Une histoire du vingtième siècle », projet jamais abouti[52]. Il faut attendre le XIXe siècle pour que cette technique se popularise jusqu'à devenir dominante dans la science-fiction. Il s'ensuit que vers 1795, l'idée de manipuler l'axe temporel — le calendrier républicain — avait bien moins de chances de s'imposer que la manipulation spatiale — la départementalisation.

Une autre explication imputerait l'échec du calendrier au fait qu'il était marqué par 1793, alors que le nouveau découpage du territoire était l'œuvre de 1789[53]. Le calendrier devenait de ce fait, et quoi qu'en ait dit La Révellière-Lépaux (« ici il s'agit de la chose et non des hommes[54] ») la cible privilégiée des Thermidoriens ; Lanjuinais va jusqu'à employer (inventer ?) la notion de « tyrannie décadaire »[55] — nous rappelant le véritable enjeu du calendrier républicain : « Supprimer le dimanche » ! Ce même Lanjuinais propose le faux-compromis de garder les mois de trente jours ainsi que les cinq jours complémentaires, de continuer à compter les années par ère de la République, mais de supprimer la décade, donc le décadi. Dans les années 1796-1801, le décadi devient emblématique pour tenants et adversaires du calendrier républicain[56]. En 1802, l'abandon impérial du calendrier commence par la restauration du dimanche comme jour de repos des fonctionnaires publics — premier pas, et déjà décisif[57]. En 1805, enfin, Regnaud de Saint-Jean d'Angély, rapporteur du décret rétablissant le calendrier grégorien, affirme non sans regret que « cette substitution de la semaine à la décade a déjà fait perdre au calendrier un de ses avantages les plus usuels »[58].

« Le combat sanglant entre le dimanche et le décadi » a donc bel et bien eu lieu. Toute réconciliation, comme celle préconisée, par exemple, par une autre brochure de l'époque : « Dispute du diable entre Monsieur Dimanche, la citoyenne Décade, le curé de la paroisse des Innocents, le curé des théophilanthropes » était exclue d'avance. Et l'issue du combat était sans appel. J'y verrais un échec d'ordre religieux. Quand, dans sa pratique du possible, et pour échapper à l'arbitraire, la Révolution française s'est mise à faire appel au sacré, elle s'est retrouvée sur un terrain où elle avait très peu de chances de s'imposer[59]. Pour nuancer, disons, après Mona Ozouf, que le calendrier ancien correspondait trop à la cadence de la vie à la campagne — chaque fête chrétienne, et de nombreux jours de saints renvoyaient à une activité touchant de près la vie paysanne — pour qu'on s'en passe si facilement.

Défense et illustration de la décontextualisation

On me reproche qu'en privilégiant l'analyse textuelle, j'ai traité le calendrier républicain comme s'il s'agissait d'un pur exercice intellectuel, que seul le hasard a situé en 1793. Bref, d'avoir « déshistoricisé » le sujet.

Je n'avancerai pas, à ma décharge, les arguments d'usage, du type : « faute de temps » et/ou « faute d'espace » et/ou « faute de compétence » on s'est limité à..., quoique ceux-ci ne soient pas faux bien au contraire. Les pages qu'on vient de lire expriment une révolte contre l'habitus des sciences humaines, selon lequel le fait d'isoler un fait, un épisode, une question est toujours un compromis, qu'il n'est dû qu'à des considérations méthodologiques (« temps », « espace », « compétence »). Autrement dit, l'idéal serait de toujours *tout* étudier, car « tout se tient ». Face au postulat implicite de la totalité systémique, je me suis proposé l'expérimentation d'une approche qu'on pourrait qualifier de « fragmentaire ». Dans cette perspective, est écarté comme *non pertinent* à une problématique tout ce dont on ne peut pas démontrer la contribution *significative.* A qui me reprocherait de ne pas avoir pris en considération, dans mon analyse de la gestion du choix de la Commission Romme, les aspects politiques, religieux, économiques, artistiques, que sais-je, je répliquerai qu'un contexte n'est pas à postuler — mais à prouver (à motiver)[60].

Dans le dernier chapitre du livre L'« historème », j'avance l'idée, sciemment radicale et provocante, que le contexte devrait se constituer non pas selon le procédé métonymique : la pertinence du contexte à partir de la proximité dans le temps et dans l'espace —, mais selon le procédé problématique : ce qui, dans le passé — dans le réel — est pertinent à une question posée par l'historien.

Admettre ce principe signifie que Robert Musil et son traitement de la question du possible sont davantage pertinents à mon texte que les conditions économiques et sociales prévalant en 1793. En règle générale, lui sont pertinents les écrivains explorateurs des possibilistes. Wittgenstein : « Construire un bâtiment ne m'intéresse pas autant que le fait d'avoir une vue claire des fondations de bâtiments possibles[61]. » Citons le narrateur des *Mémoires écrits dans un souterrain* de Dostoievski, dont l'hyper-conscience de la fausseté de tout choix le condamne à la passivité totale — et à la folie. Évoquons Jorge Luis Borgès, chantre du possibilisme s'il en fût, dont « Le jardin des chantiers qui bifurquent » est une sorte de manifeste du *refus de choisir* : « Dans toutes les fictions, chaque fois que diverses solutions se présentent, l'homme en adopte une et élimine les autres ; dans la fiction du presque inextricable Ts'ui Pên, il les adopte toutes — simultanément [...] Il crée ainsi divers avenirs, divers temps qui prolifèrent aussi et bifurquent. Fang, par exemple, détient un secret ; un inconnu frappe à sa porte ; Fang décide de le tuer. Naturellement, il y a plusieurs dénouements possibles : Fang peut tuer l'intrus, l'intrus peut tuer Fang, tous deux peuvent réchapper, tous deux peuvent mourir, *et cætera.* Dans l'ouvrage de Ts'ui Pên, tous les dénouements se produisent ; chacun est le départ d'autres bifurcations[62]. » O'Henry (William Sidney Porter) est parti d'une idée analogue dans « Roads of Destiny » (1909) ; mais là, chacun des trois chemins empruntés par le héros se termine par la même fin violente, ce qui rend cette nouvelle perversement déterministe. Rappelons aussi l'employé Grand qui, tout au long de *La Peste* d'Albert Camus, ne parvient pas à dépasser la première phrase de son roman (l'amazone se promenant dans les allées du Bois de Boulogne) à cause du nombre infini des possibilités de la formuler. Léon Tolstoï s'est insurgé contre l'aspect faussement déterministe des dénouements fictionnels, en proposant, dans « Le Diable », deux fins alternatives ; et Julien Duvivier offre, dans *La belle équipée* (1936), deux fins, une « noire » pour les beaux quartiers, une « rose » pour les salles populaires.

Dans un tout autre registre, mais tout aussi pertinent ici, évoquons la réforme de Clisthène l'Athénien en 507/508 avant J.-C., étudiée par Pierre Levêque et Pierre Vidal-Naquet[63]. Comme en 1793, la gigantesque refonte sociale et politique est accompagnée, pour ne pas dire imposée, par une réforme des grands découpages de l'espace et du temps. Dans ce cas aussi, la symbolique des nombres joue un rôle étonnamment important. Pour faire bref, citons Gustave Glotz, qui a, le premier, signalé ce rapprochement : « Avec cette rigueur de logique qui le caractérisait, Clisthène combina le système des prytanées avec une réforme du calendrier. Les Athéniens, comme tous les Grecs, ne connaissaient que l'année lunaire de 354 jours, répartis sur 12 mois de 29 jours ou 30 jours alternativement, et, pour raccrocher l'année lunaire à l'année solaire de 365 1/4 jours, ils intercalaient un treizième mois "embolimique ", trois fois dans les huits ans. Clisthène se garda bien de toucher au calendrier qui réglait les cérémonies de culte et les relations sociales [ce qui le différencie fortement des Jacobins de l'an II ; et comme écrit E. Will, « parler de « sécularisation » de l'Etat, voire de « séparation de l'Eglise et de l'Etat », c'est jongler avec les anachronismes[64] »] ; mais il en imagina un autre pour régler la vie publique, en accommodant le régime des prytanées *au système décimal.* Il adopte l'année de 360 jours, divisée en 10 prytanées de 36 jours subdivisés en trois dodécades, quitte à y substituer de temps à autre une année de 390 jours avec des prytanées de 39 jours et des dodécades de 13 jours. Tel fut le calendrier officiel qui coexista dans Athènes avec le calendrier religieux et civil pendant un siècle exactement, jusqu'en 408/407 [ce qui démontre une fois encore que la cohabitation pacifique de systèmes contradictoires est tout à fait possible]. Et rien n'est plus curieux dans l'histoire que de voir, à 23 siècles d'intervalle, le même esprit produire les mêmes effets : comme les assemblées de la France révolutionnaire, Clisthène, après avoir brisé les cadres où se perpétuait le passé, voulut, lui aussi, *assujettir au système décimal le temps lui-même.* »[65]

* * *

> « ...le rôle du poète est de dire non pas ce qui a lieu réellement, mais ce qui pourrait avoir lieu dans l'ordre du vraisemblable ou du nécessaire. Car la différence entre le chroniqueur [« l'historien »] et le poète n'est pas de ce que l'un s'exprime en vers et l'autre en prose [...] ; mais la différence est que l'un dit ce qui a lieu, l'autre ce qui pourrait avoir lieu, c'est-à-dire le possible ; c'est pour cette raison que la poésie est plus philosophique et plus noble que la chronique : la poésie traite plutôt du général, la chronique, du particulier. Le « général », c'est le type de chose qu'un certain type d'homme fait ou dit vraisemblablement ou nécessairement. C'est le but que poursuit la poésie, tout en attribuant des noms aux personnages. Le « particulier », c'est ce qu'a fait Alcibiade ou ce qui lui est arrivé[66]. »

D'Aristote à Ranke, philosophes et historiens s'accordent sur la différence entre le contrat « réaliste » de l'historien (« chroniquer » chez Aristote) et celui du poète : « l'un dit ce qui a lieu, l'autre, ce qui pourrait avoir lieu, c'est-à-dire le possible ». Cela n'enlève rien à l'urgence de cultiver « la faculté de l'aussi bien » en histoire. Ce que nous proposons d'appeler « histoire possibiliste » concerne donc tout ce qui a trait à l'« aussi bien », de l'historien et des agents historiques. Ici, on s'est penché sur la jonction entre les deux, à savoir cette tendance, certains diraient « fâcheuse », d'autres, « humaine », qu'ont tout homme, tout groupe, au sortir d'une situation possibiliste, de réécrire le choix en termes « poétiques », « dans l'ordre du vraisemblable ou de nécessaire » ; ou, pour rester dans les catégories aristotéliciennes, à rendre l'Histoire « plus philosophique et plus noble » que la « réalité ».

ÉPILOGUE

CHAPITRE 11

L'« historème » : vers une redéfinition du contexte historique

Quelle est l'unité minimale en histoire ? est soit une question que les historiens ne se posent pas, soit un piège dans lequel les historiens ne tombent pas.

Et pourtant. Le thème de l'unité indivisible a joué un rôle prépondérant dans bien des sciences. Et d'abord dans l'étude de la Nature — devenue chimie et physique — et de la communication — les futures linguistique et sémiologie. Leur histoire est inséparable des interminables, et pour nous souvent ésotériques, discussions sur l'atome et les plus petites unités découvertes au XXe siècle dans l'une, sur le mot et les divers « èmes » dans l'autre. D'autres disciplines ont suivi ; citons, dans les sciences humaines, l'anthropologie structurale, la poétique, le folklore, le cinéma, disciplines profondément marquées par ce type d'interrogation.

L'origine de la quête millénaire des indivisibles est de toute évidence dans la structure de la langue, celle qui commande notre façon de raisonner. Faire sens implique la *sélection* d'unités minimales dans un fonds préexistant (lexique, paradigmatique), et leur *combinaison* selon des règles consensuelles (grammaire, syntagmatique). Pour penser le réel en termes de lois de connexion et d'agencement, on passe forcément par la recherche des particules indivisibles, donc prégrammaticales. En chimie et en physique, l'atome (« particule qui forme la plus petite quantité susceptible de se combiner ») — puis le proton, le neutron, l'électron ; en linguistique, le le mot — puis le morphème, le sème, etc. ; en folklore et en narratologie, le motif ; en cinématographie, le cadre, le plan, la scène, la séquence — ou les « photo-fragments de réalité » (Eisenstein) ; constituent tous la première étape dans la découverte et la description des régularités « grammaticales ». La définition de la plus petite unité et la recherche des règles combinatoires renvoient à deux opérations analytiques foncièrement distinctes, même si dans la pratique les deux sont indissociables.

On le voit, même si cette piste a produit des monstruosités, elle a été surtout au départ d'avancées dont nous sommes toujours tributaires. On aura donc beau fustiger l'« atomomanie », elle a fait, pour ainsi dire, ses preuves. N'empêche. Qu'en histoire le virus n'ait jamais pris paraît, à première vue, tout à fait anodin. D'aucuns prétendraient même que ce faisant, que ce non faisant plutôt, l'histoire a su s'épargner une maladie d'enfance dont on voit mal le bien.

Commençons par le « lexique » de l'histoire. Quel pourrait être l'« historème » ? Deux candidats viennent à l'esprit pour être écartés aussitôt. L'Homme (et avant lui, le Grand Homme) ? Non, car, primo, l'homme est tout sauf une unité indivisible, même si en grec « a-tome » signifie aussi « individu » (Curiosité : Gabriel Tarde, après avoir défini la chimie comme la psychologie de l'atome, appelait de ses vœux l' «atomologie du moi, j'allais dire la sociologie du moi »[1]) ; et secundo, il ne présente aucune spécificité pour la science historique. L'événement ? Non plus, car il est déjà une succession d'unités plus petites ; les tenants de la causalité auraient même dit que l'événement est un agencement de « causèmes ». Quant aux unités pratiquées en histoire quantitative : années, enfants, tirages, bougies, quintaux de blé —, outre le fait qu'elles sont mathématisées, donc abstraites, elles n'offrent ni spécificité historique, ni indivisibilité.

Faute de candidat acceptable, la lacune aurait donc été de toute façon impossible à combler. Il serait toutefois hasardeux d'arrêter déjà notre spéculation. Car si l'unité minimale est totalement absente du discours historien, une idée d'unité *maximale* lui est constitutive : le *contexte.* Donnons-en une définition : le contexte est le champ unifié qui s'étend dans le temps et dans l'espace, et qui agence (terme plus faible : agrège) des X (nos fantaisistes « historèmes »).

Ainsi, à la base du contexte historique se trouve la *métonymie.* Le contexte est fonction de liens de voisinage horizontal et vertical. Suivant la narratologie, distinguons les liens métonymiques faibles, fondés uniquement sur la *proximité* dans le temps et dans l'espace, des liens métonymiques forts, où à la proximité s'ajoute la *causalité.* Des deux liens pouvant constituer le contexte, la proximité est nécessaire, alors que la causalité est un « surplus ». Le contexte historique « normal », le XVIIIe siècle français, par exemple, est constitué de plusieurs chaînes causales parallèles : ainsi, pour schématiser à outrance, la série politique, la série littéraire et la série religieuse, et d'éléments « libres » dont on s'efforce de réduire le nombre et le poids ; l'optimal étant, comme dans le montage parallèle cinématographique, d'établir à partir de cette somme hétéroclite une certaine cohésion. Ainsi, *seule* la métonymie saurait constituer un contexte historique, pas la métaphore (l'analogie). C'est au nom de cette règle d'or de l'histoire que fut menée la critique de l'« histoire des idées », accusée de constamment rapprocher, juxtaposer, correler les éléments les plus divers sur la seule base de la ressemblance.

Mais de quoi, au juste, est fait un contexte ? Quels X agence-t-on métonymiquement ? Des morceaux (choisis ?) du réel historique. On atteint ici le tournant de l'argument, où il prend une allure sciemment irréelle, c'est-à-dire d'hypothèse d'école. Appelons ces morceaux « historèmes », entités fictives dont on ne tardera pas à se débarrasser. On pourrait alors définir *l'« historème » comme le plus petit contexte observable/dicible.* L'« historème », en d'autres termes, serait ce qui *est* dans le même temps et dans le même espace ; l'image arrêtée cinématographique, mieux, l'instantané.

Ce qui nous conduit à la « syntaxe » historique. Si l'on accepte notre monde (im)possible, on s'aperçoit que la plupart des travaux historiques obéissent à une bien curieuse logique. Entre les « historèmes » et le contexte par eux constitué, il n'y a pas de démarcation logique ou analytique, mais une *homologie.* En d'autres termes, *l'« historème » est la plus petite unité de temps et d'espace disséquable, le contexte, la plus grande unité de temps et d'espace maîtrisable.* (On reviendra sous peu à la substitution de « disséquable » et de « maîtrisable » par « pertinente »). Si on part de l'« historème », le contexte historique résulte d'un procédé assimilable à l'agrandissement photographique, et plus encore, à l'élargissement de l'angle de la caméra, du *close up* au *long shot* au panorama au *travelling ;* et inversement, si on choisit de partir du contexte, l'« historème » est le point d'arrivée d'un procédé de réduction et de miniaturisation. Dans les deux cas, il n'y a pas lieu de parler de syntaxe mais d'un jeu d'échelle — micro-macro, si l'on veut. Pour utiliser une image parlante, celle de la pierre jetée dans l'eau, l'historien peut suivre trois itinéraires. Soit partir de la pierre : un document, un épisode, un moment problématique —, pour dessiner des cercles de plus en plus excentrés autour ; soit partir du bassin : la France au XVIIe siècle —, pour rétrécir de plus en plus son champ ; soit partir, ce qui est le plus courant, d'un cercle intermédiaire : Paris entre 1650 et 1730, les Jésuites en Amérique du Sud, l'affaire Galilée —, pour effectuer des va-et-vient vers la (une) pierre ou vers les bords du bassin. Cette imagerie évoque le célèbre premier chapitre du *Père Goriot*, qui nous promène du quartier à la rue à la façade de la pension Vauquer, au jardinet, au rez-de-chaussée, à la salle à manger, aux étages des appartements et finalement aux pensionnaires eux-mêmes — avant que le livre ne s'engage dans l'autre sens, vers Paris et le « Monde ». Va-et-vient qu'illustre le fait que Balzac commença par inclure le roman dans les *Scènes de la vie parisienne*, mais une note manuscrite le ramena dans les *Scènes de la vie privée.*

Il faut pourtant nuancer. La science historique a vu des tentatives qu'on peut qualifier de « grammaticales ». Citons Marx, Max Weber, Elias, qui, condition nécessaire à toute grammaire, ont bâti des modèles de causalité *reproductibles* hors de leur « contexte » d'origine. A un autre niveau d'abstraction, la démographie historique met en jeu des corrélations les plus universelles possibles entre variables tels qu'âge de mariage, fécondité, patrimoine. Or faut-il insister sur le fait que ces « grammaires de civilisations » sont l'objet d'une critique frontale depuis une trentaine d'années, au nom du contexte (= au nom de l'histoire), précisément ?

Où est le drame ? me dira-t-on, et on aura en grande partie raison. Car pourquoi chercher une grammaire pour étudier un phénomène — le social en devenir — qui n'en a certainement pas ? Ailleurs, j'ai moi-même démontré l'aberration d'une « grammaire cinématographique » — surtout du côté de la compréhension des films, dont l'écrasante majorité n'exige aucun apprentissage « linguistique » autre que celui de connaître la réalité qui nous entoure. A ceci près, que la discipline historique fait et défait les recherches et les thèses en grande partie au nom du contexte. Et l'absence de réflexion sur la paire«plus petite unité »-« agencement », est, selon moi, en corrélation directe avec l'absence de réflexion sur le contexte.

Si le contexte est l'unité la plus large d'espace et de temps maîtrisable, il s'ensuit que le contexte optimal, l'horizon vers lequel on devrait aspirer, est le Tout, i.e. toute l'histoire de l'Homme sur cette Terre ; horizon que seules nos limites contingentes empêchent d'atteindre. Toute autre position serait logiquement indéfendable : comment en effet justifier la décision d'arrêter ici et pas là ? Pour employer notre image de la pierre, il n'y a aucune légitimité de dessiner les contours du bassin en suivant ceux de la France ou du XVIIe siècle. Il y a donc un seul « contexte historique » : l'Histoire (qui comprend bien évidemment la pré-histoire)...

Argument *ad absurdum*, on pourrait l'écarter comme ancien et inévitable : Horace n'a-t-il pas déjà distingué entre deux manières de commencer un récit, *ab ovo* et *in medias res ?* Comme il est impossible de toujours démarrer avec Adam et Eve, il faut opter pour un point de départ plus ou moins arbitraire. Reste alors à atténuer le poids de l'arbitraire.

Pour le faire, on propose, à la place de « maîtrise », « *pertinence* » : le contexte historique serait donc la plus large unité de temps et d'espace pertinente. Mais comment déterminer la pertinence ? Le critère qui domine la pratique historiographique est le plus évident, le plus simple, le plus économique : la *proximité* dans l'espace et dans le temps. En termes juridiques, un « historème » est plus pertinent à un « historème » voisin qu'à un « historème » lointain — à moins qu'on ne prouve le contraire. Mais comme les candidats au contexte restent quasi infinis, on ajoute à la proximité spatiale et temporelle un troisième critère : la « *parenté thématique* ». Ainsi des « historèmes » voisins dans le temps et dans l'espace qui appartiennent aussi à la même série (économique, artistique, etc.), seraient *a priori* plus pertinents que d'autres. Là aussi, la précédence va à la métonymie. Associer des « historèmes » de la série littéraire qui ne sont pas voisins dans le temps et dans l'espace — Platon, Hegel et Marx — relève d'une démarche que la discipline rejette comme non historique (quoique tout à fait valable). Nous revoici devant le principe de l'homologie entre petit et grand contexte qui préside, selon moi, à la pensée historique. Et qui explique pourquoi seuls les *découpages* d'espace et de temps sont à même de produire du « contexte historique ». Le découpage, qu'on prétend être uniquement à but méthodologique — n'est-il pas un moyen parmi d'autres d'éviter l'histoire du Tout, en décidant des contours de la pertinence —, acquiert rapidement le statut d'une substance. On appelle ce procédé réification.

Ici, on a privilégié un découpage temporel, le siècle. Car qu'est-ce que le siècle ? Une tranche verticale de cent ans, couchée horizontalement, et d'une façon peu régulière sur un espace mal défini, et construite autour d'un ou de plusieurs « historèmes » avec lesquels elle entretient des rapports homologiques (de synecdoque). Qu'est-ce que le XVIIIe siècle, sinon un contexte, c'est-à-dire un principe de pertinence ? Il serait en effet trop aisé, trop cruel surtout de démontrer à quel point l'historien, dans une démonstration, préférera les « historèmes » « appartenant » au même siècle (et ayant une parenté thématique) à ceux du siècle antérieur ! On voit à présent mieux l'intérêt de notre « ère de la Passion » qui, en décalant la chronologie de 33 ans, décale le contexte pertinent de $E = MC^2$, de la révolution d'Octobre, de Dada d'un siècle !

Anachronisme. Accuser un historien d'anachronisme signifie qu'il applique, qu'il impose à un contexte historique — disons le XVIe siècle — un langage qui n'est valable qu'à un contexte plus tardif — disons le XVIIe siècle. Autrement dit, à chaque contexte — à chaque siècle... —, son outillage mental propre ; et l'allusion au *Problème de l'incroyance au XVI*e *siècle ; la religion de Rabelais* de Lucien Febvre est tout sauf gratuite.

On peut démontrer que l'« accusation » d'anachronisme est le produit direct, quasi inéluctable, de la périodisation. Car c'est la période, entité cohérente et bien distincte des entités qui l'entourent, qui définit les contours du contexte dont tout débordement a de bonnes chances d'être qualifié d'anachronique. Dans *Misère de l'Historicisme*[2], Karl Popper a démontré l'alliance peu sacrée entre périodisation, organicisme et holisme, alliance qui veut qu'à chaque totalité, sa propre logique, et qu'on ne peut pas passer impunément d'une totalité à l'autre. Ailleurs (« ... et la Révolution "créa" le siècle »), on a montré que la périodisation ne pouvait apparaître qu'à la suite d'un traumatisme découpant le présent en deux parties incommensurables (voir les remarques pénétrantes de Philippe Ariès, *supra*). Il s'ensuit que l'« anachronisme » est lui aussi datable ! Nietzsche l'a bien vu qui écrit, à propos des traductions : « On peut juger du degré d'esprit historien que possède une époque d'après la manière dont elle traduit et cherche à s'assimiler les époques et les livres du passé. Les Français de Corneille et *jusqu'à la Révolution* s'approprièrent l'Antiquité romaine d'une manière telle que nous n'en aurions plus aujourd'hui le courage — grâce à notre esprit historien supérieur » (*Le gai savoir*, § 83). En ce sens, l'historiographie contemporaine est née de l'expérience poignante, ô combien réelle, d'incommensurabilité entre deux « contextes ». A laquelle est venue s'ajouter, depuis un demi-siècle, l'idéologie de l'altérité que l'histoire a pour ainsi dire assimilée de l'anthropologie. Comment, en effet parler de l'Ancien Régime avec les concepts du nouveau, du « Nouveau Monde » avec le langage du « Vieux Continent » ?

Le refus de l'anachronisme a donc eu son rôle dans le progrès — incontestable — de la recherche et de l'écriture historiques. Il faut pourtant voir les fondements extrêmement peu solides sur lesquels il repose. On vient d'évoquer Popper, pour qui l'historicisme est intenable, entre autres à cause de sa vision organiciste de la période. Il y a plus. Pour juger l'accusation d'anachronisme, pour mesurer sa portée implicite, il est intéressant de la rapprocher de la notion d'« *erreur catégorielle* ». « Les catégories philosophiques sont des classes, genres ou types supposés marquer une division nécessaire dans notre schéma conceptuel, division que nous devons reconnaître pour donner un sens littéral à notre discours sur le monde. Dire que deux entités appartiennent à des catégories différentes signifie qu'elles n'ont littéralement rien en commun, qu'on ne peut pas leur appliquer les mêmes termes sans parler d'une façon métaphorique ou équivoque[3]. » Peut-on tenir sérieusement les mêmes propos pour décrire l'« importation » de concepts d'un siècle à un autre, voire de l'Antiquité au Baroque ? C'est pourtant ce qu'on peut lire dans un ouvrage justement intitulé *Les catégories en Histoire*, à savoir qu'« il n'existe pas de catégories historiques proprement dites en dehors des catégories périodologiques : Préhistoire, Antiquité, Moyen Âge »[4]. Il ne s'agit pas de tourner en dérision ce genre d'affirmation, représentative de la façon dont est normalement, quoique rarement explicitement, conçue l'idée d'anachronisme, mais de rappeler à quel point cette idée, pourtant fondamentale en histoire, repose sur un postulat inacceptable. Et s'il en est ainsi, la faute en est à l'absence de réflexion poussée sur la notion de contexte, tout comme sur son corrélat, la pertinence.

Mais peut-on penser le contexte historique autrement qu'à travers les notions de temps et d'espace ? Pour ce faire, une véritable révolution conceptuelle s'impose. Mais on l'évite en jonglant indistinctement sur deux tableaux qu'on devrait pourtant clairement différencier : 1. « *contexte historique* », où n'est pertinent que le métonymique (« voisinage dans le temps et dans l'espace ») ; ou pour employer le langage de la théorie littéraire, n'y est pertinent que la *motivation réaliste*, ou *orientée vers le monde* : le choix des éléments et surtout leur agencement se veulent conformes à l'organisation du réel que le texte est censé refléter ; 2. « *contexte rhétorique* » où est pertinent (tout ?) ce qui se rapporte à la démonstration, à l'argumentation, à l'explication ; il renvoie à la *motivation rhétorique*, ou *orientée vers le destinataire* : le choix des éléments et leur agencement dépendent de l'effet recherché par le texte. Il va de soi que ce contexte, loin de se limiter à la seule proximité « réaliste », implique l'emploi des rapprochements les plus divers : analogie, métaphore, hyperbole, ironie, oxymore, allusion, association plus ou moins libre. Chaque texte référentiel implique les deux types de motivations. En littérature, la fictionnalité du monde raconté trahit déjà la prépondérance de la motivation rhétorique. En histoire, par contre, on peut user de cette deuxième logique de pertinence à condition de ne pas (trop) offenser les sensibilités des adeptes du seul contexte ontologiquement motivé, qui demeurent les gardiens du Temple historique. Bref, le contexte rhétorique est légitime tant qu'il reconnaît sa subordination au contexte historique. On peut donc dire la différence entre fiction et histoire à travers la hiérarchie des motivations : dans l'une prime la rhétorique, dans l'autre, la réaliste.

Selon moi, l'autre façon de faire de l'histoire doit passer par l'abandon, du moins provisoire, de cette hiérarchie. Si l'on s'en tient à la première définition du « contexte historique » : « la plus large unité de temps et d'espace maîtrisable » —, le contexte optimal englobe le Tout ; du coup, tout lui est pertinent, et la distinction entre ontologique et rhétorique s'estompe. Si l'on s'en tient à la deuxième définition : « la plus large unité de temps et d'espace pertinente », on tombe, soit sur la première définition, à travers la métonymie, soit sur la « rhétorique » — démonstration, explication, etc. —, qui seule décide où s'arrêter. Ce deuxième cas de figure signifie, de fait, qu'*il n'y a pas de pertinence intrinsèque — donc pas de contexte historique a priori* — tout au plus un degré de probabilité presque statistique de pertinence. L'historiographie moderne semble adhérer à cette idée, qui proclame haut et fort qu'un contexte n'est pas donné mais construit. La production historique de ces cinquante dernières années, et d'abord les travaux quantitatifs, est extrêmement riche en contextes peu concevables avant. On peut même avancer que bon nombre d'ouvrages qui ont marqué l'histoire — *Les rois thaumaturges ; Le problème de l'incroyance ; La Méditerranée ; Les deux corps du roi*, pour ne citer qu'eux — l'ont fait entre autres à travers leur *créativité contextuelle.* Les historiens persévèrent néanmoins dans leur tendance à respecter les contraintes métonymiques comme limites de leur imagination. Ainsi, les manipulations les plus téméraires s'efforcent de ne pas (trop) transgresser les découpages élémentaires, du type siècle ou région.

Reste alors un seul pas, selon moi décisif, à franchir, mais qui n'est en effet que le prolongement logique de ce que l'histoire contemporaine ne cesse de revendiquer : *primauté au problématique.* Il s'agit ni plus ni moins de l'affranchissement de l'histoire de la primauté, à plus forte raison du monopole de la proximité temporelle et spatiale dans la construction de contextes historiques pertinents. Comme la pragmatique, qui part de ce qu'on veut faire avec la langue pour isoler ses unités premières, l'histoire, si elle en éprouve le besoin, ce qui paraît peu probable, déterminera l'« historème » comme le plus petit élément de pertinence. Il en découlera une autre définition du contexte historique : « *Ce qui, dans le passé, est pertinent à une question posée par l'historien* » — par son « architecture intérieure », pour employer le langage de Calvino. L'étude des métaphores de *Surveiller et punir* illustre ces propos. Entre les contextes créés par le découpage de l'Histoire en siècles : « XVIIIe vs. XIXe siècle », et ceux créés par les champs métaphoriques : « organisme vs. machine », Foucault a démontré la supériorité des derniers, supériorité qui n'est pas uniquement heuristique, mais aussi réaliste.

FIN

NOTES

INTRODUCTION

1. Outre Braudel, citons deux essais désormais classiques : Pierre Vidal-Naquet, « Temps des dieux et temps des hommes. Essai sur l'expérience temporelle des Grecs », in *Le chasseur noir*, Paris, La Découverte/Maspero, 1983 (1960) pp. 69-94 ; et Jacques Le Goff, « Au Moyen Âge : Temps de l'Église et temps du marchand », in *Pour un autre Moyen Âge. Temps, travail et culture en Occident : 18 essais*, Paris, Gallimard, 1977 (1960), pp. 46-65, citation p. 60.

2. Thèse de doctorat, Ecole des Hautes Études en Sciences Sociales, Paris, 1985.

3. Reconstitué dans « La rencontre, insolite mais édifiante, du quantitatif et du culturel », *Histoire et mesure*, II 2, 1987, pp. 7-37.

4. Néologisme emprunté à George Lakoff, *Women, Fire, and Dangerous Things*, University of Chicago Press, 1987.

5. Victor Chklovski, « L'art comme Procédé », in T. Todorov, *Théorie de la prose. Textes des formalistes russes*, Paris, Seuil, 1965 (1917), pp. 76-97, citation pp. 83-84.

6. Voir mon « Pour une histoire expérimentale, ou La gaie histoire », *Annales E.S.C.*, mai-juin 1990, n°3, 717-734, et aussi les textes issus des rencontres « expérimentales » : « Dépaysement » et « Métaphore », in *Alter-Histoire* à paraître aux Belles Lettres.

7. George Lakoff et Marc Johnson, *Les métaphores de la vie quotidienne*, Paris, Minuit, 1985 (1979).

8. Cf. mon « Les temps des Français », à paraître.

9. Héraclite, fragments 91, 6, Parménide, cité par Platon, *Théétète*, 180d, Zénon d'Elée, cité par Diogène Laërce, *Vies*, IX, 72 ; in *Les Présocratiques*, Paris (Coll. Pléiade) 1988.

I. À LA RECHERCHE DU SIÈCLE

1. Une histoire-fiction : l'ère de la Passion

1. Pour nos besoins, le problème, épineux, des dates de la Nativité et de la Passion n'est point pertinent ; seule compte ici l'acceptation millénaire de l'an 1 et de l'an 33 comme dates canoniques.

2. Philippe Ariès, « L'attitude devant l'Histoire : Le XVIIe siècle », in *Le Temps de l'Histoire*, Paris, Seuil, 1986 (1954), p. 163.

3. Sur cet aspect de la catégorisation, voir George Lakoff, *Women, Fire, and dangerous Things*, pp. 77-90.

4. Et encore. Une bonne partie de l'histoire de France pourrait être organisée autour de ce couple trompeur ; cf. Daniel S. Milo, « Une seule France ? », in *Histoire de la France*, Tome I, *L'espace*, sous la direction de Jacques Revel, Paris, Seuil, 1989, particulièrement pp. 491-498.

5. C'est en grande partie à cette réaction qu'est due mon envie de fonder le *Journal of So What Studies*...

6. F. Vercauteren, « Le Moyen Âge », in Chaïm Perelman, ed., *Les catégories en histoire*, Bruxelles, 1969, p. 30.

7. F. Braudel, « Positions de l'histoire en 1950 », *Écrits sur l'histoire*, Paris, Flammarion (Champs), 1969 (1950), p. 37.

8. In *Annales E.S.C.*, VIIIe, n° 1 (janvier-mars 1953), pp. 69-73, citation p. 73.

9. Lucien Febvre, « Étienne Gilson et la philosophie du XIVe siècle », in *Combats pour l'histoire*, Paris, 1953, p. 285

10. Krzystof Pomian, « Les avatars de l'identité historique », *Le Débat* n° 3 (juillet-août 1980), p. 114.

11. Paul-André Rosental, « À propos d'Annik Pardailhé-Galabrun, *La Naissance de l'intime. 3 000 foyers parisiens, XVIIe-XVIIIe siècles*, PUF, 1988 », *Annales E.S.C*, 1989, n° 6, pp. 1541-1544.

12. Chaïm Perelman, « Les catégories en histoire », in *La catégorie de XVIIe siècle : Philosophies et sciences*, in *Revue internationale de philosophie*, Tome XXII, n° 114 (1975), pp. 381-392 (citation p. 385).

13. Dont les Actes ont paru dans la *Revue de l'Université de Bruxelles*, 1972, fasc. 2-3.

14. F. Braudel, « Positions de l'histoire en 1950 », *op. cit.*, p. 26.

15. Marc Bloch, *Apologie pour l'histoire, ou Métier d'historien*, Paris, A. Colin, 1974 (1941), pp. 147-148.

16. Jacques Le Goff, « Calendario », in *Enciclopedia Einaudi*, Turin, 1977, Volume 2, p. 528 ; la traduction, libre, est de Simona Cerutti.

2. ... et la Révolution « créa » le siècle

1. Johannes Burckhardt, *Die Entstehung der modernen Jahrhundertrechnung : Ursprung und Ausbildung einer historiographischen Technik von Flacius bis Ranke*, Göppingen, Alfred Kümmerle, 1971, avec une bibliographie imposante ; voir aussi W. Feldmann, « Jahrhundert und seine Sippe », *Wortforschung*, 5 (1904), pp. 229-237 ; Werner Krauss, « Der Jahrhundertbegriff im 18 Jahrhundert : Geschichte und Geschichtlichkeit in der französichen Aufklärung », in *Studien zur deutschen und französichen Aufklärung*, Berlin, 1965 (1955), pp. 9-40 (notes pp. 473-480) ; Paul Lehmann, « Einteilung und Datierung nach Jahrhunderten », in *Ausgewählte Abhandlungen*, Leipzig, 1941 (1935) ; Fritz Schalk, « Über Epoche und Historie », in *Studien zur Periodisierung und Epochbegriff*, Mainz, Akademie der Wissenschaften und der Literatur, 1972, n° 4, pp. 150-176.

2. Je dois à Alain Boureau les références de Pierre de Jean Olivi, L. Oliger, « Petri Johannis Olivi de renuntiatione papae Coelestini V quaestio et epistola », *Archivum Franciscanum Historicum*, 11 (1918), p. 362, et de Gilles de Viterbe, F. Secret, « Notes sur Egidio de Viterbe », *Augustiniana*, Tome 27, 1977 ; à Hillel Schwartz, *Century's End. A Cultural History of the Fin de Siècle from the 990s Through the 1990s*, New York, Doubleday, 1990, p. 74, celles de Salutati, *Epistolario*, ed. Francesco Novati, 1896, III, 408, lettre 23, Rome, et d'Artusi, *L'Artusi, ovvero, Delle imperfezioni della moderna musica*, extraits in *Source Readings in Music History : The Baroque Era*, ed. Oliver Strunk, New York, 1965, pp. 33-34, 40-42.

3. Alain Boureau, *La papesse Jeanne*, Paris, Aubier, 1988, pp. 137.

4. Indice problématique, certes, mais point négligeable ; cf. François Furet (sous la direction de), *Livre et Société dans la France du 18e siècle*, Paris, Mouton, 1965 ; Milo, « La rencontre, insolite mais édifiante... », *op. cit.*

5. Jean-Baptiste-Gabriel-Marie de Milcent publie, en 1775, une petite brochure intitulée *Le dix-huitième siècle vengé*, Epître à M. D***, 14 p., in 18°, B.N. Ye 27818 ; Nicolas Restif de la Bretonne, *Monument du costume physique et moral de la fin du dix-huitième siècle*, Neuwied-sur-le Rhin, Société typographique, 1789.

6. Cette liste, forcément non exhaustive, s'appuie sur un recensement du *Journal général de la littérature de France, ou Répertoire méthodique*, Paris/Strasbourg, 1799. Pour le XVIIIe siècle, on a consulté, entre autres, Pierre M. Conlon, *Prélude au siècle des Lumières en France. Répertoire chronologique de 1685 à 1715* (6 volumes), suivi par *Le Siècle des Lumières*, dont le dernier volume en date va jusqu'en 1747, Genève, Droz, 1970 ; *Le Journal de la librairie (1763-1788) ;* et Antoine-Alexandre Barbier, *Dictionnaire des ouvrages anonymes* (revu et augmenté par O. Barbier et R. et P. Billard), Paris, 1879.

7. Cf. Burkhardt, *op. cit.*, pp. 117-122.

8. F. Schiller, « Le commencement du nouveau siècle », in *Poésies*, tr. Ad. Régnier, Paris, Hachette, 1859, pp. 270-271. Voir aussi « L'Epoque » (1797) : « Le siècle a engendré une grande époque, mais ce grand moment trouve sur terre une petite race », *ibid*, p. 373.

9. Erwin Panofsky, *Renaissance and Renascences in Western Art*, New York, Harper, 1972 (1960), p. 162 (tr. fr., Paris 1976 sous le titre *La Renaissance et ses avant-courriers dans l'art d'Occident*).

10. J.W. von Goethe, *Campagne de France* (18-22 septembre 1792), tr. J. Porchat, Paris, Hachette, 1863 (mais publié trente ans après les événements), p. 46.

11. Reinhart Koselleck, « "Neuzeit" : Remarks on the Semantics of the Modern Concepts of Movement », in *Future Pasts. On the Semantics of Historical Time*, MIT Press, Cambridge, Mass., 1985 (1977), pp. 230-236. Wilhelm von Humboldt, *Das achtzehnte Jahrhunderte*, in *Werke*, I, p. 398, cité par R. Koselleck, p. 252.

12. Recensement qu'a rendu possible le formidable outil de travail constitué par Pierre M. Conlon, *Prélude au siècle des Lumières...* Six brochures parisiennes de 1699 (dont quatre sont éditées par le même libraire, Jean Moreau) sont reliées ensemble à la Bibliothèque Nationale sous les cotes V 29419-29419bis-29424 ; voir aussi B.N., V. 21651, B.M. 717. C. 36(3), B.N. Vz. 2216, B.N. G. 11502, et de 1700, qui voit N. Chevalier, *Lettre ...sur la question dont on dispute aujourd'hui, savoir, si l'an 1700...*, Amsterdam.

13. En Allemagne aussi ; cf. J. Burkhardt, *op. cit.*, pp. 117-118. Burkhardt fait dans l'anachronisme en appelant ce moment « tournant du siècle », dans le sens que le terme aura pris un siècle plus tard.

14. Mallement de Messange, *La question décidée sur le sujet de la fin du siècle, si l'année 1700 est la dernière du dix-septième siècle ou la première du dix-huit*, dédiée à M. le comte d'Ayen, Paris, 1699, p. 54.

15. Cf. J. Burkhardt, *op. cit.*, pp. 116-117.

16. Raymonde Foreville, « Jubilé », *Dictionnaire de spiritualité*, Vol. VIII, Paris, 1974, pp. 1478-1487 ; ainsi que Herbert Thurston, « Jubilee », *The Catholic Encyclopaedia*, New York, 1910.

17. Paris, chez la veuve Claude Barbin, Jacques Morel, Pierre Ribou, 1700. B.N., Rés. m. Yc. 911 (113). Il m'est impossible d'en identifer l'auteur.

18. *Récits en musique pour servir d'intermède à la Tragédie de Maxime martyr, qui sera interprétée au Collège de Louis le Grand Mercredy 12 jour de May 1700.* Paris, 1700 (B.N., Rés. Yf 2663).

19. E. Salverte, *Tableau littéraire...*, p. 11-12.

20 Le Père Du Cerceau n'avait pourtant pas abandonné ce goût pour le siècle, comme le démontre un ouvrage au sujet moins compromettant : *Histoire des révolutions de Perse depuis le commencement de ce siècle jusqu'à la fin de l'usurpateur Aszraff*, Paris, 1742.

21. Toulouse, chez Pierre Forest, 1700, B.N. V 29425. Là aussi, on n'a pu identifier l'auteur, ce qui est bien regrettable, vue l'immense originalité du texte.

22. Ce qui permet à la Bible de Vence de traduire : « Rappelez en votre mémoire les merveilles que j'ai opérées dans les siècles passés » ; alors que la Bible polyglotte de F. Vigouroux (Paris, 1904), va jusqu'à traduire « Rappelez-vous du siècle passé » !

23. A comparer avec Ludwig Büchner, *Am Sterbelager des Jahrhunderts* [au lit de mort du siècle], Giessen, 1900, une véritable rétrospective d'histoire culturelle du XIXe siècle ; cité par Burkhardt, *op. cit.*, p. 121.

24. Cas saisissant : l'index du « Journal » de Barbier à l'entrée « Dix-huitième siècle, l'opinion qu'en a Barbier ». Un passage sur huit volumes ne saurait certes constituer un contre-exemple. La lecture du passage en question m'a néanmoins « soulagé » : « Si cela [les convulsionnaires de 1734] arrive de nos jours, dans un siècle raffiné, irréligieux débauché... ». L'explication est simple : l'Index est du XIXe siècle, où l'on « traduisait » « notre siècle » par « le dix-huitième siècle » ; Edmond-Jean-François Barbier, *Chronique de la Régence et du règne de Louis XV (1718-1763)*, 8 vol., II, p. 525, Paris, Charpentier, 1857.

25. Un ouvrage de valeur sur les nombres, qui mette l'accent sur le symbolique plus que sur le technique, nous fait cruellement défaut ici ; le livre de Georges Ifrath, *Histoire universelle des chiffres*, Paris, Seghers, 1981, ne comblant point cette lacune ; c'est aussi le cas du livre au titre si prometteur de Karl Menninger, *Number Words and Number Symbolds : A Cultural History of Numbers*, Cambridge, Mss., M.I.T. Press, 1969 (1958).

26. Voir *infra*, la division en dix époques de l'*Esquisse d'un tableau historique*... de Condorcet.

27 Roland Mortier, *Le « Tableau littéraire de la France au XVIIIe siècle ». Un épisode de la « guerre philosophique » à l'Académie française sous l'Empire (1804-1810)*. Bruxelles, Académie Royale de Langue et de Littérature Françaises, 1972, p. 13.

28. Lettre à Louis-Mathieu Molé datée du 10 mars 1805, in *Correspondance*, Paris, Perrin, 1914, pp. 146-147 ; citée in Mortier, *op. cit.*, pp. 39-40.

29. Publié dans *Clartés et ombres du siècle des Lumières. Etudes sur le XVIIIe siècle*. Genève, Droz, pp. 153-158.

30. Cf. appendice de Prosper de Barante, *Tableau de la littérature française au dix-huitième siècle*, Paris, 1832.

31. Jean-Claude Perrot, *L'âge d'or de la statistique régionale française (An IV-1804)*, Paris, Société des Etudes Robespierristes, 1977.

32. On s'appuie ici sur Jacques Revel, « L'enquête : de la visite à la statistique », in *Histoire de France*, (sous la direction de J. Revel), Tome I. *L'espace français*, Paris, Seuil, 1989, pp. 81-96.

33. *Ibid*, p. 85.

34. Ernest Cassirer, *La philosophie des Lumières*, Paris, 1970, pp. 54-57, et Michel Foucault, *Les mots et les choses*, Paris, Gallimard, 1966, en particulier pp. 137-176.

35. Sur les engrais, les charrues, les grains, les bestiaux, les fourrages, les mines, les draps... ; Marie-Noëlle Bourguet, *Déchiffrer la France. La statistique départementale à l'époque napoléonienne*, Paris, Archives contemporaines, 1988.

36. J. Revel, *op. cit.*, p. 89.

37. Là aussi, on s'est appuyé sur Barbier, *Dictionnaire des ouvrages anonymes*. Soulignons toutefois une exception : le genre « Etat de », le plus ancien semble-t-il, est beaucoup plus riche avant la Révolution ; Barbier en relève 22 entre 1583 et 1783 !

38. J. Revel, *op. cit.*, p. 88

39. Je me sers de l'édition Garnier/Flammarion, Paris, 1966, préfacée par Antoine Adam.

40. Dans l'*Essai sur les mœurs et l'esprit des nations* (1756), on lit : « Corneille commença en 1636, par la tragédie du Cid, le siècle qu'on appelle celui de Louis XIV. »

41. Voltaire, « Défense de Louis XIV contre l'auteur des Ephémérides », *Ibid*, p. 373.

42. Paris, 1809, pp. 1-2.

43. Eusèbe Salverte, *Tableau littéraire de la France au dix-huitième siècle*, Paris, Nicolle, 1809.

44. Judith E. Schlanger, *Les métaphores de l'organisme*, Paris, Vrin, 1971. Renvoyons aussi à l'étude pionnière de Karl S. Deutsch, « Mechanism, Organism, and Society : Some Models in Natural and Social Science », *Philosophy of History*, Vol. XVIII, n° 1 (janvier 1951), pp. 230-252.

45. Je dois cette remarque à Alain Boureau.

46 Jean-Claude Perrot, *Genèse d'une ville moderne. Caen au XVIIIe siècle*. Paris/La Haye, Mouton, 1975 (1973), pp. 638-643.

47. Roland Mortier, « Unité ou scission du siècle des Lumières », in *Clartés et ombres du siècle des Lumières*, Genève, 1969 (1963), pp. 114-124 — la citation est p. 124.

48. In *Essai sur la secte des illuminés*, Paris, 1789, p. 2, cité par W. Krauss, *op. cit.*, p. 29.

49. Republication sous la direction de François Hartog, Mona Ozouf et Denis Voronoff, Paris, Belin, 1989.

50. Les quatres premiers rapports ont été édités par l'Imprimerie Impériale, Paris, 1810.

51. *Rapports et documents de toutes les classes de l'Institut de France, sur les Ouvrages admis au Concours pour les prix décennaux*, Paris, 1810.

52. Dominique-Joseph Garat, *Mémoires historiques sur la vie de M. Suard, sur ses écrits et sur le XVIIIe siècle*, Paris, 1820, T. II, pp. 431-433. Et Garat de s'expliquer sur le projet dans l'Avertissement au lecteur : « C'est la nièce de madame Suard [...] qui a eu la première l'idée de placer les Mémoires sur la vie et sur les écrits de M. Suard dans les Mémoires sur le 18e siècle [...] C'eût été déchirer les plus belles pages de la vie de M. Suard que de les séparer du tableau de *son* siècle ».

53. Voir Jean-Marie Goulemot et Eric Walter, « Les centenaires de Voltaire et de Rousseau » in *Les Lieux de Mémoire, Tome I. La République* (sous la direction de Pierre Nora), Paris, Gallimard, 1984, pp. 381-420, ainsi que Pascal Ory, « Le Centenaire de la Révolution française », *ibid*, pp. 561-591.

54. C'est ainsi que la présente au président le ministre du Commerce et de l'Industrie chargé du dossier ; voir Alfred Picard, *Rapport général administratif et technique de l'Exposition universelle de 1900*, Paris, Imprimerie Nationale, 1902, volume I, p. 10.

55. Paris, Imprimerie Nationale, 1906 — Alfred Picard, commissaire général, étant, là aussi, le maître d'œuvre ; comme il l'était déjà en 1889 : cf. *L'Exposition universelle de 1889 à Paris*, Paris, 1890, ainsi que *Les Conférences de l'Exposition universelle de 1889*, Paris, 1890. Si l'unité séculaire était claire en 1900, ces publications montrent qu'en1889 on oscillait, sans trop vouloir trancher, entre 1789-1889 et le XIXe siècle.

56. Roland Mortier, *Le Tableau littéraire...*, p. 23.

57. Mme de Staël, in Prosper de Barante, *Tableau littéraire...*, p. 349.

58. Le Censeur Européen du 19 juin 1820, repris dans *Dix ans d'études historiques*, Paris, Garnier, 1834, pp. 268-274.

59. Gaston Hall, « Le siècle de Louis le Grand : L'évolution d'une idée », in *D'un siècle à l'autre. Anciens et Modernes*. Actes du XVIe Colloque (janvier 1986) du CMR 17 (Centre méridional de recherche sur le XVIIe siècle, Marseille) et du CAER XVIII (Centre aixois d'études et de recherches sur le XVIIIe siècle), Marseille, 1987, pp. 43-52.

60. *Défense de la langue...*, p. 27, cité in G. Hall, *op. cit.*

61. Une attitude que Voltaire ne manquera pas d'imiter ; ne se contentant pas de mépriser Desmarets, l'article qu'il consacre à Perrault dans le « Catalogue », *op. cit.*, ne relève que des défauts dans ses écrits, et point la précédence de celui-ci dans l'éloge du « Siècle de Louis XIV ».

62. G. Hall, *op. cit.*, p. 45.

63. Et voir le magnifique essai de Jorge Luis Borgès, « Kafka et ses précurseurs » (1951), in *Enquêtes 1937-1952*, Paris 1952.

64. De Bonald, *Du Divorce...*, p. 6.

65. Qui paraît, en effet, dans un texte daté de mars 1806 : « Sur les éloges historiques de M. Séguier et de Malesherbes », in *Mélanges littéraires, politiques et historiques*, Paris, 1838, Tome I, pp. 176-195 (citation p. 183).

66. « Questions sur la tragédie » de février 1807, *ibid.*, p. 497 ; voir aussi « Réflexions sur la tolérance des opinions », datées de juin 1806, *ibid.*, pp. 196-228.

67. *Ibid.*, pp. 85-108.

68. « Sur les éloges », *op. cit.*, p. 183.

69. Jacques-Bénigne Bossuet, *Discours sur l'histoire universelle à Monseigneur le Dauphin pour expliquer la suite de la Religion et les changements des empires*, Paris, 1681. On utilise ici l'édition de 1876, Paris, E. Belin.

70. Voir l'ouvrage classique de Frances A. Yates, *L'art de la mémoire*, Paris, Gallimard, 1975 (1966).

71. Antoine-Augustin Cournot, *Traité de l'enchaînement des idées fondamentales dans les sciences et dans l'histoire*, Paris, 1861, p. 631.

72. E. Panofsky, *Renaissance...*, p. 162.

73. E. Panofsky, « Artiste, savant, génie : Notes sur la « Renaissance-Dämmerung », in *L'œuvre d'art et ses significations. Essais sur les « arts visuels »*. Paris, Gallimard, 1969 (1952, 1962).

74. Cette formule est de Jean-Claude Braun. Voir André Chastel, « La notion de patrimoine », et Dominique Poulot, « Alexandre Lenoir et les Musées des Monuments français », *Les lieux de Mémoire*, Tome II, vol. 2, pp. 405-450 et 496-531 respectivement.

75. « Le feuillet initial du "Libro" de Vasari, ou Le style gothique vu de la Renaissance italienne », *ibid*, (1930) p. 156.

76. Joseph de Maistre, *Considérations sur la France*, Londres, 1797 (Ed. Garnier, Paris, 1980, p. 67) ; Numa-Denis Fustel de Coulanges, *Histoire des institutions politiques de l'ancienne France*, Paris, Hachette, 1875, Tome I, p. 2 ; Prosper de Barante, *Tableau littéraire* (édition de 1822), pp. 23-27.

77. Pierre Goubert, *Louis XIV et vingt millions de Français*, Paris, Fayard, 1966 (Hachette, « Pluriel », 1982)

78. Aline Rousselle, « La transmission décalée. Nouveaux objets ou nouveaux concepts », *Annales E.S.C.*, Vol. 44 n° 1 (janvier-février 1989), pp. 161-171.

79. *Considérations sur la marche des idées et des événements dans les temps modernes*, Paris, Vrin, 1973 (1872), p. 84.

80. Henri Berr, *La synthèse en histoire ; son rapport avec la synthèse générale*, Paris, 1953 (1911), p. 34.

81. Lucien Febvre, « Générations » (Projet d'article du vocabulaire historique), *Bulletin du centre international de synthèse*, n° 9 (juin 1929), pp. 36-43 (sur Cournot pp. 38-39).

82. Lucien Febvre, « Avant-Propos », *L'Encyclopédie française, Tome XVIII, La civilisation écrite*, Paris, 1939, 18.02-7

83. Henri Sée, « Quelques remarques sur la philosophie de l'histoire de Cournot », *Revue de synthèse historique*, Tome 42 (décembre 1926), pp. 5-18 (citations pp. 14-15).

3. 1000 : de l'An Mil

1. Edmond Pognon, *L'an mille : Œuvres de Liutprand, Raoul Glaber, Adémar de Chabannes, Adalberon, Helgaud* (réunies, traduites et présentées par); Paris, « Mémoires du passé pour servir au temps présent », Gallimard, 1947, pp. vii et xiv.

2. Pour un résumé encore plus « gothique » des terreurs telles qu'elles se dégagent de la littérature historique, Hillel Schwartz, *Century's End*, pp. 1-16.

3. Et ceci depuis les travaux de dom François Plaine, « Les prétendues terreurs de l'An Mille », *Revue des Questions historiques*, 7e année, Tome XIII (1873), pp. 145-164 et de Raoul Rosières, « La légende de l'An Mil », *La Revue politique et littéraire* 2e Série, Tome XIV, n° 39 (30 mars 1878), pp. 919-924, qui ont, les premiers, démontré l'infondé du mythe ; jusqu'à Georges Duby, *L'An Mil*, Paris « Archives », Gallimard/Julliard, 1967 et Daniel Le Blevec, *L'An Mil*, « Que Sais-Je ? », Paris, P.U.F., 1976 ; en passant par Jules Roy, *L'An Mille : Formation de la légende de l'an mille. Etat de la France de l'an 950 à l'an 1050*, Paris, Hachette, 1885, Frédéric Duval, *Les Terreurs de l'An Mille*, Paris Bloud, 1908, Ferdinand Lot, « Le mythe des terreurs de l'an mille », *Recueil des travaux historiques de Ferdinand Lot*, Genève et Paris, 1968 (1947), Tome I, pp. 398-414, Edmond Pognon, *op. cit.*, ainsi que *La vie quotidienne en l'An Mille*, Paris, Hachette, 1981, et Henri Focillon, *L'An Mil*, Paris, A. Colin, 1952. Hors la France on retiendra deux articles importants dans la réfutation de l'An Mil : Pietro Orsi, « L'Anno Mille », *Rivista Storica Italiana*, Volume IV, Facs. 1 (1887), pp. 1-56, et H. von Eicken, « Die Legende von der Erwartung des Weltunterganges und der Wiederkehr Christi im Jahr 1000 », *Forschungen zur deutschen Geschichte*, Band 23 (1883), pp. 305-318.

4. Michael Baxandall a présenté cette idée dans une conférence sur l'école de David et le romantisme allemand, qu'il a tenue lors d'une table ronde sur l'histoire sociale de l'art à l'Ecole des Hautes Etudes en Sciences Sociales, Paris, en janvier 1985.

5. Marc Bloch, *La Société féodale*, Paris, Albin Michel, 1968 (1939), p. 132.

6. Saint-Augustin fut d'abord millénariste, avant d'adopter le système allégorique, donc non littéral, inauguré par le donatiste Tyconius. Voir *La Cité de Dieu*, XX, 7-17. Sur cette question, l'article « Apocalypse » d'E. Mangenot dans le *Dictionnaire de Théologie catholique*, Tome I, 1re Partie, Paris, Letouzey, 1923.

7. Richard Landes (et Christian Amalvi), à paraître in *L'Histoire*.

8. Sur Baronius il existe peu d'études, et pratiquement rien sur sa démarche érudite et historiographique. Je n'ai pas pu consulter Cyriac K. Pullapilly, *Caesar Baronius, Counter-Reformation Historian*, Notre-Dame, 1975. Je me base ici sur le long article que lui consacre John B. Pettersen dans *The Catholic Encyclopedia*, New York, 1907.

9. Sur Flacius et les Centuriateurs de Magdebourg, consulter Johannes Burkhardt, *Die Entstehung...*

10. *Ibid.*, p. 29.

11. Flacius, *Ecclesiastica Historia*, XIe Volume (donc siècle), Bâle, 1567, Colonne 208.

12. C'est justement la thèse que défend Hillel Schwartz, *Century's End*, avec trop de conviction à mon goût.

13. Apparemment, car il est toujours possible qu'une ou deux références à l'An Mil aient échappé aux érudits du XIXe siècle.

14. *Op. cit.*, (note 2), p. 294.

15. Henry Hallam, *View of the State of Europe during the Middle Ages*, V. III, « Superstitions », Londres, 1818, pp. 338-339, traduction française, p. Dutouit et A.R. Borghers, Paris, 1822 ; sources : Robertson, Schmidt, *Histoire des Allemands*, T 2, p. 380, *Histoire littéraire de la France*, T. 6.

16. Paris, 1740, Tome VII p. 6.

17. William Robertson, *A View of the State of Europe from the Subversion of the Roman Empire to the Beginning of the Sixteenth Century* — Introduction à *The History of Charles the Fifth* —, pp. 26-27, Londres, 1769 ; traduction française J-B. Suard, Amsterdam et Paris, 1771 ; sources : Abbon de Fleury et Raoul Glaber, L. IV, ch. 6.

18. *Les Histoires*, in E. Pognon, *L'An Mille*, p. 112.

19. Père Jacques Longueval, *Histoire de l'Église gallicane*, T. VII, pp. 102-105, 111, Paris, 1734 ; sources : Abbon de Fleury puis Glaber, III, 4.

20. Un exemple parmi d'autres : Jacques Le Goff, *La Civilisation Médiévale*, p. 46.

21. *Ibid.*, p. 89.

22. Père Longueval, *op. cit.*, Tome III, pp. 739-740.

23. R. Rosières, *op. cit.*, p. 923.

24. F. Lot, *op. cit.*, p. 408.

25. *Histoire littéraire de la France*, Tome VII, p. 6.

26. *Recueil des historiens des Gaules et de la France*, Paris, 1760, Tome X, p. xiv.

27. Charles Makay, *Memoirs of Extraordinary Popular Delusions and the Madness of Crowds*, Londres, 1852, pp. 257-258 (dans la première édition de 1841 ce passage n'est pas), C.H. Fay, « Prophecies Concerning the End of the World », *Universalist Quarterly* 14 (1857), p. 11.

28. Norman C. Cohn, *The Pursuit of the Millenium*, New Jersey, Princeton University Press, 1957 ; trad. fr., S. Clémendot, *Les fanatiques de l'Apocalypse. Courants millénaristes révolutionnaires du XIe au XVIe siècle*, Paris, Payot, 1962.

29. Bernard McGinn, *Visions of the End : Apocalyptic Traditions in the Middle Ages*, New York, Columbia University Press, 1979 (la citation p. 88).

30. Paris, 1812, p. 42.

31. Antoine Anquetil, *Histoire de France depuis les Gaules jusqu'à la fin de la Monarchie*, Paris, 1805 ; Mme de Saint-Ouen, *Histoire de la France depuis l'établissement de la Monarchie jusqu'à nos jours*, Paris 1827 ; pour les tirages du dernier ouvrage, voir Martin Lyons, « Les Best-Sellers », in Henri-Jean Martin et Roger Chartier (sous la direction de), *Histoire de l'édition française*, Paris, Promodis, Tome III, 1985, pp. 369-397.

32. En particulier son *Histoire de la conquête de l'Angleterre par les Normands, de ses causes et de ses suites jusqu'à nos jours*, Paris, 1825, dont le volume consacré aux « causes » tourne bien évidemment autour des années 1000 ; et ses *Lettres sur l'Histoire de France*, écrites dans les années 1820, et où le Moyen Âge occupe, on le sait, une place centrale.

33. Tome VI de sa *Collection de mémoires relatifs à l'histoire de France*, Paris, 1824.

34. *Histoire de la Civilisation en France depuis la chute de l'Empire romain jusqu'en 1789*, transcription de son Cours d'Histoire moderne à la Sorbonne, Paris 1829.

35. Edgar Quinet, *Les Révolutions d'Italie*, Paris, 1848, pp. 105-107.

36. L'inventaire le plus complet des propagateurs de l'An Mil des deux côtés des Alpes demeure l'excellent article de Pietro Orsi, *op. cit.* Ajoutons à la liste Prosper Mérimée, « Essai sur l'Architecture religieue du Moyen Âge, particulièrement en France », *Annuaire historique de la Société de l'Histoire de France*, 2e année (1838), pp. 283-327 ; sur l'An Mil : « On connaît cette idée bizarre répandue par le clergé, que le monde devait finir en l'an 1000. Elle fut habilement exploitée par les prêtres, qui vendaient à beaux deniers comptants une place au paradis » (p. 288).

37. E. Pognon, *op. cit.*, p. xv.

38. Voir les études de Krzystof Pomian, Michel Winock et Laurent Theis respectivement, in *Les Lieux de Mémoire, Vol III*, à paraître. Christian Amalvi a en partie étudié cette conjoncture dans « L'historiographie française face à l'avènement d'Hugues Capet et aux terreurs de l'an mil ; 1800-1914 », in *Religion et culture autour de l'an mil*, Paris, Picart, 1990 (colloque de 1987), pp. 245-255.

39. F. Guizot, *op. cit.*, pp. 204-205.

40. Paris, 1830, p. 4.

41. Sur les rapports entre ces deux grands historiens, voir le témoignage à la fois admiratif et critique de Michelet dans une note qu'il a rédigée vers 1868-1869, et éditée par P. Viallaneix sous le titre « L'héroïsme de l'esprit », in Jules Michelet, *Œuvres Complètes*, éditées et présentées par Paul Viallaneix, Tome IV (« Préface » de Jacques le Goff), Paris, Flammarion, 1974, pp. 42-44.

42. Voir Pierre Nora, « L'Histoire de France de Lavisse », *Les Lieux de Mémoire*, volume II, Tome 1, p. 329.

43. « L'héroïsme de l'esprit », *op. cit.*, p. 40. Après son attaque du 22 mai 1871 Michelet rédige une note manuscrite intitulée « Moi-Histoire-Nature », où on lit : « J'ai commencé à être, c'est-à-dire à écrire, à la fin de 1830 » (cité par Paul Viallaneix, *Œuvres Complètes*, Tome II, Paris, Flammarion, 1972, p. 217.)

44. Cf. Daniel S. Milo, « Le nom des rues », in *Les Lieux de Mémoire*, Tome II, Volume 3, pp. 283-320.

45. Witold Kula, *Les mesures et les hommes*, Paris, M.S.H., 1984 (1970).

46. Hillel Schwartz, *op. cit.*, p. 157.

47. Note des auteurs : « A la représentation l'actrice devra changer cette date et lui substituer toujours le lendemain du jour de cette représentation. »

4. Raoul Glaber invente l'An Mil mais rate le siècle

1. Bénédictins de Saint-Maur (dom Bouquet), *Recueil des historiens des Gaules et de la France, Tome X*, Paris, 1760, p. xii.

2. *Histoire Littéraire de la France*, VII, 402.

3. Auguste Molinier, *Les sources de l'histoire de France des origines aux guerres d'Italie (1494). II. Epoque féodale, les Capétiens jusqu'en 1180*, Paris, 1902, p. 3.

4. E. Pognon, *L'An Mille*, pp. 42-43.

5. François Guizot, *Chronique de Raoul Glaber*, in *Collection de mémoires relatifs à l'histoire de France*, Vol. VI, Paris, 1824, p. 4.

6. G. Duby (présenté par), *L'An Mil*, Paris, Gallimard/Julliard, « Archives », 1980, p. 21.

7. Et voir, déjà, Emile Gerbert, « L'état d'âme d'un moine de l'An 1000. Le chroniqueur Raoul Glaber », *Revue des Deux Mondes*, Tome 107 (1er octobre 1891), pp. 600-628.

8. La formule employée par Duby : « Raoul Glaber, le meilleur historien de l'An Mil », *ibid.*, p. 17, le montre assez.

9. Pour une illustration de cette démarche risquée mais inévitable, voir François Hartog, *Le miroir d'Hérodote. Essai sur la représentation de l'autre*, Paris, Gallimard, 1980.

10. Entendons-nous bien : « rhétorique » n'équivaut pas à « faux », « mensonge », ou « fiction »

11. Maurice Prou, in *Raoul Glaber. Les cinq livres...*, p. viii.

12. « Anno igitur quarto de suprascripto millesimo » — Prou préfère lire, non pas 1004, mais 996 ou 997.

13. Respectivement en 996, 1001, 995, 993, 996, 993, 993, 992, 991, 994. Ainsi, la seule erreur « grossière », et encore, concerne la mort de Hugues, marquis de Toscane, en 1001. Peut-on sérieusement parler, dans ce cas, de confusion chronologique ?

5. Esquisse d'une histoire de l'ère chrétienne

1. Salomon Reinach, *Traité d'épigraphie grecque*, Paris, 1885, pp. 478-481.

2. Même si d'aucuns voient dans la progression vers le monothéisme un processus de désenchantement du monde, c'est-à-dire de « déréligiosité ».

3. Les classiques en la matière : A. Giry, *Manuel de diplomatie*, Paris, Hachette, 1894 ; le père Venance Grumel, *La Chronologie*, « Bibliothèque byzantine », P.U.F., Paris, 1958, dont une abondante bibliographie pp. 233-235 ; et surtout E.J. Bickerman, *Chronology of the Ancient World*, édition révisée, Londres, 1980.

4. *Corpus Inscriptionum Latinarum*, volume VI, 1, p. 472, Inscription n° 32 326.

5. Poznanski, « Calendar (Jewish) », *Encyclopaedia of Religion and Ethics*, Edinburgh, 1910 ; L. Bazin, *Les calendriers turcs anciens et médiévaux*, Lille, 1974, pp. 604-610.

6. Charles W. Jones, *Bedae Opera de Temporibus*, Cambridge, Mass., 1943. L'introduction de cet ouvrage est, de loin, la meilleure à ce sujet. Pour ne pas encombrer mon texte, les renvois à cette introduction y seront incorporés.

7. Pour un aperçu imposant de ces calculs, voir Richard Landes, « Lest the Millenium Be Fulfilled : Apocalyptic Expectations and the Pattern of Western Chronography 100-800 CE », in Verbeke, D. Verhelest et A. Welkenhuysen, eds., *The Use and the Abuse of Eschatology in the Middle Ages*, Louvain, 1988.

8. A une exception près, le récapitulatif qui clôt le Livre IV : « Depuis le commencement du monde jusqu'à la mort de Sigebert : 5774 ans ».

9. A. Des Vignolles, *Chronologie de l'histoire sainte*, Berlin, 1738, p. 6.

10. Venance Grumel, *La Chronologie*, *op. cit.*

11. R. Landes, *op. cit.*

12. Paul Ricœur, *Temps et récit. III. Le temps raconté*, Paris, Seuil, 1985, p. 154-160 (citations p. 157) ; Emile Benveniste, « Le langage et l'expérience humaine », dans *Problèmes de linguistique générale* 2, Paris, 1974, p. 71.

13. Il est vrai que les historiens chinois sont en mesure de situer le début du premier cycle en l'an 2637 avant J.-C. ; « mais les chroniqueurs n'ont pas adopté le système de numérotage de leurs cycles ; le lecteur ne peut donc pas savoir à quel cycle correspond une date sans se référer au contexte », T.L. Bullock et L.H. Gray, « Calendar (Chinese) », *Encyclopaedia of Religion and Ethics*. Sur les divers calendriers, les articles dans cette encyclopédie sont une excellente introduction.

14. Sur l'importance de ce couple, voir Stephen Jay Gould, *Time's Arrow, Time's Cycle : Myth and Metaphor in the Discovery of Geological Time*, Harvard U.P., 1987.

15. La dose cyclique qu'on discerne dans la conception temporelle de l'Occident relève , en réalité, de la spirale, c'est-à-dire que les répétitions sont intégrées dans un processus progressif, comme Vico l'a si bien démontré ; voir Krzystof Pomian *L'ordre du Temps*, Paris, Gallimard, 1984, p. 55.

16. Abbé Chauve-Bertrand, *La question de Pâques et du Calendrier*, Paris, 1936, et l'*Introduction*, déjà citée de Charles W. Jones, *Bedae Opera*.

17. *Historia Francorum*, X, 23, cité par K. Harrison, *The Framework of Anglo-Saxon History to A.D. 900*, Cambridge U.P., 1976, p. 53.

18. Voir les nombreux articles d'Alfred Cordoliani, dont « Comput, chronologie, calendrier », in *L'Histoire et ses méthodes*, Paris, « Pléiade », Gallimard, 1962, pp. 38-51, est le plus accessible.

19. On ignore la raison de ce choix insolite. Selon Jones, *op. cit.*, p. 38, Cyrille cherchait à faire concorder sa table avec l'ère de Dioclétien déjà existante, alors que Reginald L. Poole, *Chronicles and Annals. A Brief Outline of Their Origins and Growth*, Oxford, 1920, p. 20, croit savoir qu'il s'agit d'une invention de Cyrille (mais voir aussi Jones, pp. 116-117).

20. François Blondel, *Histoire du Calendrier romain*, Paris, 1682.

21. B. Botte, *Les origines de Noël et de l'Epiphanie*, Louvain, 1961.

22. Georges Duby, *op. cit.*, p. 39.

23. R.L. Poole, « The Early Use... », *op. cit.*, p. 8.

24. *Histoire ecclésiastique des Francs*, Livre I ; voir aussi L. IV — Grégoire s'y trompe d'ailleurs dans ses calculs..

25. Elle est citée comme premier canon du Concile d'Orléans de 541, Jones, *op. cit.* p. 65..

26. Jones attribue cet échec aux erreurs computistiques de Victorius, tout en avouant que sa table n'était pas moins performante que celle de Denys le Petit ; Charles W. Jones, « The Victorian and Dionysiac Pascal Tables in the West », *Speculum*, volume IX (1934), pp. 408-421. Par ailleurs, l'explication selon laquelle la fin du Ve siècle était peu propice à la propagation universelle — 455 est l'année du pillage de Rome par Genséric, 476, celle de sa (première) chute —, ne me paraît pas concluante, loin s'en faut .

27. « *Quia vero sanctus Cyrillus primum cyclum ab anno Diocletiani cliii coepit*

et ultimum in ccxlvii terminavit, nos a ccxlviii anno eiusdem tyranni potius quam principis inchoantes, noluimus circulis nostris memoriam impii et persecutoris innectere, sed magis elegimus ab incarnatione domini nostri Iesu Christi annorum tempora praenotare... », Krusch, *Studien II*, p. 64, cité par Jones, *op. cit.*,

28. Reginald L. Poole, « The Earliest Use of the Easter Cycle of Dionysus », in *Studies in Chronology and History*, Oxford, 1934, pp. 28-37 ; et surtout Kenneth Harrison, *The Framework...*, en particulier pp. 30-75.

29. Sur Bède, on s'appuie, tout d'abord, sur Charles W. Jones, maintes fois cité ; ainsi que sur A.H. Thompson, ed., *Bede, His Life, Time, and Writings*, Oxford U.P., 1935, en particulier Wilhelm Levison, « Bede as Historian », pp. 111-151 ; et sur l'Introduction de B. Colgrave et R.A.B. Mynors, *Bede's Ecclesiastical History of the English People*, Oxford, 1969.

30. Margaret Deansley, *Histoire de l'Europe du Haut Moyen Âge (476-911)*, trad. française, Paris, 1958, p. 340.

31. *Histoire ecclésiastique du peuple anglais*, V, 21.

32. Bernard Guenée, *Histoire et culture historiographique dans l'Occident médiéval*, Paris, 1980, p. 250.

33. Voir Wilhelm Levison, *England and the Continent in the Eight Century*, Oxford, 1946.

34. Colgrave, *op. cit.*, p.xix, ainsi que Reginald Poole, *Chronicles and Annals*, p. 23.

35. « Les premières annales étaient des brèves notes écrites une année après l'autre, dans les marges des tables pascales », Bernard Guenée, *op. cit.* p. 203.

36. Bernard Guenée, *op. cit.*, p. 203.

37. Colgrave, *op. cit.*, p. xxx.

38. W. Levison, « Bede as historian », *op. cit.*, p. 149, Dom François Clément, *L'Art de Vérifier les dates*, Paris, 1770.

39. Cité par P.W. Wilson, *The Romance of Calendar*, N.Y., 1939.

40. F. Clément, *L'art de Vérifier les dates*, pp. x et vii.

41. Bernard Guénée, *Histoire..*, pp. 33 et 91.

42. V. Grummel, *La Chronologie*, notamment p. 127.

43. S. Poznanski, « Calendar (Jewish) », *op. cit.*

44. Et en poésie ; voir Rina Drory, *Débuts des contacts littéraires judéo-arabes au Xe siècle*, Tel Aviv, 1988 (en hébreu) — le Xe siècle, précisément.

45. Nicola Abdo Ziadeh, « Chronology (Muslim) », *Encyclopaedia Britannica*, 1974.

46. Que la façon de dater constituait un enjeu de pouvoir et d'influence est ce que démontre Reginald L. Poole, « Impérial Influences on the Forms of Papal Documents », *Studies in Chronology and History*, (1917) pp. 172-184.

47. Exemple au statut anecdotique : l'*Histoire des Goths* d'Isidore de Séville, quasi oubliée pendant plus d'un siècle, a eu une continuation en 754, après la conquête arabe ; W. Levison, « Bede as Historian », *op. cit.*, p. 111.

48. Kenneth Harrison, *The Framework...*, p. 51.

49. Roman Jakobson, « Closing Statement : Linguistics and Poetics », in *Style in Language*, ed. Th. A. Sebeok, Cambridge, Mass., 1960, 350-377.

50. Donald J. Wilcox, *Pre-Newtonian Chronologies and the rhetoric of Relative Time*, University of Chicago Press, 1987, va jusqu'à dater de cette (ré)invention

de Petau le départ de l'historiographie moderne, ce que conteste Peter Munz dans sa note critique du livre dans *History and Theory*, Vol. XXVIII, n° 2 (1989), pp. 236-251 ; F.G. Ginzel, *Handbuch der mathematischen und technischen Chronolgie*, Leipzig, 1914, p. 182, cité par Munz.

51. Michel Foucault, « Nietzsche, la généalogie, l'histoire », in *Hommage à Jean Hyppolite*, Paris, P.U.F., 1971, p. 156.

6. La fin de siècle n'aura pas lieu

1. Sigmund Freud, *La naissance de la psychanalyse. Lettres à Wilhelm Fliess, Notes et Plans (1897-1902)*, publiés par Marie Bonaparte, Anna Freud et Ernst Kris, Paris, P.U.F., 1956 (1950), p. 373. Le compte rendu, on l'aura compris, est de l'*Interprétation des rêves*, paru fin 1899 mais daté 1900 !

2. Jane de Forest Shelton, « The Ends of the Century : How They Differ and How They Blend », *Magazine of Americain History*, 28 (août 1892), p. 108.

3. André-Clément Decouflé, *L'An 2000. Une anti-histoire de la fin du monde*, Paris, Gallimard, « Archives », 1975, p. 8-54.

4. Hillel Schwartz, *Century's End. A Cultural History of the Fin de Siècle from the 990s through the 1990s*, New York, Doubleday, 1990.

5. Pierre Versins, *Encyclopédie de l'Utopie et de la Science-Fiction*, Lausanne, l'Âge d'Homme, 1973, p. 42.

6. Formule qui résume l'usage fait de l'An Mil par les historiens français, et ce depuis Michelet, depuis les premiers diffuseurs de la légende déjà.

7. Max Nordau's, *Dégénérescence*, traduit de l'allemand par Auguste Dietrich, Paris, Alcan, 1894. Il s'agissait d'une spécialité de Nordau, auteur, dès 1888, du *Mal du siècle*.

8. Linda L. Maik, « Nordau's Degeneration : The American Controversy », *Journal of the History of Ideas*, 50 (octobre-décembre 1989), p. 607-624.

9. Dans la *Haggada* de Pâques : « La Bible parla de quatre fils : un sage, un méchant, un naïf et un qui ne sait pas poser des questions (...) Le méchant, que dit-il ? Qu'est ce travail pour vous ? Pour vous — et pas pour lui. Et comme il s'est exclu de la communauté, il a nié l'essentiel (...) Dis-lui, c'est pour cela que Dieu m'a sorti d'Egypte. Moi — et pas lui. S'il était là, il ne serait pas sauvé. »

10. Roger Alexandre, *Le Musée de la conversation*, Paris, 1892, p. 371, 3e édition, 1897, p. 480, cité par Keith G. Millward, *L'œuvre de Pierre Loti et l'esprit « fin de siècle »*, Paris, Nizet, 1955, dont le premier chapitre : « Essai de définition du terme "fin de siècle" : emploi du terme et analyse de l'esprit "fin de siècle" est une excellente introduction au thème.

11. Voir Robert A. Nye, *Crime, Madness and Politics in Modern France. The Medical Concept of National Decline*, Princeton University Press, 1984, avec une bibliographie abondante.

12. C'est la thèse d'Alain Boureau dans « Propositions pour une histoire restreinte des mentalités », *Annales E.S.C.*, 44, n° 6 (novembre-décembre 1989), pp. 1491-1504.

13. P. Desachy et R. Dubreuil, *Fin de Siècle*, monologue en vers, Paris, 1891, cité par K. Millward, *op. cit.*, p. 19.

14. André Maurois, *A la Recherche de Marcel Proust*, Paris, 1949, p. 81, cité par K. Millward, *op. cit.*, p. 36.

15. « Fin de siècle », *Atlantic Monthly*, 67 (1891), p. 860, cité par Hillel Schwartz, *op. cit.*

II. PERSPECTIVES EXPÉRIMENTALES

7. Le siècle, projet expérimental avorté

1. Andrei Bitov, *La Maison Pouchkine*, trad. Philippe Mennecier, Paris, Albin Michel, 1989 (1978), p. 473.

2. Edward Hallett Carr, *What is History ?*, Londres, Penguin, 1986 (1961), p. 60.

3. Cournot, *Considérations*, p. 125. Il n'est d'ailleurs pas surprenant qu'un des grands adeptes de Cournot, F. Mentré, soit aussi le pionnier des études générationnelles en France : *Les générations sociales*, Paris, Bossard, 1920. Voir aussi Claudine Attias-Donfut, *Sociologie des générations : l'empreinte du temps*, Paris, P.U.F., 1988.

4. Rédigés en 1859, publiés par E.P. Bottinelli, Paris, Hachette, 1913.

5. Roland Mortier, « Unité ou scission du siècle des Lumières », in *Clartés et Ombres du Siècle des Lumières* 1969 (1963), pp. 114-124 (citation p. 114).

6. C'est Marc Bloch, *Apologie pour l'histoire*, p. 148, qui cite, en la raillant, une copie d'étudiant.

7. Titre du livre de Frédéric Mauro, Paris, 1983 ; en voici l'explication : « C'est donc le développement de cet empire atlantique, de cet empire *seicentista* que nous étudions ici. On comprend alors les dates limites que l'organistation générale de la recherche nous a *imposées avec raison.* 1570 marque la fin du système de la régie pour le commerce de l'océan Indien [...] En 1670, cent ans plus tard, le prince D. Pedro vient d'être proclamé et la paix d'être signée avec l'Espagne, terminant une longue période de luttes », introduction, pp. 8-9. Ou même : *Études économiques sur l'expansion portugaise (1500-1900)*, Paris, 1970.

8. Bernard Lepetit, Paris, EHESS, 1984 ; Lepetit est resté fidèle au cent dans sa thèse : *Les villes de la France moderne (1740-1840)*, Paris, Albin Michel, 1988.

9. Un rapide sondage dans deux numéros du *Journal of Interdisciplinary History* (Autumn 1986, Summer 1987) dégage 16 ouvrages qui couvrent 100-800 ans, ou qui démarrent/se terminent en xx00 — i.e. *Significant Sisters : The Grassroots of Active Feminism 1839-1939 ; Schooling for the People : Comparative Local Studies of Schooling History in France and Germany 1750-1850 ; North Carolina Painters and Their Children, 1800-1860 ; Annals of the Labouring Poor : Social Change and the Agrarian England, 1600-1900...*

10. Et Michelet continue : « Je suis né au milieu de la grande révolution territoriale, et, ces jours-ci, avant que je ne meure, j'ai vu poindre la grande révolution industrielle. Né sous la Terreur de Babeuf, je vois avant ma mort celle de l'Internationale [...] Autant le dix-huitième siècle, à la mort de Louis XIV, s'avança légèrement sur l'aile de l'idée et de l'activité individuelle, autant notre siècle par ses grandes machines (l'usine et la caserne) attelant les masses à l'aveugle, a progressé dans la fatalité », Jules Michelet, « Préface » à l'*Histoire du XIX*[e] *siècle. Directoire. Origine des Bonaparte*, Paris, 1872, pp. vii-viii, ix. La notion elle-même appartient à Daniel Halévy, *Essai sur l'accélération de l'histoire*, Paris, 1940.

11. Pierre Larousse, « Prix décennaux », *Dictionnaire universel du XIX*[e] *siècle*, Paris, 1875.

8. Périodes sans dates : les métaphores de *Surveiller et punir*

1. Paris, Gallimard, 1975. Les renvois paginés sont à cette édition.

2. Michel Foucault, « Des supplices aux cellules », interview dans *Le Monde*, 21 février 1975.

3. Jacques Chevalier, « Le continu et le discontinu », *Cahiers de la nouvelle Journée*, « Continu et Discontinu », n° 15, 1929 (1924), pp. 7-29 (citation p. 7)

4. Michel Foucault, *L'Archéologie du savoir*, Paris, Gallimard, 1969, p. 13.

5. *Ibid.*, p. 16.

6. *Op. cit.*, p. 160.

7. Sur ce terme, et sur la division de l'historiographie en « histoire antiquaire — histoire monumentale, histoire critique », voir Nietzsche, *Seconde considération intempestive. De l'utilité et de l'inconvénient des études historiques pour la vie*, traduit par Henri Albert, Paris, Flammarion, 1988 (1874) ; distinction historiée par Arnaldo Momigliano dans son article classique, « L'histoire ancienne et l'Antiquaire », in *Problèmes d'historiographie ancienne et moderne*, Paris, Gallimard, 1983 (1950), pp. 244-293 ; voir aussi Moses I. Finley, *The Use and Abuse of History*, Londres, Chatto & Windus, 1975, et l'entretien de Finley avec François Hartog, dans Finley, *Mythe, mémoire, histoire. Les usages du passé*. Paris, Flammarion, 1981, pp. 253-265.

8. Paris, Gallimard, 1975.

9. Terme qui, si je ne m'abuse, n'apparaît qu'une seule fois dans *Surveiller et punir*, p. 312.

10. Max Black, *Models and Metaphors*, Ithaca, Cornell U.P., 1962 ; Stephen E. Toulmin, *The Philosophy of Science : An Introduction*, Londres, N.Y., Hutchison's University Library, 1953 ; Douglas Berggreen, « The Use and Abuse of Metaphor », *Review of Metaphysics*, volume 16, I (décembre 1962), II (mars 1963), pp. 237-258 et 450-472 ; Mary B. Hesse, « The Explanatory Function of Metaphor », in *Logic, Methodology and Philosophy of Science*, éd. par Y. Bar-Hillel, Amsterdam, 1965, et Hesse, *Models and Analogies in Science*, University of Notre Dame Press, 1966, 1970 ; Paul Ricœur, *La métaphore vive*, Paris, 1975.

11. Sur cet aspect, voir George Lakoff & Mark Johnson, *Metaphors We Live By*, Chicago, ChicagoUniversity Press, 1980 ; traduit en français sous le titre *Les métaphores de la vie quotidienne*, Paris, Minuit.

12. Les autres cas : « rationalité » (276), « anatomie politique » (139, 223), « mécanique » (140), « machinale » (223), « fabrique » (172), « inventions techniques » (179), « technologie » (225).

13. Adi Ophir propose une lecture de quatre cases, les trois qu'on vient de citer et une quatrième, réflexive, occupée par Foucault lui-même, « The Semiotics of Power : Reading Michel Foucault's *Discipline and Power* », à paraître dans *Manuscrito.*

14. Jacques Léonard, « L'historien et le philosophe. À propos de *Surveiller et punir. Naissance de la prison* », in *L'impossible prison : Recherchessur le système pénitentiaire au XIXᵉ siècle*, réunies par Michelle Perrot, Paris, Seuil, 1980 (1976), pp. 9-28.

15. Michel Foucault, « La poussière et le nuage », *ibid.*, pp. 29-39 (citation pp. 37-38).

16. Sur le discours indirect libre, il existe une bibliographie abondante. Pour un aperçu de la question, voir Brian McHale, « Free Indirect Discourse : A Survey of Recent Account », *PTL* 3 (1978), pp. 249-287, et les écrits, selon moi définitifs, de Menachem Perry sur la question.

17. Cela dit, le discours mixte est inévitable : toute traduction l'est, toute citation aussi. En histoire, la plupart des cas d'anachronisme impliquent, pour les termes employés, une certaine ambiguïté quant à la question « qui en est l'auteur ? Il faudrait donc distinguer les usages plus ou moins « innocents » du discours mixte de ses usages sciemment stratégiques. Sur le « discours mixte » en anthropologie, voir Dan Sperber, « Ethnographie interprétative et anthropologie théorique », in *Le Savoir des anthropologues*, Paris, Hermann, 1983, pp. 13-48.

18. Sur Foucher, Lucas, Moreau-Christophe et les diverses questions factuelles soulevées par Foucault, voir Jacques-Guy Petit, *Ces peines obscures. La prison pénale en France 1780-1875*, Paris, Fayard, 1990.

19. A-M. Bellecour Père, le 17 mai 1838, in L. Faucher, *Correspondance*, Tome I, p. 72.

20. *Revue des Deux Mondes* du 1ᵉʳ février 1844

21. *Ibid.*, 402.

22. L. Faucher, *La réforme des prisons*, pp. 263-273 (citation p. 263).

23. L.-M. Moreau Christophe, *De la réforme...*, *op. cit.*, p. 489.

24. L. Faucher, *op. cit.*, p. 6.

25. *Ibid.*, p. 64.

26. On emprunte ce titre à l'importante préface de Pierre Vidal-Naquet à Flavius Josèphe, *La Guerre des Juifs*, Paris, Minuit, « Arguments », 1977.

27. Je remercie Mario Biagioli d'avoir attiré mon attention sur la tonalité de magistrature de mon texte.

28. Pour un aperçu de la question, voir le numéro spécial, « Theory of Translation and Intercultural Relations », *Poetics Today*, V 2, n° 4 (été/automne 1981), en particulier les contributions de Itamar Even-Zohar et de Gideon Touryu.

29. Saint Augustin, *Les Confessions*, III, 3.

30. J. Chevalier, *op. cit.*

31. Et pourtant, les sciences exactes, physiques et de la vie, ne font pas l'économie de cette question, sous prétexte de sa métaphysique. Il s'ensuit que la quasi-totalité de la littérature sur la question concerne les sciences, et ceci depuis Aristote, alors que rien, ou presque, ne traite de l'histoire. Pour rester dans la terminologie de Popper, il s'agit là d'un problème de démarcation : l'histoire a besoin de prouver sa scientificité, d'où sa réserve métaphysique, alors que les sciences sont plus que rassurées de ce côté.

32. Louis de Broglie : « La lutte entre la conception continue et la conception adverse s'est poursuivie en physique pendant des siècles avec des péripéties diverses, chacune des deux remportant tour à tour des succès et aucune des deux ne parvenant à triompher de l'autre. Il n'y a rien là qui doive surprendre le philosophe, car l'évolution des doctrines dans toutes les régions de l'activité intellectuelle lui montre que les concepts du continu et du discontinu poussés à l'extrême et opposés l'un à l'autre sont impuissants à traduire la réalité, et que celle-ci exige toujours une fusion subtile et presque indéfinissable des deux termes de cette antinomie », « Continuité et individualité dans la physique moderne », in *Cahiers de la nouvelle Journée*, pp. 59-79 (citation p. 59).

33. *Ibid.*, p. 158 ; Foucault développe cette idée dans un autre texte programmatif : « Nietzsche, Freud, Marx », in *Nietzsche*, VII colloque de Royaumont, 4-8 juillet 1964, Minuit, 1967, pp. 183-192.

34. Norman Kretzmann, « Continuity, Contrariety, Contradiction, and Change », in *Infinity and Continuity in Ancient and Medieval Thought*, Ed. Kretzmann, Ithaca, Cornell University Press, 1982, pp. 270-296.

35. *Op. cit.*

36. *Op. cit.*, pp. 47-60.

37. Paul Feyerabend, *Contre la méthode. Esquisse d'une théorie anarchiste de la connaissance*, Paris, Seuil, 1979 (1975).

38. Sur cette devise énigmatique, voir l'exégèse de Jacques-Alain Miller, « Sur la leçon des psychoses », *Actes de l'École de la cause freudienne*, juin 1987, pp. 142-147.

39. F. Nietzsche, *La Généalogie de la morale*, trad. H. Albert, Paris, Gallimard, « Idées », 1964, II, 10.

40. F. Nietzsche, *op. cit.*, II, 2.

41. Je dois cette image à Giovanni Levi.

42. Ici, mais pas seulement ici, Foucault adhère au jugement tranchant de Moreau-Christophe, hostile à tout rapprochement entre le religieux et le politique, en prison et ailleurs (*De la réforme des prisons*, pp. 484-488). Moreau-Christophe était-il plus représentatif de la pensée pénitentiaire de l'époque que Faucher et Lucas ? Rien ne permet de l'avancer.

43. Hayden White, « Foucault Decoded : Notes from Underground », *History and Theory* 12, N 1 (1973), repris in *Tropics of Discourse. Essays in Cultural Criticism*, Baltimore, Johns Hopkins U.P., 1978, pp. 230-260 (citation p. 236) ; il est significatif que le titre de l'article de White fasse appel au livre le plus nietzschéen (avant la lettre) de Dostoievsky.

44. Hubert Dreyfus & Paul Rabinow, *Michel Foucault : Un parcours philosophique*, Paris, Gallimard, 1984 (1982), pp. 174-175.

45. *Le crépuscule des idoles*, maxime 24 (je dois cette référence à François Hartog, *Le XIXe siècle et l'histoire. Le cas Fustel de Coulanges*, P.U.F., 1988).

46. C'est ainsi que Cernysevsky analyse le pouvoir despotique tsariste dans *Que faire ?* (1862) ; et voir l'excellente analyse qu'en propose Claudio-Sergio Ingerflom, *Le citoyen impossible. Les racines russes du léninisme*, Paris, Payot, 1988, pp. 65-107.

47. Pour plus de détails, consulter Didier Eribon, *Michel Foucault*, Paris, Flammarion, 1989, pp. 243-248.

9. Neutraliser la chronologie : « Génération » comme paradigme scientifique

1. Lucien Febvre, « Générations », Projet d'un article pour le vocabulaire historique, *Bulletin du Centre de synthèse international*, n° 9 (juin 1929), pp. 36-43.

2. Marc Bloch, *Apologie pour l'histoire*, pp. 150-151.

3. Plutarque, *Des oracles qui ont cessé*, II, 415 E ; les citations de Plutarque et de Censorinus sont tirées des *Présocratiques*, Paris, Gallimard, « Pléiade », 1988, pp. 143-144.

4. Censorinus, *Du jour de la naissance*, XVII, 2. Censorinus y fait une distinction pour nous suggestive : « Un siècle est la plus longue durée de la vie humaine, comprise entre la naissance et la mort ; donc ceux qui ont pensé qu'un siècle durait trente ans paraissent s'être largement trompés. »

5. Antoine-Augustin Cournot, *Considérations*, Tome I, p. 126.

6. *Ibid.* p. 234.

7. Albert Thibaudet, « Réflexion sur la littérature : l'idée de génération », *Nouvelle Revue Française*, Tome XVI (1921), pp. 344-353 (citation p. 351).

8. Ludwik Fleck, *Entstehung und Entwicklung einer wissenschaftlichen Tatsache : Einführung in die Lehre vom Denkstil und Denkkollektiv*, Bâle, 1935 ; on s'appuie ici sur l'édition anglaise, *Genesis and Development of a scientific Fact*, Ed. T.J. Trenn & Robert K. Merton, trad. F. Bradley & T.J. Trenn, Préface Thomas S. Kuhn, University of Chicago Press, 1979.

9. Thomas S. Kuhn, *La Structure des révolutions scientifiques*, Paris, 1983 (1962, 1970).

10. Mario Biagioli, « The Anthropology of Incommensurability », in *Studies in the History of Philosophy of Science*, vol. XXI n°2, 1990, pp. 183-209 ; *Galileo's Strategies for the Social and Cognitive Legitimation of Science*, Ph.D., Université de Berkeley, 1989, pp. 372-416, à paraître.

11. Tout comme l'argument carrément évolutionniste de Biagioli sur la cristallisation de l'« espèce » galiléenne contre l'« espèce » néo-aristotélicienne.

12. Voir les articles de J.W.N. Watkins, S.E. Toulmin, K. Popper, I. Lakatos, P.K. Feyrabend, et la réponse de Kuhn, in *Criticism and the Growth of Knowledge*, eds. Imre Lakatos & Alan Musgrave, Cambridge University Press, 1970 (1965).

13. L. Fleck, *Genesis...*, p. 105, c'est moi qui traduis.

14. *Ibid.*, p. 110.

10. Laboratoire temporel grandeur nature : le calendrier républicain

1. Robert Musil, *L'Homme sans qualités*, traduction française Philippe Jacottet, Paris, Seuil, 1982 (1930), Tome I, p. 328.

2. Robespierre, « Rapport sur le projet Lepeletier devant la Convention nationale », le 13 août 1793, in James Guillaume, *Procès-verbaux du Comité d'instruction publique de la Convention nationale*, VI volumes, Paris, 1891-1907 (+ Table générale), Volume II, p. 272.

3. Robert Musil, *op. cit.*, Livre I, § 4, p. 17.

4. *Ibid.*, Tome I, p. 330 ; ce qui n'est pas sans rappeler la préface de E.P. Thompson dans *The Making of the English Working Class*, Londres, 1984 (1963), p. 12 : « Seuls ceux qui ont eu du succès restent. Les impasses, les causes perdues, les perdants mêmes sont oubliés. »

5. *Histoire des institutions politiques de l'ancienne France*, Paris, Hachette, 1875, Tome I, p. 2 ; et aussi Joseph de Maistre : « Nulle grande institution ne résulte d'une délibération », *Considérations sur la France*, Londres, 1797 (Édition Garnier, Paris, 1980, p. 67).

6. Mona Ozouf, « La Révolution française et l'idée de l'homme nouveau », in *The French Revolution and the Creation of Modern Political Culture*, Volume II, *The Political Culture of French Revolution*, éd. Keith Baker, Londres et New York, Pergamon Press, 1988, pp. 213-232. Sur l'aspect utopique de la Révolution française, voir Bronislaw Baczko, *Lumières de l'utopie*, Paris, Payot, 1978, et *Imaginaires sociaux : mémoires et espoirs collectifs*, Paris, Payot, 1984.

7. La littérature sur ce sujet est immense. Renvoyons, d'un côté, à Judith E. Schlanger, *Les métaphores de l'organisme*, de l'autre côté aux Formalistes russes, en particulier aux textes, désormais classiques, de Jouri Tynianov, dont trois sont reproduits dans *Théorie de la littérature*, (textes de 1924, 1928, 1929). Dans cette même lignée, voir les écrits de Jouri Lotman, ainsi « Un modèle dynamique du système sémiotique », in *Travaux sur les systèmes des signes : École de Tartu*, Bruxelles, 1976, pp. 77-93 ; ceux d'Itamar Even-Zohar, dont « Polysystem Theory », *Poetics Today*, I, N 1-2 (automne 1979), pp. 286-310 ; Peter Steiner, « Three Metaphors of Russian Formalists », *Poetics Today*, II, N 1b (hiver 1980/81), pp. 59-116 : les trois métaphores sont l'organisme, la machine et le système.

8. Voir mes « Le nom des rues » et « Les classiques scolaires », in *Les lieux de mémoire*, II, 3, respectivement pp. 283-320 et 517-562.

9. Mona Ozouf, « La Révolution française et l'idée de l'homme nouveau », *op. cit.*

10. Voir Marie-Vic Ozouf-Marignier, *La formation des départements. La représentation du territoire français à la fin du XVIIIe siècle*, Paris, EHESS, 1989 ; ainsi que Jacques Revel, « La division de l'espace français », in J. Revel (sous la direction de), *Histoire de la France*, Tome I, *L'espace français*, Paris, Seuil.

11. Selon une autre hypothèse, c'est la départementalisation qui a « créé » le principal découpage de l'Ancien Régime, celui des provinces. Sans aller aussi loin, Catherine Bertho, « L'invention de la Bretagne : Genèse d'un stéréotype », *Actes de la recherche en Sciences Sociales*, n 35 (novembre 1980), pp. 45-62, affirme que l'idée moderne des provinces est née avec la Révolution, c'est-à-dire avec leur disparition officielle.

12. Paris, M.S.H., 1984 (1970).

13. *Op. cit.*, note 2.

14. « Étude sur le calendrier républicain », *La Révolution française*, Tomes VII et VIII (1884, 1885), pp. 451-459, 535-6 ; 623-656, 740-758, 830-854, 883-888.

15. « Making the Revolutionary Calendar », *American Historical Review*, Volume XXXVI, N 3 (avril 1931), pp. 515-532.

16. E. Zerubavel, *The Seven Day Circle : The History and Meaning of the Week*, New York, Free Press, 1985, pp. 28-35.

17. « Le calendrier républicain : Décréter l'éternité », *Les lieux de mémoire*, Tome I, pp. 37-83.

18. « Le calendrier », in François Furet & Mona Ozouf (sous la direction de), *Dictionnaire critique de la Révolution française*, Paris, Flammarion, 1988, pp. 482-490.

19. Car, selon moi, l'analyse textuelle peut être considérée comme une pratique de décontextualisation. Je reviendrai à la fin du texte à cette distinction (dont le point de départ fut une remarque critique de Simona Cerutti).

20. Pour l'histoire complète, voir les études déjà citées, et surtout Guillaume, la meilleure source en la matière.

21. Les renvois paginés sont au IIe Tome des *Procès-verbaux du Comité d'instruction publique de la Convention nationale.*

22. C'est d'ailleurs le reproche majeur que je ferais au livre qui m'a lancé sur la piste du calendrier républicain : Eviatar Zerubavel, *Hidden Rythms : Schedules and Calendars in Social Life*, Chicago University Press, 1981 —, que d'avoir trop insisté sur le caractère conventionnel et artificiel des rythmes qui gouvernent la vie sociale, ce qui est plutôt un lieu commun depuis Parménide, précisément.

23. Nancy M. Farris, « Remembering the Future, Anticipating the Past : History, Time and Cosmology among the Maya of Yucatan », *Comparative Studies in Society and History*, Volume 29, n 3 (July 1987), pp. 566-593 (citation p. 572).

24. Boris Tomashevski, « Thématique », in *Théorie de la littérature*, pp. 282-292.

25. Comme dit notre texte, « la longueur de l'année a suivi chez les différents peuples *les progrès de leurs lumières* » — de l'année lunaire à l'année solaire, s'entend ; J. Guillaume, *op. cit.*, Tome II, p. 878.

26. Mais voir *infra*, le « refus de choisir », chez Dostoievski et Borgès.

27. Voir W.Kula, *Les mesures et les hommes*, *op. cit.*

28. « Naturalization », selon la terminologie de Jonathan Culler, in *Structuralist Poetics*, Ithaca, N.Y., Cornell University Press, 1975, dans le chapitre intitulé « Conventions and naturalization », pp. 131-164.

29. Roland Barthes, « L'effet du réel », *Communications*, N 11 (1968), pp. 84-89, où il suggère que les détails « redondants » contribuent à l'illusion référentielle du récit — une autre façon de dire que la redondance n'existe pas. Or mon texte se veut, entre autres, l'illustration d'une approche fragmentaire.

30 S.l. s.d., 15 p., BR, MFR 366, 4.

31. Mot souvent cité, ainsi par Jules Michelet dans l'*Histoire de la Révolution française*, Paris, Gallimard, « Pléiade », 1952 (1847-1852), Tome II, p. 636, et qui devait être une réponse de Romme à l'abbé Grégoire. Voir Henri Grégoire, *Mémoires ecclésiastiques, politiques et religieux*, Paris, 1837 (posthumes,

rédigés vers 1808, édités par Hippolyte Carnot), Volume I, p. 341 (je dois cette référence à Giovanni Levi).

32. Nelson Goodman, *Languages of Art : An Approach to a Theory of Symbols*, New York, 1968, en particulier le premier chapitre, « Reality Remade » (citation p. 38).

33. Ernest H. Gombrich, *Art and Illusion : A Study in the Psychology of Pictorial Representation*, Londres, Phaidon, 1960.

34. Menachem Brinker, « Verisimilitude, Conventions, and Beliefs », et « On Realism's Relativism : A Reply to Nelson Goodman», *New Literary History*, XIV (1982-1983), pp. 254-267 et 273-276 ; de même que *Représentation et signification dans l'œuvre fictionnelle*, Tel-Aviv, 1980 (en hébreu). Voir la solution historicisante de Roman Jakobson, « Du réalisme artistique », traduction française in *Théorie de la littérature*, pp. 98-108.

35. Philippe Delhaye, *Le décalogue et sa place dans la morale chrétienne*, Paris-Bruxelles, 1963 ; et Silvana Vecchio, « Il decalogo nella predicazione de XIII secolo » (à paraître).

36. L'historique de la question a été établi par G. Villain et par G. Andrews, *op. cit.*

37. Que l'inventaire ne soit pas exhaustif ne saurait être contesté. L'« oubli » de l'année de la République romaine est triplement significatif à cet égard : c'est, de l'histoire de l'humanité, la période de référence des révolutionnaires ; le commencement de cette année n'avait jamais de rapport avec la Nature ou avec l'Histoire, il était fixé au 1er mars, puis au 1er janvier, car c'est alors que le nouveau consul prenait ses fonctions ; pire, c'est le 1er janvier que la Commission dénonce comme étant l'arbitraire pur.

38. Mona Ozouf, « La Révolution française et l'idée de l'homme nouveau », *op. cit.*

39. Sur la religiosité de la Révolution française, voir les nombreux écrits d'Albert Mathiez, entre autres *La Théophilanthropie et le culte décadaire, 1796-1801* ; *Essai sur l'histoire religieuse de la Révolution française*, Paris, Alcan, 1903 ; *Les origines des cultes révolutionnaires*, Paris, 1904, et *Contributions à l'histoire religieuse de la Révolution française*, Préface de Gabriel Monod, Paris, Alcan, 1907 ; *Les fêtes de la Révolution : Colloque de Clermont-Ferrand (Juin 1974)*, actes recueillis et présentés par Jean Ehrard et Paul Viallaneix, Paris, Société des Etudes robespierristes, 1977 ; et surtout Mona Ozouf, *La fête révolutionnaire, 1789-1799*, Paris, Gallimard, 1976.

40. Marc de Vissac, *Romme le Montagnard*, Clermont-Ferrand, 1888, Appendice F. Repris dans J. Guillaume, *op. cit.*, Volume II, pp. 580-581, avec une analyse p. 579.

41. Alain Boureau, *L'Aigle : Chronologique politique d'un emblème*, Paris, Cerf, 1985, pp. 140-174, relève deux cas analogues, à savoir le choix de l'emblème des Etats-Unis et de l'Empire napoléonien. Voir en particulier son analyse du compte rendu de la séance du 12 juin 1804 (23 prairial an XII) du Conseil d'État. Ce texte nous permet d'observer l'Empereur et ses conseillers hésitant entre l'éléphant, le coq, les fleurs de lys, l'Égide de Minerve, une fleur, un chêne, l'épi de blé, avant de trancher en faveur de l'aigle (pp. 167-169).

42. Cf. Bronislaw Baczko et Mona Ozouf, *op. cit.*

43. Voir Daniel Milo, « Le nom des rues », *op. cit.*, pp. 292-296.

44. Nomenclature que James Guillaume refuse d'attribuer au seul Fabre,

rappelant que deux autres esprits créatifs, David et Marie-Joseph Chénier, siégeaient dans la sous-commission (p. 694).

45. Voir la série de pétitions présentées au Comité d'instruction publique le 29 ventôse an II (19 mars 1794), in J. Guillaume, *op. cit.*, Tome III, pp. 595-621.

46. *Ibid.*, Tome VI, p. 477.

47. Thermidor an III, Imprimerie nationale, reproduit *ibid.*, Tome VI, pp. 555-557.

48. François-Antoine Boissy d'Anglas, « *Quelques idées sur les arts, sur la nécessité de les encourager, sur les institutions qui peuvent en assurer le perfectionnement, adressées à la Convention nationale et au Comité d'instruction publique* », le 25 pluviôse an II (6 janvier 1794), Paris, Imprimerie nationale, B.N. Le 38 697, 8, cité in J. Guillaume, *op. cit*, Tome III, 637-656.

49. *Ibid.*, Tome VI, p. 530.

50. Le système métrique a connu un destin plus mouvementé avant de définitivement s'imposer ; W. Kula, *Les mesures et les hommes*, pp. 215-275.

51. Raymond Trousson, « Introduction », Louis-Sébastien Mercier, *L'An 2440. Rêve s'il en fut jamais*, Paris Ducros, 1971, en particulier « De l'utopie à l'uchronie », pp. 54-61 (citation p. 59). Précurseur innocent : une série de six articles sur la peinture et l'architecture contemporaines, présentés comme des « mémoires d'une société de gens de lettres qui seraient publiés dans le Mercure de France de 2335 », in *Mercure de France* de 1755-1756.

52. *Lettres de l'abbé Galiani à Mme d'Epinay*, Paris, 1881, Tome I, pp. 235-238, 246, 261, Lettres de Naples du 27 avril, 4 mai, 8 juin et 3 août 1771.

53. Sur cette opposition tranchée, voir François Furet, « La Révolution française dans l'imaginaire politique français », *Le Débat*, 26 (septembre 1983), 173-182.

54. « Plus on examinera le nouveau calendrier, plus on sentira ses avantages ; certes, je ne suis pas payé pour aimer ceux qui l'ont fait, mais ici il s'agit de la chose et non pas des hommes, et il n'y a que des ignorants ou des aristocrates qui puissent déclarer cette institution, qui, toute nouvelle qu'elle est, et faite par des hommes peu estimables, n'en est pas moins de la plus grande utilité », Louis-Marie de la Levellière-Lepaux, qui répond à l'assaut de la séance du 10 thermidor an III, in J. Guillaume, *op. cit*, Tome VI, pp. 478-479.

55. In « Opinion de Lanjuinais... », *op.cit.* Cette explication diffère de celle proposée par B. Baczko, « Le calendrier... » *op. cit.*, pp. 78-79, qui attribue l'oubli dans lequel a sombré le calendrier à son association avec le Directoire, ce « lieu de non-identification collective ou, si l'on veut, le lieu de l'identification collective impossible ». Pour attrayante que soit cette hypothèse, elle n'explique pas l'échec du calendrier, non pas sur le plan de la mémoire, mais sur le plan de la pratique.

56. Voir A. Mathiez, *La Théophilanthropie et le culte décadaire...* et Maurice Dommanget, *La déchristianisation à Beauvais et dans l'Oise (1790-1801)*, Tome I, Paris, 1918, pp. 37-58 et 145-180.

57. « C'est cette loi du 18 germinal an VIII [19 avril 1802 — il s'agit de la loi sur l'organisation des cultes ; D.M.], qui a rétabli, d'une façon détournée, l'usage du calendrier grégorien, puisque l'article 57, titre VI, fixait au dimanche le jour de repos des fonctionnaires publics », Georges Villain, *op. cit.*, p. 854. Sur les étapes qui ont conduit à l'abandon du calendrier, voir J. Guillaume, *op. cit.*, Tome VI, pp. 207-213, et B. Baczko, « Le calendrier républicain », *op. cit.*, pp. 58-79.

58. Le 13 fructidor an XIII (31 août 1805), cité in J. Guillaume, *op. cit.*, Tome VI, p. 209.

59. C'est la position défendue par Zerubavel : « L'échec de l'expérience décadaire doit donc être compris dans le contexte de l'échec d'ensemble de la Révolution pour déchristianiser la France. »

60. J'ai essayé de défendre ce point de vue dans « Le musical et le social : Variations sur des textes de William Weber », *Annales E.S.C.*, 42, (1987), pp. 27-40, avec, entre autres, une formule quelque peu brutale : « Du musical au social, il faut passer par le culturel. »

61. Ludwig Wittgenstein, *Value and Culture*, Oxford, 1980, p. 7.

62. J.L. Borgès, « Le jardin des chantiers qui bifurquent » in *Fictions*, traduction fançaise P. Verdevoye, Paris, 1951 (1941), pp. 129-130.

63. *Clisthène l'Athénien. Sur la représentation de l'espace et du temps en Grèce de la fin du VIe siècle à la mort de Platon*, Paris, Macula, 1983 (1964).

64. Edouard Will, *Le monde grec et l'Orient*, Tome I, le Ve siècle (510-403), Paris, P.U.F., 1972, pp. 71-72.

65. Gustave Glotz, *Histoire grecque*, Tome I, pp. 475-476, Paris P.U.F., 1925.

66. Aristote, *La Poétique*, Traduite et annotée par R. Dupont-Roc et J. Lallot, Préface de T. Todorov, Paris, Seuil, 1980, p. 65.

ÉPILOGUE

11. L'« historème » : vers une redéfinition du contexte historique

1. Gabriel Tarde, *Fragments d'une histoire future*, Genève, Slatkine, 1978 (1904), p. 119 ; je dois à Paul-André Rosental cette référence.

2. Paris, Payot, 1956 (1944-1945).

3. M. Thompson, « Categories », in P. Edwards éd., *The Encyclopedia of Philosophy*, N.Y., 1967.

4. L.E. Halkin, in Chaïm Perelman, *Les Catégories en histoire*, Bruxelles, 1969, p. 13.

INDEX DES NOMS

TABLE DES MATIÈRES

B. Du côté de chez les acteurs

ÉPILOGUE

OUVRAGES PARUS

Écriture de l'Histoire et identité juive. L'Europe ashkénaze XIXe-XXe siècles. (Sous la direction de Delphine BECHTEL, Évelyne PATLAGEAN, Jean-Charles SZUREK et Paul ZAWADZKI)

La Grèce au féminin. (Sous la direction de Nicole LORAUX)

Gilles BATAILLON. *Genèse des guerres internes en Amérique centrale (1960-1983)*

Alain BOUREAU

L'événement sans fin. Récit et christianisme au Moyen Âge

La loi du royaume. Les moines, le droit et la construction de la nation anglaise (XIe-XIIIe siècles)

Christopher R. BROWNING

Des hommes ordinaires. Le 101e bataillon de réserve de la police allemande et la Solution finale en Pologne

Politique nazie, travailleurs juifs, bourreaux allemands

Jérôme CARCOPINO. *Les bonnes leçons*

André CHASTAGNOL. *Le sénat romain à l'époque impériale*

Pierre CHUVIN. *Chronique des derniers païens*

Eugen CIZEK. *L'Empereur Aurélien et son temps*

Renée DRAY-BENSOUSAN. *Les Juifs à Marseille (1940-1944)*

Moses I. FINLEY. *On a perdu la guerre de Troie*

Arsenio FRUGONI. *Arnaud de Brescia dans les sources du XIIe siècle*

Peter GARNSEY

Conceptions de l'esclavage d'Aristote à Augustin

Famine et approvisionnement dans le monde gréco-romain

Gabriel GORODETSKY. *Le grand jeu de dupes. Staline et l'invasion allemande*

Fritz GRAF. *La magie dans l'Antiquité gréco-romaine*

Anthony GRAFTON. *Faussaires et critiques. Créativité et duplicité chez les érudits occidentaux*

Alexandre GRANDAZZI. *La fondation de Rome. Réflexion sur l'histoire*

Stephen GREENBLATT. *Ces merveilleuses possessions. Découvertes et appropriation du Nouveau Monde au XVIe siècle*

Pierre GRIMAL. *Les erreurs de la liberté*

Christian HABICHT. *Athènes hellénistique. Histoire de la cité d'Alexandre le Grand à Marc Antoine*

Mogens H. HANSEN

La démocratie athénienne à l'époque de Démosthène. Structures, principes et idéologie

Polis *et cité-état. Un concept antique et son équivalent moderne*

Victor D. HANSON. *Le modèle occidental de la guerre*

Katy HAZAN. *Les orphelins de la Shoah. Les maisons de l'espoir (1944-1960)*

Patricia HIDIROGLOU

Les rites de naissance dans le judaïsme

Rites funéraires et pratiques de deuil chez les Juifs en France (XIXe-XXe siècles)

Jean IRIGOIN. *Tradition et critique des textes grecs*

TAMARA KONDRATIEVA. *Gouverner et nourrir.*
Du pouvoir en Russie (XVIe-XXe siècles)

ANNICK LEMPÉRIÈRE. *Entre Dieu et le Roi, la République.*
Mexico, XIXe-XIXe siècles

Guenter LEWY. *La persécution des Tsiganes par les nazis*

Peter LINEHAN. *Les dames de Zamora.*
Secret, stupre et pouvoirs dans l'Église espagnole du XIIIe siècle

John MA. *Antiochos III et les cités de l'Asie Mineure occidentale*

Ramsay MACMULLEN

Christianisme et paganisme du IVe au VIIIe siècle

Le déclin de Rome et la corruption du pouvoir

Les émotions dans l'Histoire, ancienne et moderne

La romanisation à l'époque d'Auguste

Irad MALKIN. *La Méditerranée spartiate*

Einar MÁR JÓNSSON. *Le miroir. Naissance d'un genre littéraire*

Régis F. MARTIN. *Les douze Césars : du mythe à la réalité*

Mark MAZOWER. *Dans la Grèce d'Hitler (1941-1944)*

Christian MEIER. *De la tragédie grecque comme art politique*

Hélène MERLIN-KAJMAN

L'excentricité académique. Littérature, institution, société

Public et littérature en France au XVIIe siècle

Daniel S. MILO. *Trahir le temps (Histoire)*

Daniel S. MILO. Alain BOUREAU, *Alter histoire*

Arnaldo MOMIGLIANO. *Les fondations du savoir historique*

Robert I. MOORE. *La persécution. Sa formation en Europe (Xe-XIIIe siècles)*

Jean-Marie PAILLER. *Bacchus, figures et pouvoirs*

Robert N. PROCTOR. *La guerre des nazis contre le cancer*

Youval ROTMAN. *Les esclaves et l'esclavage. De la Méditerranée antique à la Méditerranée médiévale. VIe-XIe siècles*

Aline ROUSSELLE. *La contamination spirituelle. Science, droit et religion dans l'Antiquité*

Jean-Christophe SALADIN. *La bataille du grec à la Renaissance*

Annie SCHNAPP-GOURBEILLON. *Aux origines de la Grèce (XIIIe-VIIIe siècles avant notre ère). La genèse du politique*

Joseph SHATZMILLER. *Shylock revu et corrigé. Les juifs, les chrétiens et le prêt d'argent dans la société médiévale*

Claude SINGER

Le Juif Süss et la propagande nazie. L'Histoire confisquée

L'Université libérée. L'Université épurée (1943-1947)

Vichy, l'Université et les juifs

Robert TURCAN

Les cultes orientaux dans le monde romain

Mithra et le mithriacisme

Pierre VIDAL-NAQUET. *Le miroir brisé. Tragédie athénienne et politique*

Édouard WILL, Claude ORRIEUX. *« Prosélytisme juif » ? Histoire d'une erreur*

Zvi YAVETZ. *César et son image : des limites du charisme en politique*

Ce volume,
le huitième
de la collection « Histoire »
publié aux Éditions Les Belles Lettres,
a été achevé d'imprimer
en novembre 2004
sur presse rotative numérique
de l'imprimerie Jouve
11, bd de Sébastopol, 75001 Paris

N° d'éditeur : 6218
N° d'imprimeur : 362545X
Dépôt légal : décembre 2004